建筑工人职业技能等级评价培训教材

钢 筋 工

《钢筋工》编委会 编

中国建筑工业出版社

图书在版编目(CIP)数据

钢筋工 /《钢筋工》编委会编. — 北京：中国建筑工业出版社，2021.7（2024.1重印）
建筑工人职业技能等级评价培训教材
ISBN 978-7-112-26280-9

Ⅰ.①钢… Ⅱ.①钢… Ⅲ.①建筑工程－钢筋－工程施工－职业技能－鉴定－教材 Ⅳ.①TU755.3

中国版本图书馆CIP数据核字（2021）第130114号

本书根据《建筑工人职业技能等级评价工作办法（试行）》（建协供〔2020〕7号）文件及有关国家、行业职业技能标准的规定，结合在建筑工程中实际的操作应用，重点涵盖了钢筋工必须掌握的"基础知识""安全操作知识""操作技能知识"等内容。

本书主要内容包括钢筋识图基本知识，钢筋施工机械机具基本知识，钢筋材料基本知识、现场施工操作基本安全知识、钢筋工岗位安全操作知识、钢筋加工操作技能、钢筋机械连接操作技能、钢筋焊接连接操作技能、钢筋绑扎安装操作技能、预应力筋施工操作、装配式建筑钢筋套筒灌浆连接等。

本书可作为初、中、高级钢筋工的职业技能培训教材，也可在钢筋工上岗前安全培训，以及岗位操作和自学参考中应用。

责任编辑：周娟华
责任校对：焦　乐

建筑工人职业技能等级评价培训教材
钢筋工
《钢筋工》编委会　编

*

中国建筑工业出版社出版、发行（北京海淀三里河路9号）
各地新华书店、建筑书店经销
北京红光制版公司制版
建工社（河北）印刷有限公司印刷

*

开本：850毫米×1168毫米　1/32　印张：8¾　字数：232千字
2021年9月第一版　2024年1月第二次印刷
定价：**29.80**元
ISBN 978-7-112-26280-9
（37880）

建筑工人职业技能等级评价培训教材

编审委员会

前　　言

2020年12月30日，住房和城乡建设部等12部委联合印发《关于加快培育新时代建筑产业工人队伍的指导意见》（建市〔2020〕105号）文件，要求"到2025年，符合建筑行业特点的用工方式基本建立，建筑工人实现公司化、专业化管理，建筑工人权益保障机制基本完善；建筑工人终身职业技能培训、考核评价体系基本健全，中级工以上建筑工人达1000万人以上。到2035年，建筑工人就业高效、流动有序，职业技能培训、考核评价体系完善，建筑工人权益得到有效保障，获得感、幸福感、安全感充分增强，形成一支秉承劳模精神、劳动精神、工匠精神的知识型、技能型、创新型建筑工人大军。"

本套教材依据最新的国家及行业标准由建设行业专家学者、培训讲师、一线工程技术人员及具有丰富施工操作经验的工人和技师等组成的编委会编写，内容系统、全面、实用，涵盖了工种相关专业基础知识、操作技能知识、安全操作知识等，以先进、成熟、经济的建筑施工技术为核心，同时包括了装配式建筑、绿色建筑相关的材料、技术和工艺等方面的知识，力求做到技术内容最新、最实用，文字通俗易懂，语言生动简洁，辅以大量直观的图表，非常适合不同层次水平、不同年龄的建筑工人职业技能培训和实际施工操作应用。

本书根据"钢筋工"工种职业操作技能，结合在建筑工程中实际应用，针对建筑工程施工材料、机具、施工工艺、质量要求、安全操作技术等做了具体、详细的阐述。本书对于新时代建筑产业工人培育，全面提升工人操作技能水平，保证建筑工程施工质量，促进建筑安装工程施工新技术、新工艺、新材料的推广与应用，都有很好的推动作用。

　　由于编者水平有限，本书难免有疏漏和谬误之处，欢迎广大读者批评指正，以便本书再版时修订。

　　　　　　　　　　　　　　　　　《钢筋工》编委会

目　　录

第二部分 钢筋工岗位安全操作知识

第一部分

钢筋工岗位基础知识

本部分重点讲解钢筋工施工操作所必须掌握的专业基础理论知识，包括识图、材料、机械、质量等常用知识。

第一章　钢筋识图基本知识

第一节　钢筋识图要点

一、基础图识读

基础图包括基础平面图和基础详图。基础平面图只表明基础的平面布置，而基础详图是基础的垂直断面图（剖面图），如图 1-1 所示，用来表明基础的细部形状、大小、材料、构造及埋置深度等。

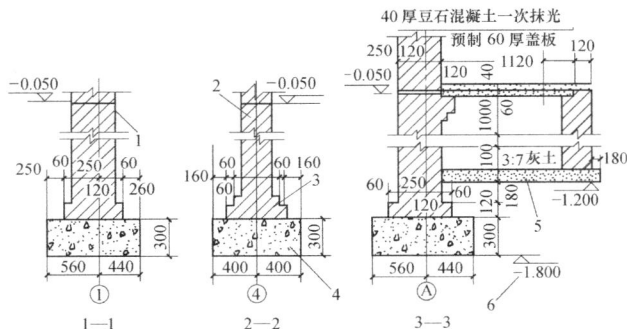

图 1-1　条形基础剖面图

1—防潮层；2—砖基础；3—大放脚；4—混凝土垫层；5—灰土；6—基础埋深标高

1. 识读基础平面图时应注意的内容

（1）轴线编号、尺寸必须与建筑平面图上的完全一致。

（2）了解基础轮廓线尺寸及与轴线的关系。为独立基础时，应注意基础和基础梁的编号。

（3）了解预留沟槽、孔洞的位置及尺寸。如有设备基础，还应了解其位置、尺寸。

通过了解剖切线的位置，掌握基础变化的连续性。

2. 识读基础详图时应了解的内容

（1）基础的具体尺寸（即断面尺寸）、构造做法和所用的材料。

（2）基底标高、垫层的做法、防潮层的位置及做法。

（3）预留沟槽、孔洞的标高、断面尺寸及位置等。

结构设计说明书应说明主要设计依据，如地基承载力、地震设防烈度、构造柱和圈梁的设计变化、材料的强度等级、预制构件统计表及施工要求等。

二、楼层结构平面布置图及剖面图

楼层结构的类型很多，一般常见有预制楼层、现浇楼层以及现浇和预制各占一部分的楼层。

1. 预制楼层结构平面布置图和剖面图

预制楼层结构平面布置图和剖面图主要作为安装预制梁、板用图。其内容一般包括结构平面布置图、剖面图、构件用量等。应与建筑平面图及墙身剖面图配合识读，如图 1-2 所示。

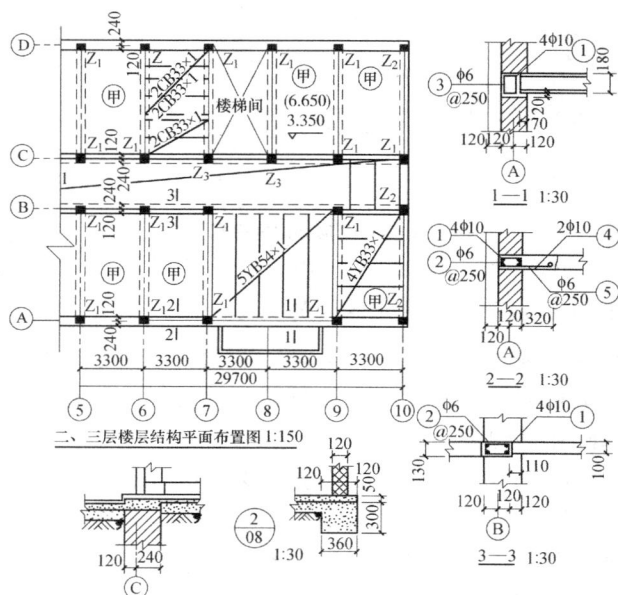

图 1-2　预制楼层结构平面布置图和剖面图

　　预制楼层结构平面图主要表示楼层各种预制构件的名称、编号、相对位置、定位尺寸及其与墙体的关系等。如图 1-2 所示，虚线表示不可见的构件、墙或梁的轮廓线，此房屋为砖墙承重、钢筋混凝土梁板的混合结构，除楼梯间外，各房间的板均为预制空心板，从图中可知板的类型、尺寸及数量。所用楼板为三种，分别为 YB54×1、YB33×1、CB33×1，数量如图 1-2 所示，代号为甲的房间所用楼板为 4YB33×1。二、三层楼板的结构标高分别为 3.350m 和 6.650m。另外，给出的1—1、2—2、3—3剖面图表明了梁、板、墙、圈梁之间的关系。

　　2. 现浇楼层结构平面布置图和剖面图

　　现浇楼层结构平面布置图及剖面图主要作为现场支模板、浇筑混凝土、制作梁板等用图。其内容包括平面布置图、剖面图、钢筋表等。阅读图样时同样应与相应的建筑平面图及墙身剖面图配合阅读。

　　现浇楼层结构平面图主要标注轴线号、轴线尺寸、梁的位置和编号、板的厚度和标高及配筋情况。如图 1-3 所示，现浇板的

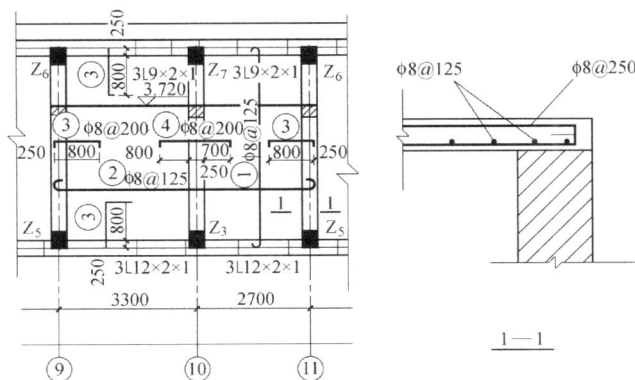

图 1-3　现浇楼层结构平面布置图

上皮标高为 3.720m，主筋为双向布置 Φ8@125，构造分布筋为Φ8@200。

三、钢筋图示方法及尺寸标注

1. 图示方法

为了突出表示钢筋的配置情况，在构件结构图中，画钢筋用粗实线，画构件的外形轮廓线用细实线，在构件的断面图中，画钢筋的截面则用粗圆点。另外，还要标注钢筋的编号，同类型的钢筋可采用同一钢筋编号。编号的标注方法是在该钢筋上画一条引出线，在其另一端画一直径为 6mm 细线圆圈，在圆圈内写上钢筋的编号，然后在引出线的水平部分上标注钢筋的尺寸（图1-4）。表 1-1 列出了钢筋的画法。

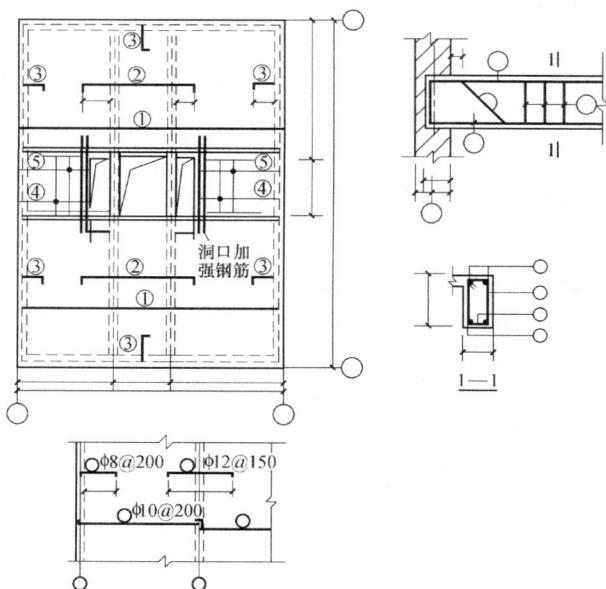

图 1-4　钢筋的图示方法

钢筋的画法 表1-1

序号	说　明	图　例
1	在结构平面图中配置双层钢筋时，底层钢筋的弯钩应向上或向左，顶层钢筋的弯钩则向下或向右	（底层）　（顶层）
2	钢筋混凝土墙体配双层钢筋时，在配筋立面图中，远面钢筋的弯钩应向上或向左，而近面钢筋的弯钩向下或向右（JM表示近面；YM表示远面）	JM YM
3	若在断面图中不能表达清楚钢筋的布置，应在断面图外增加钢筋大样图（如钢筋混凝土墙、楼梯等）	
4	图中所表示的箍筋、环筋等若布置复杂，可加画钢筋大样图并添加说明	或
5	每组相同的钢筋、箍筋或环筋，可用一根粗实线表示，同时用一两端带斜短划线的横穿细线，表示其余钢筋及起止范围	

2. 尺寸标注

钢筋的直径、数量或相邻钢筋中心距一般采用引出线方式标注，其尺寸标注有下面两种形式。

（1）标注钢筋的根数和直径，如梁内受力筋和架立钢筋。

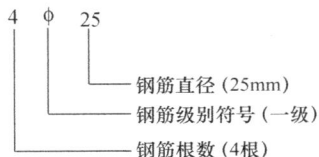

4 φ 25

钢筋直径（25mm）
钢筋级别符号（一级）
钢筋根数（4根）

（2）标注钢筋的直径和相邻钢筋中心距，如梁、柱内箍筋和板内钢筋。

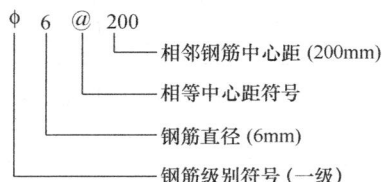

钢筋简图中受力筋的尺寸按外皮尺寸标注，箍筋的尺寸按内包尺寸标注，如图 1-5 所示。

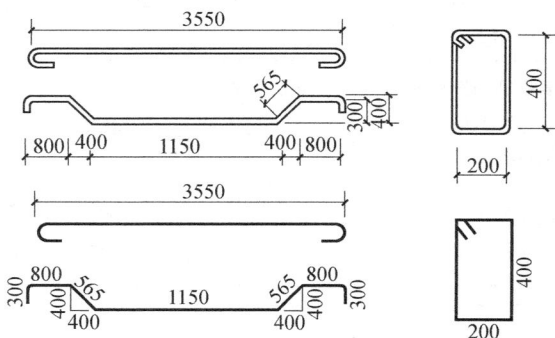

图 1-5　钢筋尺寸标注

第二节　混凝土结构中钢筋及构造

一、基础钢筋

1. 条形基础

（1）墙下钢筋混凝土条形基础。

1）横向受力钢筋的直径不宜小于 10mm，间距为 100～200mm。

2）纵向分布钢筋的直径不宜小于 8mm，间距不宜大于 300mm，每延米分布钢筋的面积不应小于受力钢筋面积的 15%。

3）条形基础的宽度 $b \geqslant 2500mm$ 时，横向受力钢筋的长度可减至0.9b，并宜交错布置（图1-6）。

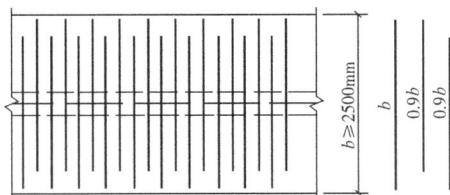

图 1-6　条形基础底板配筋减短 10%构造

注：进入底板交接区的受力钢筋和底板无交接时端部第一根钢筋不应减短。

（2）柱下条形基础。

1）柱下条形基础顶面受力钢筋按计算配筋全部贯通，底面钢筋中的通长钢筋不应小于底面受力钢筋截面总面积的 1/3。纵向受力钢筋的直径不应小于 12mm。

2）肋梁箍筋应采用封闭式，其直径不应小于 8mm，间距不应小于 15d（d 为纵向受力钢筋直径），也不应大于 500mm。肋梁宽度 $b \leqslant 350$mm 时，采用双肢箍筋；350mm$<b \leqslant 800$mm 时，采用四肢箍筋；$b > 800$mm 时，采用六肢箍筋。

3）当肋梁板高 $h_w \geqslant 450$mm 时，应在腹板两侧配置直径不小于 12mm 的纵向构造钢筋，间距不宜大于 200mm，其截面面积不应小于腹板截面面积的 0.1%。

4）翼板的横向受力钢筋直径不小于 10mm，间距不应大于 200mm。纵向分布钢筋的直径为 8~10mm，间距不大于 250mm。

（3）在条形基础 T 形及十字形交接处的底板横向受力钢筋，仅沿一个主要受力方向通长布置，另一方向的横向受力钢筋可布置到主要受力方向底板宽度 1/4 处［图 1-7（a）、（b）］。

在拐角处底板横向受力钢筋应沿两个方向布置［图 1-7（c）］。

2. 独立基础

（1）独立基础双向受力，受力钢筋的直径不宜小于 10mm，间距为 100~200mm。

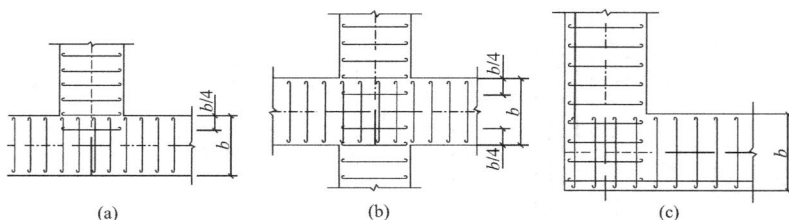

图 1-7　条形基础交接处配筋

（a）T形交接处；（b）十字形交接处；（c）拐角处

　　沿短边方向的受力钢筋一般置于长边受力钢筋的上面，当基础边长 $B \geqslant 2500\mathrm{mm}$ 时（除基础支承在桩上外），受力钢筋的长度可缩减 10%，交错布置。

　　（2）现浇柱下独立基础的插筋数量、直径、间距以及钢筋种类应与柱中纵向受力钢筋相同，下端宜做成直弯钩，放在基础的钢筋网上（图 1-8）；当柱为轴心受压或小偏心受压，基础高度 $h \geqslant 1200\mathrm{mm}$，或柱为大偏心受压，基础高度 $h \geqslant 1400\mathrm{mm}$ 时，可仅将四角的插筋伸至底板钢筋网上，其余插筋锚固在基础顶面下 l_a 或 l_aE（有抗震设防要求时）处。插筋的箍筋与柱中箍筋相同，基础内设置两道。

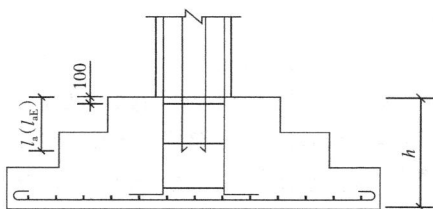

图 1-8　现浇柱下独立基础配筋

　　（3）预制柱下杯形基础，当 t/h_2（t 为杯口宽度，h_2 为杯口外壁高度）<0.65 时，杯口需要配筋，如图 1-9 所示。

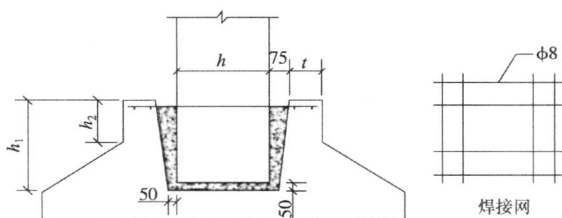

图 1-9　杯形基础配筋

3．筏形基础

（1）筏形基础的钢筋间距不应小于 150mm，宜为 200～300mm，受力钢筋直径不宜小于 12mm。采用双向钢筋网片配置在板的顶面和底面。

（2）当筏板的厚度 $h \geqslant 1000$mm 时，端部宜设置直径为 12～20mm 的钢筋网，间距为 250～300mm；当 500mm $< h <$ 1000mm 时，宜将上部与下部钢筋端部弯折 20d（d 为钢筋直径）；当 $h \leqslant 500$mm 时，顶部、底部钢筋端部可弯折 12d。

（3）当筏板的厚度大于 2m 时，宜沿板厚度方向间距不超过 1m 设置与板面平行的构造钢筋网片，其直径不宜小于 12mm，纵横方向的间距不宜大于 300mm。

（4）对梁板式筏形基础，墙柱的纵向钢筋要贯通基础梁而插入筏板底部（或中部钢筋网的位置），并且应从梁上皮起满足锚固长度的要求。

4．箱形基础

（1）箱形基础的顶板、底板及墙体均应采用双层双向配筋。墙体的竖向和水平钢筋直径均不应小于 10mm，间距均不应大于 200mm。内外墙的墙顶处宜配置两根直径不小于 20mm 的通长构造钢筋，如上部为剪力墙，则可不配置通长构造钢筋。

（2）上部结构底层柱纵向钢筋伸入箱形基础墙体的长度应符合下列要求。

1）柱下三面或四面有箱形基础墙的内柱，除柱四角纵向钢筋直通到基底外，其余钢筋可伸入顶板底面以下 40 倍纵向钢筋直径处。

2）外柱、与剪力墙相连的柱及其他内柱的纵向钢筋应直通到基底。

5. 桩基承台

矩形承台钢筋应双向均匀通长布置，钢筋直径不宜小于 10mm，间距不宜大于 200mm；三桩承台钢筋应按三向板带均匀布置，且最里面的三根钢筋围成的三角形应在柱截面范围内。承台梁的主筋直径不宜小于 12mm，架立钢筋直径不宜小于 10mm，箍筋直径不宜小于 6mm。

二、板钢筋

常见的钢筋混凝土板有楼板、屋面板、阳台板、雨篷板、楼梯踏步板、天沟板等。板的截面形式有矩形实心板和空心板等。板也是受弯构件，板中一般配有两种钢筋：受力钢筋和分布钢筋，如图 1-10 所示。

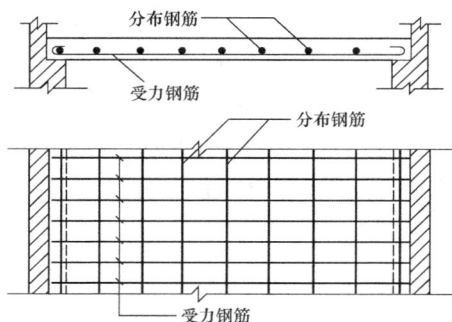

图 1-10 板的配筋

当板的计算长宽比大于 2 时，主要沿短跨受弯，这种板称为单向板，又称为梁式板。单向板的受力钢筋应沿短向配置，沿长向仅按构造配筋。当板的计算长宽比小于 2 时，沿两个方向都受弯，这种板称为双向板。双向板的受力钢筋应沿两个方向配置。

1. 受力钢筋

受力钢筋沿板的跨度方向在受拉区配置，以承担由弯矩而产生的拉应力。

受力钢筋的直径一般为 6～12mm，板厚度较大时，钢筋直径可为 14～18mm。受力钢筋间距：当板厚 150mm 时，不宜大于 200mm；当板厚 $h > 150$mm 时，不宜大于 $1.5h$，且不宜大于 250mm。为了保证施工质量，受力筋间距不宜小于 70mm。对于建筑工地常用的板厚小于 150mm 的板，受力筋间距应在 70～200mm。

2. 分布钢筋

分布钢筋布置在受力钢筋的内侧，与受力钢筋垂直，交点用细钢丝绑扎或焊接。分布钢筋的作用是将板面上的荷载更均匀地传给受力钢筋，同时在施工时可固定受力钢筋的位置，且能抵抗温度应力和收缩应力。

三、梁钢筋

建筑工程中常用的梁有雨篷梁、过梁、楼梯梁、基础梁等，它们均是受弯构件。梁的截面形式有矩形、T 形、I 形等，如图 1-11 所示。

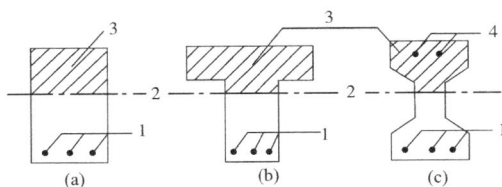

图 1-11 梁的截面形式

(a) 矩形；(b) T 形；(c) I 形

1—受拉钢筋；2—中性轴；3—受压区；4—受压钢筋

在钢筋混凝土梁中，一般配有四种钢筋，即纵向受力钢筋、弯起钢筋、架立钢筋和箍筋，如图 1-12 所示。

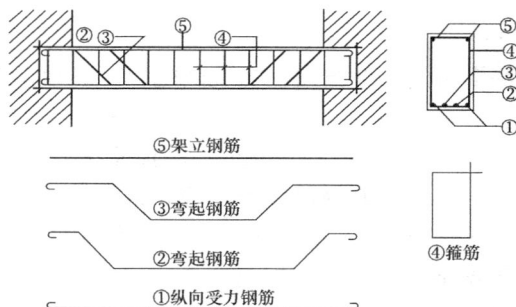

图 1-12　梁的配筋

1. 纵向受力钢筋

纵向受力钢筋一般配置在梁的受拉区，主要作用是承受由弯矩在梁内产生的拉应力。其常用直径为 10～25mm。

2. 弯起钢筋

弯起钢筋的弯起段用来承受由弯矩和剪力产生的梁斜截面上的主拉应力，弯起来的水平段用来承受支座附近负弯矩产生的拉应力，跨中水平段用来承受对应段弯矩产生的拉应力。

弯起钢筋的数量、位置由计算确定，一般由纵向受力钢筋弯起而成，当纵向受力钢筋较少，不足以弯起时，也可设置单独的弯起钢筋。当梁高 $h \leqslant 800$mm 时，弯起钢筋的弯起角度采用 $45°$；当梁高 $h > 800$mm 时，弯起钢筋的弯起角度采用 $60°$。

3. 架立钢筋

架立钢筋设置在梁的受压区外缘两侧，用来固定箍筋和形成钢筋骨架。如受压区配有纵向受压钢筋，则可不再配置架立钢筋。架立钢筋的直径与梁的跨度有关：当跨度小于 4m 时，直径不宜小于 8mm；当跨度为 4～6m 时，直径不小于 10mm；跨度大于 6m 时，直径不小于 12mm。

4. 箍筋

箍筋主要用来承受由剪力和弯矩引起的梁斜截面上的部分主

拉应力。同时，箍筋通过绑扎或焊接将其他钢筋连接起来，形成一个空间的钢筋骨架。箍筋一般垂直于纵向受力钢筋，其数量由计算来确定。

　　箍筋分为开口式和封闭式两种形式，如图 1-13（a）所示，开口式只用于无振动荷载或开口处无受力钢筋的现浇 T 形梁的跨中部分。当梁中配有计算需要的纵向受压钢筋时，箍筋应做成封闭式。箍筋的肢数有单肢、双肢和四肢，如图 1-13（b）所示。

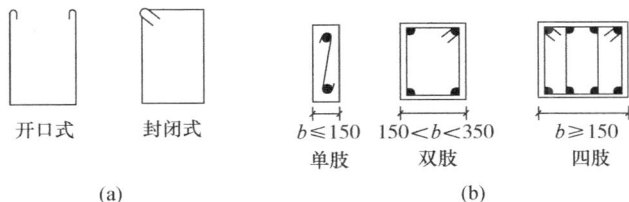

| 开口式 | 封闭式 | $b \leqslant 150$ 单肢 | $150 < b < 350$ 双肢 | $b \geqslant 150$ 四肢 |

(a) (b)

图 1-13　箍筋的形式和肢数

（a）箍筋的形式；（b）箍筋的肢数

四、柱钢筋

　　钢筋混凝土柱为受压构件，根据其所受外力的作用特点不同，可分为轴心受压柱和偏心受压柱。柱内配筋如图 1-14 所示。

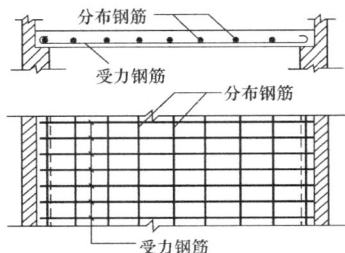

图 1-14　柱内配筋

1. 纵向受力钢筋

轴心受压柱内纵向受力钢筋的作用是与混凝土共同承担由中

心荷载在截面内产生的压应力；而偏心受压柱内的纵向受力钢筋，不但要承担压应力，还要承受由偏心荷载引起弯矩而产生的拉应力。

纵向受力钢筋的直径不宜小于 12mm，一般为 12～32mm。柱内纵向受力钢筋的数量不得少于 4 根。

2. 箍筋

箍筋的作用是保证柱内受力钢筋位置正确，间距符合设计要求，防止受力钢筋被压弯曲，从而提高柱子的承载力。柱中的周边箍筋应为封闭式，其直径不应小于 $d/4$（d 为纵向受力钢筋的最大直径），且不应小于 6mm。

五、剪力墙钢筋

（1）钢筋混凝土剪力墙水平及竖向分布钢筋的直径不应小于 8mm，间距不应大于 300mm。

（2）厚度大于 160mm 的剪力墙应配置双排分布钢筋网；结构中重要部位的剪力墙，当其厚度不大于 160mm 时，也宜配置双排分布钢筋网。

双排分布钢筋网应沿墙的两个侧面布置，且应采用拉筋连系；拉筋直径不宜小于 6mm，间距不宜大于 600mm；对重要部位的墙宜适当增加拉筋的数量。

（3）剪力墙水平分布钢筋的搭接长度不应小于 $1.2l_a$（l_a 为钢筋锚固长度）。同排水平分布钢筋的搭接接头之间以及上下相邻水平分布钢筋的搭接接头之间沿水平方向的净间距不宜小于 500mm。剪力墙竖向分布钢筋可在同一高度搭接，搭接长度不应小于 $1.2l_a$。带边框的墙水平和竖向分布钢筋宜贯穿柱、梁或锚固在柱、梁内。

（4）剪力墙水平分布钢筋应伸至墙端，并向内水平弯折 10d（d 为水平分布钢筋直径）后截断，如图 1-15（a）所示。

当剪力墙端部有翼墙或转角的墙时，水平分布钢筋应伸至翼墙或转角外边，并向两侧水平弯折 15d 后截断，如图 1-15（b）所示。

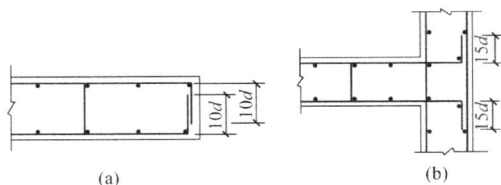

图 1-15 端部水平分布钢筋的锚固
（a）无翼墙时的锚固；（b）有翼墙时的锚固

在房屋转角处，沿剪力墙外侧的水平分布钢筋宜沿外墙边连续弯入翼墙内，如图 1-16（a）所示；当需要在纵横墙转角处设置搭接接头时，沿外墙边的水平分布钢筋的总搭接长度不应小于 $1.3l_a$，如图 1-16（b）所示。

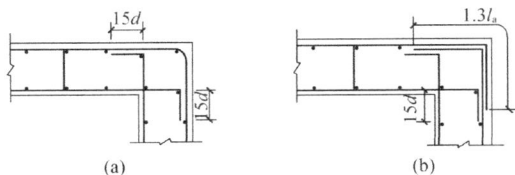

图 1-16 转角处水平分布钢筋的配筋构造
（a）外侧水平钢筋连接通过转角；（b）外侧水平钢筋设搭接接头

（5）剪力墙墙肢两端至少布置 4 根直径 12mm 的竖向受力钢筋或 2 根 16mm 的竖向受力钢筋；沿该竖向钢筋方向宜配置直径不小于 6mm、间距为 250mm 的箍筋或拉筋。

（6）剪力墙洞口上、下两边的水平纵向钢筋截面面积分别不宜小于洞口截断的水平分布钢筋总面积的 1/2。纵向钢筋自洞口边伸入墙内的长度不应小于受拉钢筋的锚固长度。

剪力墙洞口连梁应沿全长配置箍筋。箍筋直径不宜小于 6mm，间距不宜大于 150mm。在顶层洞口连梁纵向钢筋伸入墙内的锚固长度范围内，应设置相同的箍筋。

门窗洞边的竖向钢筋应按受拉钢筋锚固在顶层连梁高度范

围内。

（7）钢筋混凝土剪力墙的水平和竖向分布钢筋的配筋率不应小于 0.2%。结构中重要部位的剪力墙，其水平和竖向分布钢筋的配筋率宜适当提高。

剪力墙中温度、收缩应力较大的部位，水平分布钢筋的配筋率可适当提高。

六、钢筋锚固

钢筋锚固是混凝土结构受力的基础，钢筋混凝土结构中钢筋能够受力，主要是依靠钢筋和混凝土之间的粘结锚固作用，如锚固失效，则结构将丧失承载能力，并由此导致结构破坏。钢筋的锚固长度一般指梁、板、柱等构件的受力钢筋伸入支座或基础中的总长度，可以做成直线锚固和弯钩锚固。弯钩锚固长度包括直线段长度和弯折段长度。

钢筋弯钩和机械锚固的形式（图 1-17）和技术要求应符合表 1-2 的规定。

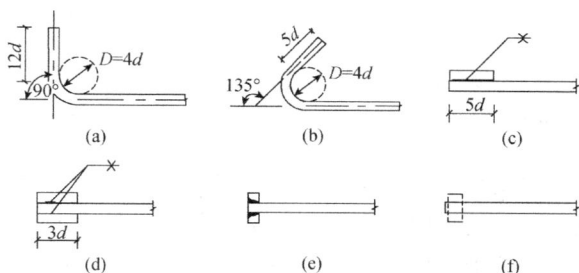

图 1-17 钢筋弯钩和机械锚固的形式

(a) 90°弯钩；(b) 135°弯钩；(c) 一侧贴焊锚筋；

(d) 两侧贴焊锚筋；(e) 穿孔塞焊锚板；(f) 螺栓锚头

钢筋弯钩和机械锚固的形式和技术要求　　　　　　　　　　表 1-2

锚 固 形 式	技 术 要 求
90°弯钩	末端 90°弯钩，弯钩内径 4d，弯后直线段长度 12d
135°弯钩	末端 135°弯钩，弯钩内径 4d，弯后直线段长度 5d

续表

锚固形式	技术要求
一侧贴焊锚筋	末端一侧贴焊长 $5d$，同直径钢筋
两侧贴焊锚筋	末端两侧贴焊长 $3d$，同直径钢筋
穿孔塞焊锚板	末端与厚度 d 的锚板穿孔塞焊
螺栓锚头	末端旋入螺栓锚头

注：1. 焊缝和螺纹长度应满足承载力要求。
　　2. 螺栓锚头和焊接锚板的承压净面积不应小于锚固钢筋截面积的 4 倍。
　　3. 螺栓锚头的规格应符合相关标准的要求。
　　4. 螺栓锚头和焊接锚板的钢筋净间距不宜小于 $4d$，否则应考虑群锚效应的不利影响。
　　5. 截面角部的弯钩和一侧贴焊锚筋的布筋方向宜向截面内侧偏置。

七、钢筋保护层

钢筋保护层是指混凝土结构构件中，钢筋外边缘至构件表面范围用于保护钢筋的混凝土，简称保护层。混凝土保护层厚度是指混凝土结构构件中最外层钢筋（包括箍筋、构造筋、分布筋等）的外缘至混凝土表面的距离。

（1）构件中普通钢筋及预应力筋的混凝土保护层厚度应满足下列要求。

1）构件中受力钢筋的保护层厚度不应小于钢筋的公称直径 d。

2）设计使用年限为 50 年的混凝土结构，最外层钢筋的保护层厚度应符合表 1-3 的规定；设计使用年限为 100 年的混凝土结构，最外层钢筋的保护层厚度不应小于表 1-3 中数值的 1.4 倍。

混凝土保护层的最小厚度 c（单位：mm）　　　　表 1-3

环境类别	板、墙、壳	梁、柱、杆
一	15	20
二 a	20	25
二 b	25	35
三 a	30	40
三 b	40	50

注：1. 混凝土强度等级不大于 C25 时，表中保护层厚度数值应增加 5mm。
　　2. 钢筋混凝土基础宜设置混凝土垫层，基础中钢筋的混凝土保护层厚度应从垫层顶面算起，且不应小于 40mm。

（2）当有充分依据并采取下列措施时，可适当减小混凝土保护层的厚度。

1）构件表面有可靠的防护层。

2）采用工厂生产的预制构件。

3）在混凝土中掺加阻锈剂或取用阴极保护处理等防锈措施。

4）当对地下室墙体采取可靠的建筑防水做法或防护措施时，与土层接触一侧钢筋的保护层厚度可适当减少，但不应小于 25mm。

（3）当梁、柱、墙中纵向受力钢筋的保护层厚度大于 50mm 时，宜对保护层采取有效的构造措施。当在保护层内配置防裂、防剥落的钢筋网片时，网片钢筋的保护层厚度不应小于 25mm。

第二章 钢筋施工机械机具基本知识

第一节 钢筋施工常用工具、量具

一、钢筋加工常用工具

1. 钢筋人工调直工具

直径在 10mm 以下的盘条钢筋在施工现场一般采用人工调直。对于冷拔低碳钢丝，可通过导轮牵引调直，这种方法示意如图 2-1 所示，如牵引过轮的钢丝还存在局部慢弯，可用小锤敲打平直；也可以使用蛇形管调直（图 2-2），将蛇形管固定在支架上，需要调直的钢丝穿过蛇形管，用人力向前牵引，即可将钢丝基本调直，局部慢弯处可用小锤敲打平直。

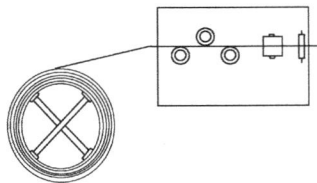

图 2-1 导轮牵引调直   图 2-2 蛇形管调直架

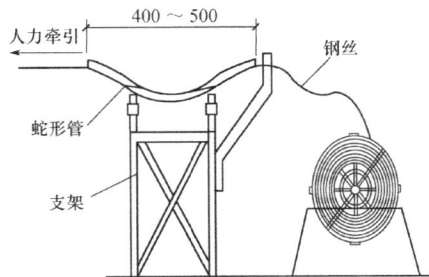

盘条钢筋可采用绞盘拉直，如图 2-3 所示。直条粗钢筋一般弯曲较缓，可就势用手扳子扳直。

2. 钢筋人工除锈工具

钢筋除锈工作应在调直后、弯曲前进行。钢筋除锈的方法有多种，常用的有人工除锈、钢筋除锈机除锈和酸法除锈。钢筋人工除锈的常用方法一般是用钢丝刷、砂盘、麻袋布等轻擦或将钢

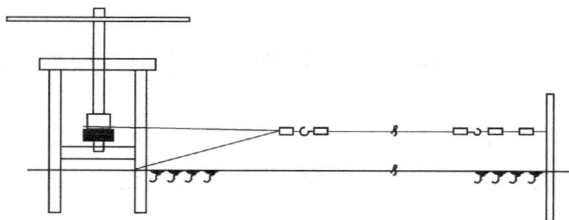

图 2-3 绞盘拉直装置示意图

筋在砂堆上来回拉动除锈。砂盘除锈
示意图如图 2-4 所示。

3. 钢筋人工切断工具

钢筋切断方法分为人工切断与机
械切断两种。人工切断钢丝可用断线
钳，如图 2-5 所示。

人工切断直径为 16mm 以下的
HPB300 钢筋可采用图 2-6 所示的手压
切断器。这种切断器一般可自制，由
固定刀口、活动刀口、边夹板、把柄、底座等组成。

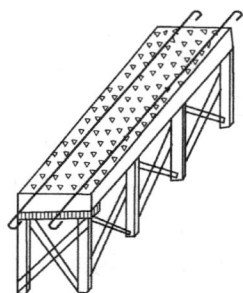

图 2-4 砂盘除锈示意图

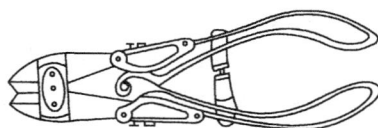

图 2-5 断线钳

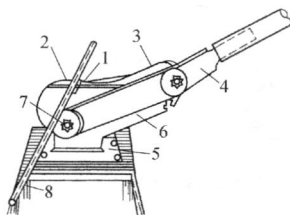

图 2-6 手压切断器

1—固定刀口；2—活动刀口；3—边夹板；
4—把柄；5—底座；6—固定板；
7—轴；8—钢筋

人工切断直径不超过 16mm 的钢筋，还可以用 SYJ-16 型手
动液压切断器（图 2-7）。

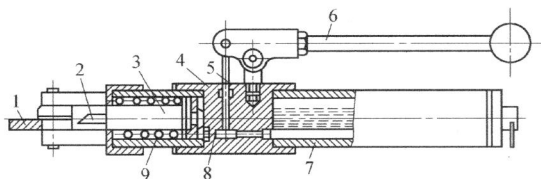

图 2-7 SYJ-16 型手动液压切断器
1—滑轨；2—刀片；3—活塞；4—缸体；5—柱塞；
6—压杆；7—储油筒；8—吸油阀；9—回位弹簧

一般工地上常用称为"克子"的切断器，如图 2-8 所示。使用克子切断器时，将下克插在铁砧的孔里，钢筋放在下克槽内，上克边紧贴下克边，用锤打击上克使钢筋切断。

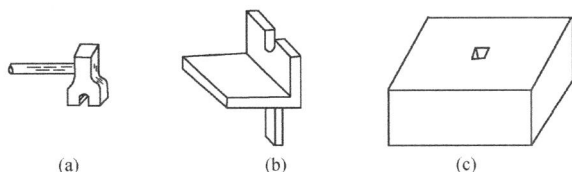

(a)   (b)   (c)

图 2-8 克子切断器
(a) 上克；(b) 下克；(c) 铁砧

4. 钢筋人工弯曲工具

弯曲成型是将已切断、配好的钢筋按照施工图纸的要求加工成规定的形状、尺寸。弯曲分为人工弯曲和机械弯曲两种。人工弯曲钢筋可采用手摇扳弯制钢筋，用卡盘与扳子弯制粗钢筋。

（1）工作台。钢筋弯曲应在工作台上进行。工作台的宽度通常为 800mm，视钢筋种类而定，弯细钢筋时一般为 400mm，弯粗钢筋时可为 800mm，台高一般为 900～1000mm。

（2）手摇扳。手摇扳的外形如图 2-9 所示。它由钢板底盘、扳柱和扳手组成，用来弯制直径在 12mm 以下的钢筋，操作前

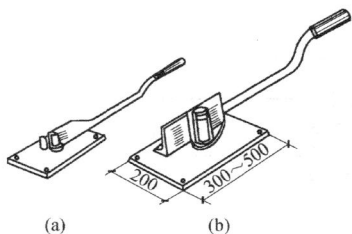

(a)　(b)

图 2-9　手摇扳

应将底盘固定在工作台上，其底盘表面应与工作台面平直。

图 2-9（a）所示是弯单根钢筋的手摇扳，图 2-9（b）所示是可以同时弯制多根钢筋的手摇扳。

（3）卡盘。卡盘用来弯制粗钢筋，它由钢板底盘和扳柱组成。扳柱焊在底盘上，底盘需固定在工作台上。图 2-10（a）所示为四扳柱的卡盘，扳柱水平净距约为 100mm，垂直方向净距约为 34mm，可弯曲直径为 32mm 钢筋。图 2-10（b）所示为三扳柱的卡盘，扳柱的两斜边净距为 100mm 左右，底边净距约为 80mm。这种卡盘不需要配钢套，扳柱的直径视所弯钢筋的粗细而定。一般直径为 20～25mm 的钢筋，可用厚 12mm 的钢板制作卡盘底板。

（4）钢筋扳子。钢筋扳子是弯制钢筋的工具，它主要与卡盘配合使用，分为横口扳子［图 2-10（c）］和顺口扳子两种［图 2-10（d）］。横口扳子又有平头和弯头之分，弯头横口扳子仅在绑扎钢筋时作为纠正钢筋位置用。

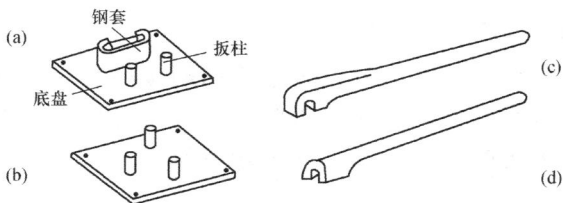

图 2-10　卡盘与钢筋扳子

（a）四扳柱的卡盘；（b）三扳柱的卡盘；（c）横口扳子；（d）顺口扳子

钢筋扳子的扳口尺寸比弯制钢筋的直径大 2mm 较为合适。弯曲钢筋时，应配有各种规格的扳子。

二、钢筋连接、绑扎常用工具

1. 钢筋连接常用工具

（1）力矩扳手

力矩扳手是钢筋锥螺纹接头连接施工的必备量具。它可以根据所连钢筋直径大小预先设定力矩值。当力矩扳手的拧紧力矩达到设定的力矩值时，即可发出"咔嗒"声响。示值误差小，重复精度高，使用方便，标定、维修简单，可适用于 $\phi16\sim\phi40$ 范围九种规格钢筋的连接施工。

1）力矩扳手的技术性能见表 2-1。

2）力矩扳手的检定标准为《扭矩扳子检定规程》JJG 707—2014；力矩扳手示值误差及示值重复误差不大于 $\pm5.0\%$。

3）力矩扳手应由具有计量器具生产许可证的单位加工制造；工程用的力矩扳手应有检定证书，确保其精度；力矩扳手应由扭矩仪检定，检定周期为半年。

力矩扳手的技术性能　　　　　　　　表 2-1

型　　号	钢筋直径（mm）	额定力矩（N·m）	外形尺寸（mm）	质量（kg）
HL-01、SF-2	$\phi16$	118	770 长	3.5
	$\phi18$	145		
	$\phi20$	177		
	$\phi22$	216		
	$\phi25$	275		
	$\phi28$	275		
	$\phi32$	314		
	$\phi36$	343		
	$\phi40$	343		

4）力矩扳手构造，如图 2-11 所示。

5）力矩扳手的使用要点。新力矩扳手的游动标尺一般设定在最低位置。使用时，要根据所连钢筋直径，旋转调整丝杆来调

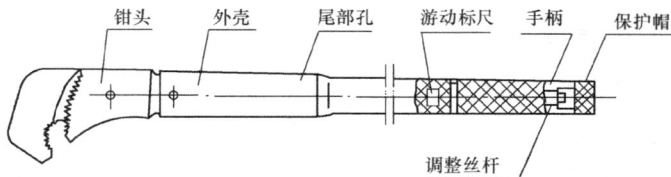

图 2-11 力矩扳手

整扳手，将游动标尺上的钢筋直径刻度值对正手柄外壳上的刻线，然后将钳头垂直咬住所连钢筋，用手握住力矩扳手手柄，顺时针均匀加力。当力矩扳手发出"咔嗒"声响时，钢筋连接达到规定的力矩值。此时应停止加力，否则会损坏力矩扳手。力矩扳手逆时针旋转只起棘轮作用，施加不上力。力矩扳手无声音信号发出时，应停止使用，进行修理；修理后的力矩扳手要进行标定方可使用。

6) 力矩扳手的检修和检定。力矩扳手无"咔嗒"声响发出时，说明力矩扳手里边的滑块被卡住，应送到力矩扳手的销售部门进行检修，并用扭矩仪检定。

7) 力矩扳手使用注意事项。

① 防止水、泥、沙子等进入手柄内。

② 力矩扳手要端平，钳头应垂直钢筋均匀加力，不得过猛。

③ 力矩扳手发出"咔嗒"响声时就不得继续加力，以免过载弄弯扳手。

④ 不准将力矩扳手当锤子、撬棍使用，以防损坏力矩扳手。

⑤ 长期不使用力矩扳手时，应将力矩扳手游动标尺刻度值调到"0"位，以免手柄里的压簧长期受压，影响力矩扳手的精度。

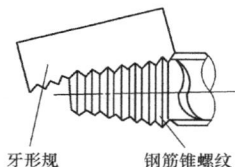

牙形规　　钢筋锥螺纹

图 2-12 牙形规

（2）量规

检查钢筋锥螺纹丝头质量的量规有牙形规（图 2-12）、卡规（图 2-13）和环规（图 2-14）。

1) 牙形规。牙形规用于检查锥螺纹

牙形质量。牙形规与钢筋锥螺纹牙形吻合的，说明钢筋锥螺纹牙形为合格牙形；如有间隙，说明牙瘦或有断牙、乱牙，则为不合格牙形。

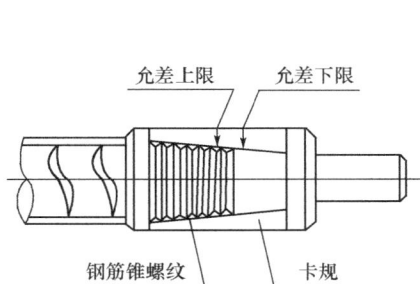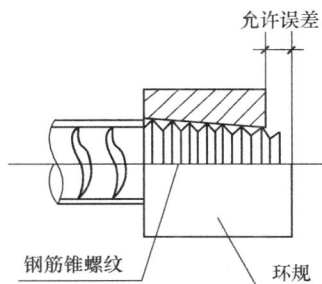

图 2-13　卡规　　　　　　　　图 2-14　环规

2）卡规与环规。卡规或环规为检查锥螺纹小端直径大小的量规，如钢筋锥螺纹小端直径在卡规或环规的允差范围内时，钢筋锥螺纹丝头为合格丝头，否则为不合格丝头。

牙形规、卡规或环规应由钢筋连接技术提供单位成套提供。

2. 钢筋绑扎常用工具

（1）钢筋钩

钢筋钩是用得最多的钢筋绑扎工具，其基本尺寸如图 2-15 所示，常用直径为 12～16mm、长度为 160～200mm 的圆钢筋加工而成，根据工程需要，还可以在其尾部加上套筒或小板口等。

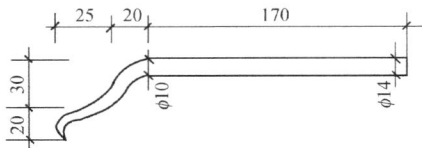

图 2-15　钢筋钩制作尺寸

（2）小撬棍

小撬棍主要用来调整钢筋间距、局部矫直钢筋、垫保护垫块等，其形式如图 2-16 所示。

（3）起拱扳子

板的弯起钢筋需现场弯曲成型

时，可以在弯起钢筋与分布钢筋绑

扎成网片以后，再用起拱扳子将钢

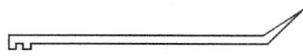

图 2-16　小撬棍

筋弯曲成型。起拱扳子的形状和操作方法如图 2-17 所示。

（4）绑扎架

为了确保绑扎质量，绑扎钢筋骨架必须用钢筋绑扎架，根据绑扎钢筋骨架的轻重、形状，可选用如图 2-18～图 2-20 所示的相应形式绑扎架。其中，图 2-18 所示为轻型骨架绑扎架，适用于绑扎过梁、空心板、槽形板等钢筋骨架；图 2-19 所示为重型骨架绑扎架，适用于绑扎重型钢筋骨架；图 2-20 所示为坡式骨架绑扎架，具有质量轻、用钢量省、施工方便（扎好的钢筋骨架可以沿绑扎架的斜坡下滑）等优点，适用于绑扎各种钢筋骨架。

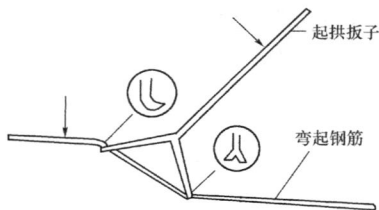

图 2-17　起拱扳子及操作

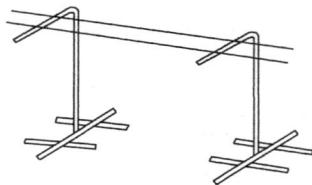

图 2-18　轻型骨架绑扎架

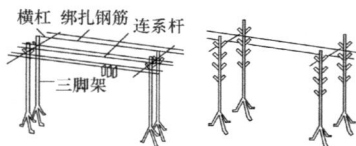

图 2-19　重型骨架绑扎架

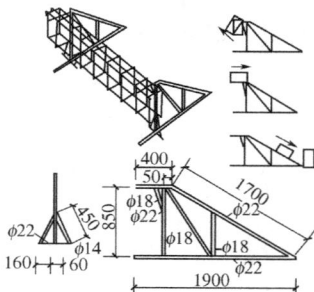

图 2-20　坡式骨架绑扎架

第二节　钢筋施工常用机械

一、钢筋加工处理机械

1. 钢筋除锈机械

钢筋机械除锈分为钢筋除锈机除锈和喷砂法除锈。

（1）钢筋除锈机有固定式和移动式两种，一般由钢筋加工单位自制，由动力带动圆盘钢丝刷高速旋转来清刷钢筋上的铁锈。

钢筋除锈机除锈操作如下：对直径较小的盘条钢筋，通过冷拉和调直过程自动除锈；对粗钢筋，则采用圆盘钢丝刷除锈机除锈。

固定式钢筋除锈机一般安装一个圆盘钢丝刷，如图 2-21 所示。为提高效率，也可将两台除锈机组合，如图 2-22 所示。

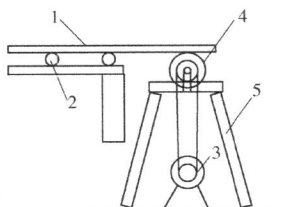

图 2-21　固定式钢筋除锈机
1—钢筋；2—滚道；3—电动机；
4—钢丝刷；5—机架

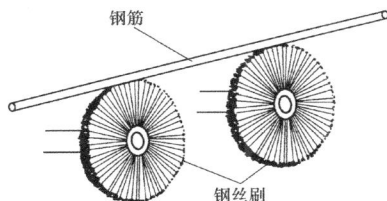

图 2-22　组合后的除锈机

（2）喷砂法除锈操作如下：主要是用空气压缩机、储砂罐、喷砂管、喷头等设备，利用空气压缩机产生的强大气流形成高压砂流除锈，适用于大量除锈工作，除锈效果好。

2. 钢筋冷拉机械

（1）钢筋冷拉机的分类与特点

国产钢筋冷拉机主要有卷扬机式、阻力轮式和液压式等，各自的特点如下。

1）卷扬机式。它是利用卷扬机产生拉力来冷拉钢筋。它具有结构简单、易于制作和掌握操作技术、不受限制、便于实现单控和双控等特点，是一般钢筋加工车间应用较广的形式。

2）阻力轮式。它是将电动机动力降低后通过阻力轮使钢筋拉长的冷拉方式，适用于冷拉直径为 6～8mm 的圆盘钢筋，其冷拉率为 6%～8%。

3）液压式。它是由液压泵的压力油通过液压缸产生拉力来拉伸钢筋，因而其结构紧凑、工作平稳，自动化程度高，是有发展前途的冷拉机。

（2）钢筋冷拉机的冷拉参数

各式冷拉机的工艺布置虽有所不同，但冷拉操作工序基本是一样的，主要工序为钢筋上盘、放圈、切断、夹紧夹点、冷拉、放松夹具、捆扎堆放、分批验收等。整个冷拉操作过程并不复杂，关键是保证冷拉参数。

钢筋的冷拉参数有冷拉应力（钢筋单位面积上的拉力）和冷拉率（钢筋冷拉伸长值与钢筋冷拉前长度的百分率）。不同种类钢筋的冷拉参数见表 2-2。

各类钢筋冷拉参数   表 2-2

项　次	钢筋种类	双　控		单　控
		冷拉应力（MPa）	冷拉率（%）	冷拉率（%）
1	HPB300	—	—	≤10.0
2	HRB335	440	≤5.5	3.5～5.5
3	HRB400	520	≤5.0	3.5～5.0
4	RRBF400	735	≤4.0	2.5～4.0
5	QW75	440	≤6.0	4.0～6.0

（3）钢筋冷拉机的使用要点

1）进行钢筋冷拉作业前，应先检查冷拉设备的能力和钢筋的力学性能是否相适应，防止超载。

2）对于冷拉设备、机具及电气装置等，在每班作业前要认真检查，并对各润滑部位加注润滑油。

3）成束钢筋冷拉时，各根钢筋的下料长度应一致，其偏差不可超过钢筋长度的 0.1%，并不可大于 20mm。

4）冷拉钢筋时，如焊接接头被拉断，可重焊再拉，但同一部位重焊不可超过两次。

5）在低于室温的环境中冷拉钢筋时，可适当提高冷拉力。用伸长率控制的装置必须装有明显的限位装置。

6）检查冷拉钢筋外观时，其表面不应发生裂纹和局部缩颈；不得有沟痕、鳞落、砂孔、断裂和氧化脱皮等现象。

7）冷拉钢筋冷弯试验后，弯曲的外面及侧面不得有裂缝或起层。

8）定期对测力计各项冷拉数据进行校核。

9）作业后应对全机进行清洁、润滑等维护作业。

10）液压式冷拉机还应注意液压油的清洁，按期换油，夏季用 HC-11 号液压油，冬季用 HC-8 号液压油。

3. 钢筋冷轧扭机

（1）冷轧扭钢筋生产工艺

冷轧扭钢筋主要加工工艺集冷拉、冷轧、冷扭三种冷加工于一体，其工艺流程如下：原料→冷拉调直→冷却润滑→冷轧→冷扭→定尺切断→成品。

冷轧扭加工不仅大幅度提高钢筋强度，而且使钢筋具有连续不断的螺旋曲面，在钢筋混凝土中能产生较强的机械咬合力和法向应力，提高钢筋和混凝土的粘结力，提高构件的强度和刚度，从而达到节约钢材和水泥的目的。

（2）钢筋冷轧扭机的构造及工作原理

1）冷轧扭机的构造。冷轧扭机是用于冷轧扭钢筋的专用设备，它由放盘架，调直机构，冷轧机构，冷却、润滑装置，定尺切断机构，下料架，电动机，变速器等组成，如图 2-23 所示。

冷轧机构由机架、轧辊、螺母、轴向压板、调整螺栓等组成，如图 2-24 所示。扭转头的作用是把轧扁的钢筋扭成连续的螺旋状钢筋。它由支承架、扭转盘、压盏、扭转辊、中心套、支承嘴等组成，其构造如图 2-25 所示。

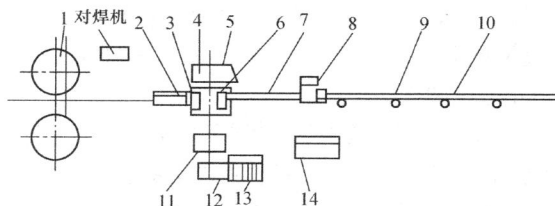

图 2-23　钢筋冷轧扭机构造

1—放盘架；2—调直机构；3、7—导向架；4—冷轧机构；
5—冷却、润滑装置；6—冷扭机构；8—定尺切断机构；9—下料架；
10—定位开关；11、12—变速器；13—电动机；14—操作控制台

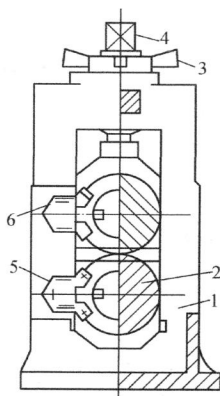

图 2-24　冷轧机构示意图

1—机架；2—轧辊；3—螺母；
4—压下螺丝；5—轴向压板；6—调整螺栓

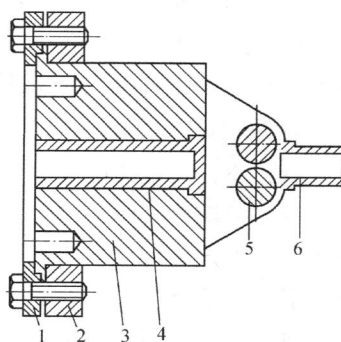

图 2-25　冷轧机构扭转头示意图

1—压盏；2—支承架；3—扭转盘；
4—中心套；5—扭转辊；6—支承嘴

2) 冷轧扭机的工作原理。冷轧钢筋的外形及加工原理如图 2-26 所示。在轧扁过程中，钢筋的塑性变形主要在 AC 段形成。在 A 位置钢筋开始产生变形，在 B 位置钢筋线速度和轧辊速度相等，在 C 位置完成轧扁动作，钢筋的塑性变形结束，并开始和轧辊脱离。由于轧辊的挤压作用，钢筋在轴向产生伸长变

形。轧扁的钢筋在轧辊的推动下，进入两扭转辊之间。此时应停机，人工将扭转辊旋转一定角度后固定，再次开机使扁钢筋继续前进。此时扭转辊将对扁钢筋产生一定的阻力，由于每个扭转辊只和扁钢筋的一个侧边形成点接触，因此在接触点上便分解出一对使扁钢筋产生扭转的力偶，使扁钢筋产生扭转的塑性变形。扁钢筋在轧辊推动下通过扭转辊扭转后继续旋转前进，形成具有连续螺旋曲面的冷轧扭钢筋。只要调整扭转辊的角度，就可以改变冷扎扭钢筋的螺距。螺距越小，钢筋和混凝土的握裹力越大，但螺距过小，会使钢筋不易通过扭转辊缝而产生堆钢停机事故。

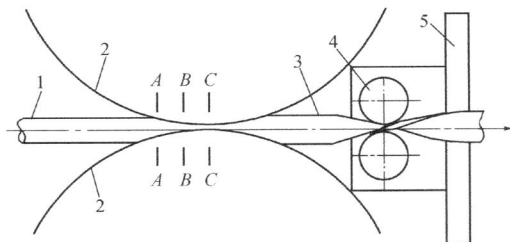

图 2-26　冷轧扭钢筋加工原理示意图
1—圆钢筋；2—轧辊；3—冷轧扭钢筋；4—扭转辊；5—扭转盘

（3）钢筋冷轧扭机的操作要点

1）使用前要检查冷轧扭生产线所有设备的联动情况，并充分润滑各运动件，经空载试运转确认正常后，方可投入使用。

2）在控制台上的操作人员必须注意力集中，发现钢筋出现乱盘或打结时，要立即停机，待处理完毕后，方可开机。

3）在轧扭过程中如有失稳堆钢现象发生，应立即停机，以免损坏轧辊。

4）运转过程中任何人不得靠近旋转部件。机器周围不可乱堆异物，以防意外。

5）作业后，应堆放好成品，清理场地，清除杂物，切断电源。

6）定期检查变速器油量，不足时添加，油质不良时更换。

4．钢筋切断机械

钢筋切断机是把钢筋原材或已校直的钢筋按配料计算的长度要求进行切断的专用设备，广泛应用于施工现场和构件预制厂剪切 $\phi6\sim\phi40$mm 的钢筋。更换相应刀片，还可作为各种型钢的下料机。

（1）钢筋切断机的分类

1）按结构形式可分为手持式、立式、卧式、颚剪式四种，其中以卧式使用最普遍。

2）按工作原理可分为凸轮式和曲柄式两种。

3）按传动方式可分为机械式和液压式两种。

（2）钢筋切断机的构造和工作原理

1）卧式钢筋切断机。卧式钢筋切断机属于机械传动设备，因其结构简单，使用方便，得到广泛应用。

① 卧式钢筋切断机构造如图 2-27 所示，主要由电动机、传动系统、减速机构、曲轴机构、机体及切断刀等组成，适用于切断直径 6～40mm 的普通碳素钢钢筋。

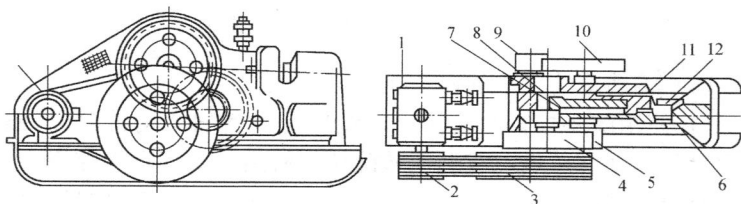

图 2-27　卧式钢筋切断机构造
1—电动机；2、3—V 带轮；4、5、9、10—减速齿轮；
6—固定刀片；7—连杆；8—曲柄轴；11—滑块；12—活动刀片

② 卧式钢筋切断机工作原理。卧式钢筋切断机传动系统如图 2-28 所示，它由电动机驱动，通过 V 带轮、圆柱齿轮减速带动偏心轴旋转。在偏心轴上装有连杆，连杆带动滑块和活动刀片在机座的滑道中做往复运动，并和固定在机座上的固定刀片相配

合切断钢筋。切断机的刀片选用碳素工具钢并经热处理制成，一般前角度为3°，后角度为12°。一般固定刀片和活动刀片之间的间隙为0.5～1mm。在刀口两侧机座上装有两个挡料架，以减少钢筋的摆动现象。

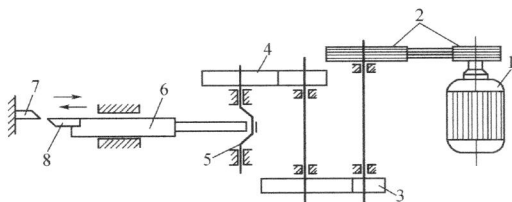

图 2-28　卧式钢筋切断机传动系统
1—电动机；2—V 带轮；3、4—减速齿轮；5—偏心轴；
6—连杆；7—固定刀片；8—活动刀片

2）立式钢筋切断机。

① 立式钢筋切断机构造。立式钢筋切断机多在构件预制厂的钢筋加工生产线上固定使用，其构造如图 2-29 所示。

② 立式钢筋切断机工作原理。由电动机通过一对带轮驱动飞轮轴，再经三级齿轮减速后，通过滑键离合器驱动偏心轴，实现活动刀片往返运动，和固定刀片配合切断钢筋。离合器由手柄控制其结合和脱离，操纵活动刀片的上下运动。压料装置是通过手轮旋转，带动一对具有内梯形螺纹的斜齿轮使螺杆上下移动，压紧不同直径的钢筋。

3）电动液压式钢筋切断机。

① 电动液压式钢筋切断机构造如图 2-30 所示。它主要由电动机、液压传动系统、操纵装置、活动刀片等组成。

② 电动液压式钢筋切断机工作原理。如图 2-31 所示，电动机带动偏心轴旋转，偏心轴的偏心面推动和它接触的柱塞做往返运动，使柱塞泵产生高压，将油压入液压缸体内，推动液压缸内的活塞，驱使活动刀片前进，和固定在支座上的固定刀片相错而切断钢筋。

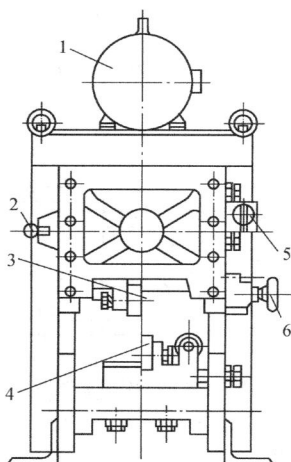

图 2-29　立式钢筋切断机构造

1—电动机；2—离合器操纵杆；3—活动刀片；

4—固定刀片；5—电气开关；6—压料机构

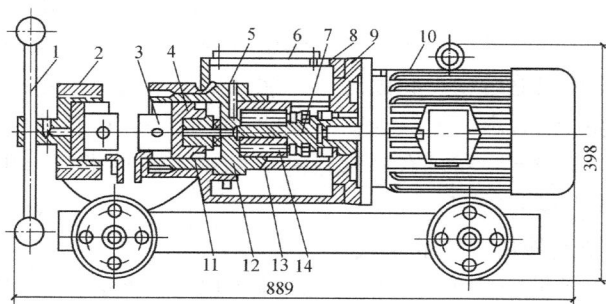

图 2-30　电动液压式钢筋切断机构造

1—手柄；2—支座；3—主刀片；4—活塞；5—放油阀；

6—观察玻璃；7—偏心轴；8—油箱；9—连接架；

10—电动机；11—皮碗；12—液压缸体；

13—液压泵缸；14—柱塞

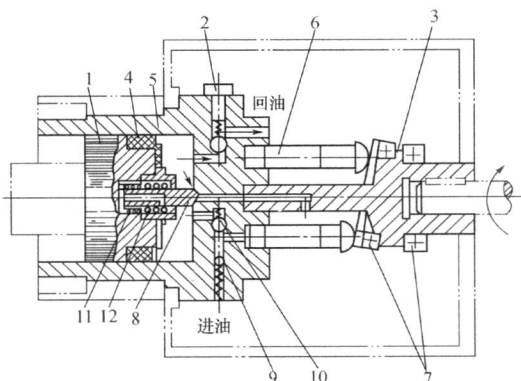

图 2-31　电动液压式钢筋切断机工作原理

1—活塞；2—放油阀；3—偏心轴；4—皮碗；5—液压缸体；

6—柱塞；7—推力轴承；8—主阀；9—吸油球阀；

10—进油球阀；11—小回位弹簧；12—大回位弹簧

4）手动液压钢筋切断机。手动液压钢筋切断机体积小，使用轻便，但工作压力较小，只能切断直径 16mm 以下的钢筋。

①手动液压钢筋切断机构造。如图 2-32 所示，液压系统由

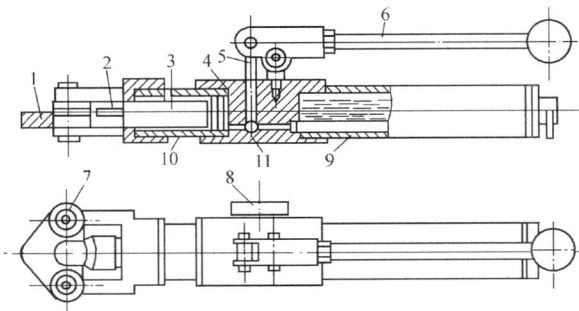

图 2-32　手动液压钢筋切断机构造

1—滑轨；2—刀片；3—活塞；4—缸体；5—柱塞；6—压杆；

7—拔销；8—放油阀；9—储油筒；10—回位弹簧；11—吸油阀

活塞、柱塞、液压缸、压杆、拔销、回位弹簧、储油筒及放、吸油阀等元件组成。

② 工作原理。先将放油阀按顺时针方向旋紧,揿动压杆,柱塞即提升,吸油阀被打开,液压油进入油室;提起压杆,液压油被压缩进入缸体内腔,从而推动活塞前进,安装在活塞前端的活动刀片即可断料;断料后立即按逆时针方向旋开放油阀,在复位弹簧的作用下,压力油又流回油室,活动刀片便自动缩回缸内。如此周而复始,进行切筋。

（3）钢筋切断机常见故障及排除方法

钢筋切断机常见故障及排除方法见表 2-3。

钢筋切断机常见故障及排除方法 表 2-3

故障现象	故障原因	排除方法
剪切不顺利	刀片安装不牢固,刀口损伤	紧固刀片或修磨刀口
	刀片侧间隙过大	调整间隙
切刀或衬刀打坏	一次切断钢筋太多	减少钢筋数量
	刀片松动	调整垫铁,拧紧刀片螺栓
	刀片质量不好	更换
切细钢筋时切口不直	切刀过钝	更换或修磨
	上、下刀之间间隙太大	调整间隙
轴承及连杆瓦发热	润滑不良,油路不通	加油
	轴承不清洁	清洗
连杆发出撞击声	轴瓦磨损,间隙过大	研磨或更换轴瓦
	连接螺栓松动	紧固螺栓
齿轮传动有噪声	齿轮损伤	修复齿轮
	齿轮啮合部位不清洁	清洁齿轮,重新加油
液压切断机切刀无力或不能切断	油缸中存有空气	排除空气
	液压油不足或有泄漏	加注液压油,紧固密封装置
	油阀堵塞,油路不通	清洗油阀,疏通油路
	液压泵柱塞卡住或损坏	检修液压泵

5. 钢筋调直切断机械

钢筋混凝土工程中使用的钢筋,不论规格和形式,都要经过调直工序,否则会影响构件的受力性能及切断钢筋长度的准确性。钢筋调直切断机能自动调直和定尺切断钢筋,并能清除钢筋表面的氧化皮和污迹,是常用的钢筋成型机械。

(1) 钢筋调直切断机分类

1) 按传动方式可分为机械式、液压式和数控式三类,国产调直切断机机械式的较多。

2) 按调直原理可分为孔模式和斜辊式(双曲线式)两类,孔模式的居多。

3) 按切断原理可分为锤击式和轮剪式两类。

(2) 钢筋调直切断机的构造及工作原理

现以机械式 GT4/8 型、数控式 GTS3/8 型、斜辊式 GT6/12 型为例,简述其结构及工作原理。

1) GT4/8 型钢筋调直切断机。

① GT4/8 型钢筋调直切断机的构造。GT4/8 型钢筋调直切断机主要由放盘架、调直筒、传动箱、切断机构、承受架及机座等组成,如图 2-33 所示。

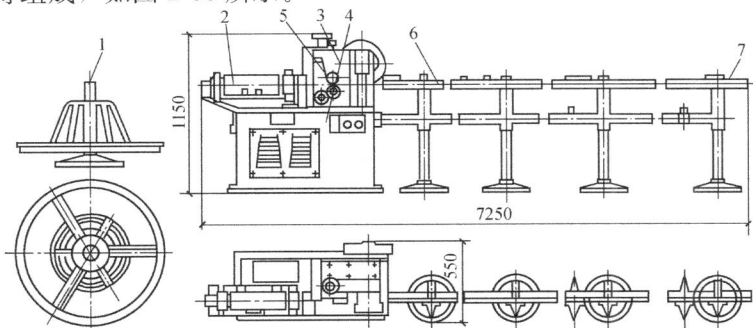

图 2-33　GT4/8 型钢筋调直切断机构造(单位:mm)
1—放盘架;2—调直筒;3—传动箱;4—机座;
5—切断机构;6—承受架;7—定尺板

② 工作原理。如图 2-34 所示，电动机经 V 带轮驱动调直筒旋转，实现调直钢筋动作。通过同一电动机上的另一胶带轮传动一对锥齿轮转动偏心轴，再经过两级齿轮减速带动上、下压辊相对旋转，从而实现调直和曳引运动。偏心轴通过双滑块机构，带动锤头上下运动，当上切刀进入锤头下面时，即受到锤头敲击，实现切断作业。上切刀依赖拉杆重力作用完成回程。

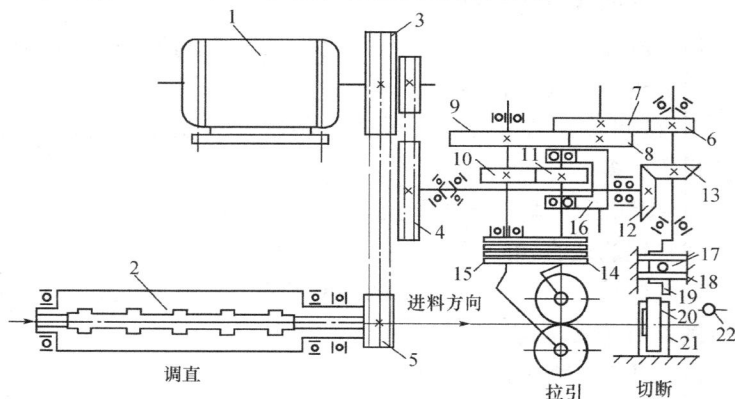

图 2-34　GT4/8 型钢筋调直切断机传动示意图

1—电动机；2—调直筒；3、4、5—胶带轮；6～11—齿轮；12、13—锥齿轮；
14、15—上、下压辊；16—框架；17、18—双滑块；19—锤头；20—上切刀；
21—方刀台；22—拉杆

在工作时，方刀台和承受架上的拉杆相连，拉杆上装有定尺板，当钢筋端部顶到定尺板时，即将方刀台拉到锤头下面，切断钢筋。定尺板的位置可按切断钢筋所需长度调整。

2）GTS3/8 型数控钢筋调直切断机。GTS3/8 数控钢筋调直切断机的特点是利用光电脉冲及数字计数原理，在调直机上架装有光电测长、根数控制、光电置零等装置，从而能自动控制切断长度和切断根数以及自动停止运转。其工作原理如图 2-35 所示。

① 光电测长装置。如图 2-35 所示，由被动轮、摩擦轮、光电盘及光电管等组成。摩擦轮周长为 100mm，光电盘等分为 100 个小孔。当钢筋由牵引轮通过摩擦轮时，带动光电盘旋转并截取

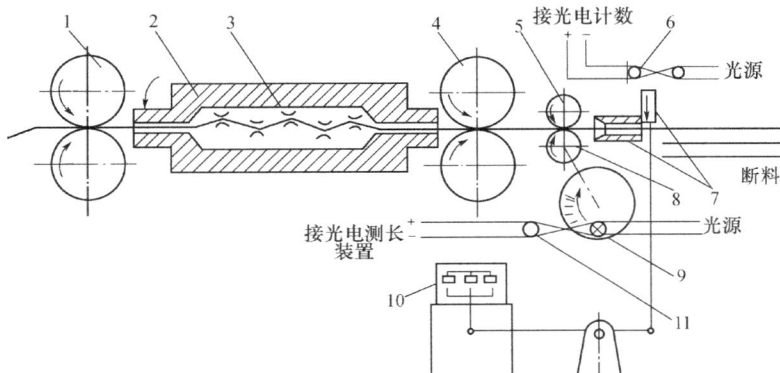

图 2-35　GTS3/8 型数控钢筋调直切断机工作原理示意图
1—进料压辊；2—调直筒；3—调直块；4—牵引轮；5—从动轮；
6—摩擦轮；7—光电盘；8、9—光电管；10—电磁铁；11—切断刀片

光束。光束通过充电盘小孔时被光电管接收而产生脉冲信号，即钢筋长 1mm 的转换信号。通过摩擦轮的钢筋长度（单位：mm）应和摩擦轮周长成正比，并和光电管产生的脉冲信号次数相对应。由光电管产生的脉冲信号在长度十进位计数器中计数并显示出来。因此，只要按钢筋切断长度拨动长度开关，长度计数器即触发长度指令电路，使强电控制器驱动电磁铁拉动连杆，将钢筋切断。

② 根数控制装置。在长度指令电路接收到切断钢筋脉冲信号的同时，发出根数脉冲信号，触发根数信号放大电路，并在根数计数器中计数和显示。只要按所需根数拨动根数开关，数满后，计数器即触发根数指令电路，经强电控制器使机械停止运转。

③ 光电置零装置。在切断机构的刀架中装有光电置零装置，其通光和截止原理和光电盘相同。当刀片向下切断钢筋时，光电管被光照射，触发光电置零装置电路，置长度计数器于零位，不使光电盘在切断钢筋的瞬间，因机械惯性产生的信号进入长度计数器而影响后面一根钢筋的长度。

此外，当设备发生故障或材料用完时，能自动发出故障电路信号，使机械停止运转。

（3）钢筋调直切断机常见故障及排除方法

钢筋调直切断机常见故障及排除方法见表 2-4。

钢筋调直切断机常见故障及排除方法　　　　　表 2-4

故障现象	故障原因	排除方法
调出的钢筋不直	调直块未对好或磨损过大	调整或更换调直块
钢筋上有深沟线	调直块上有尖角和毛刺	研磨或更换调直块
钢筋切口不直	切刀过钝	研磨或更换切刀
钢筋切口有压扁的痕迹	安装剪切齿轮时切刀齿的啮合不正确	被动切刀齿装在主动切刀齿前面
切断的钢筋长度不一	传送钢筋的上曳引辊压得不紧	加大曳引辊的压力
在切长钢筋时切出短料	离合器的棘齿损坏	将棘齿锉整齐
	限位开关位置太低	将限位开关位置移高一点
	推动离合器的弹簧力不足	调整弹簧力
调直筒转数不够	带过松而打滑	移动电动机，调节带紧度
连续切出短料，连切或空切	限位开关的凸轮杠杆被卡住	调节限位开关架
	被切断的钢筋没有落下	停机检修托板
	定长机构失控	停机检修定长机构
钢筋从承受架上蹿出来	钢筋没有调直	调整或更换调直块
切断的钢筋落不下来	托板开得不够或开得太慢	调整托板的开度和速度
齿轮有噪声	上下曳引轮槽没有对正，有轴向偏移	修理或更换曳引辊
压辊无法压紧钢筋	压辊槽子磨损过大	更换压辊
主、被动轴弯	有钢筋头掉入转动的齿轮内	及时清除机件上的料头，机体上的防护装置应完好无损

二、钢筋弯曲机械

钢筋弯曲机是利用工作盘的旋转，将已切断好的钢筋，按配筋图要求进行弯曲、弯钩、串箍、全箍等，使钢筋具备所需的形状和尺寸的专用设备，以满足钢筋混凝土结构中对各种钢筋形状和尺寸的要求。

1. 钢筋弯曲机的分类

（1）按传动方式可分为机械式、液压式和数控式三种，其中以机械式使用最广泛。

（2）按工作原理可分为涡轮蜗杆式和齿轮式两种。

（3）按结构形式可分为台式和手持式两种，台式工作效率高而得到广泛应用。

在钢筋弯曲机的基础上改进而派生出钢筋弯箍机、螺旋绕制机及钢筋切断弯曲组合机等。

2. 钢筋弯曲机的构造和工作原理

（1）涡轮蜗杆式钢筋弯曲机

1）构造。如图 2-36 所示，它主要由机架、电动机、传动系统、工作机构（工作盘、插入座、夹持器、转轴等）及控制系统等组成。机架下装有行走轮，便于移动。

2）工作原理。电动机动力经 V 带轮、两对直齿轮及涡轮蜗杆减速后，带动工作盘旋转。工作盘上一般有 9 个轴孔，中心孔用来插中心轴，周围的 8 个孔用来插成型轴和轴套。在工作盘外的两侧还有插入座，各有 6 个孔，用来插入挡铁轴。为了便于移动钢筋，各工作台的两边还设有送料辊。工作时，根据钢筋弯曲形状，将钢筋平放在工作盘中心轴和相应的成型轴之间及挡铁轴的内侧。当工作盘转动时，钢筋一端被挡铁轴阻止不能转动，中心轴位置不变，而成型轴则绕中心轴做圆弧转动，将钢筋推弯，钢筋弯曲过程如图 2-37 所示。

相关规范规定，当钢筋做 180°弯钩时，钢筋的圆弧弯曲直径不应小于钢筋直径的 2.5 倍。因此，中心轴也相应地制成 16～

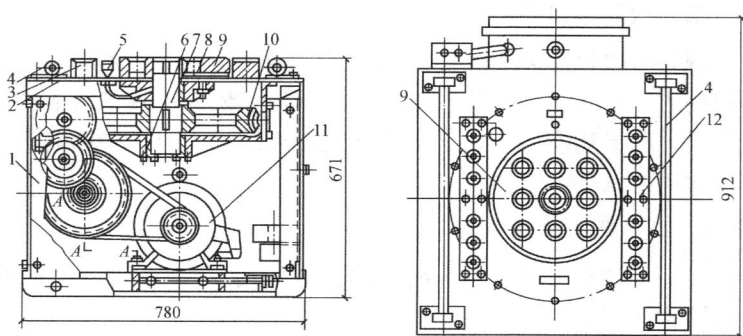

图 2-36　涡轮蜗杆式钢筋弯曲机构造
1—机架；2—工作台；3—插入座；4—滚轴；5—油杯；6—涡轮箱；7—工作主轴；
8—立轴承；9—工作盘；10—涡轮；11—电动机；12—孔眼条板

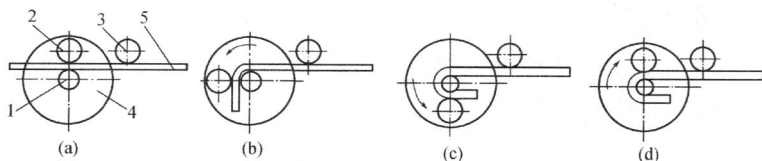

图 2-37　钢筋弯曲过程
（a）装料；（b）弯90°；（c）弯180°；（d）回位
1—中心轴；2—成型轴；3—挡铁轴；4—工作盘；5—钢筋

100mm 共 9 种不同规格，以适应弯曲不同直径钢筋的需要。

（2）齿轮式钢筋弯曲机

1）构造。它主要由机架、电动机、齿轮减速器、工作机构及电气控制系统等组成，如图 2-38 所示。它改变了传统的涡轮蜗杆传动，并增加了角度自动控制机构及制动装置。

2）工作原理。传动系统如图 2-39 所示，由一台带制动的电动机带动工作盘旋转。工作机构中左右两个插入座可通过手轮无级调节，并和不同直径的成型辊及装料装置配合，能适应各种不同规格的钢筋弯曲成型。角度的控制是由角度预选机构和几个长

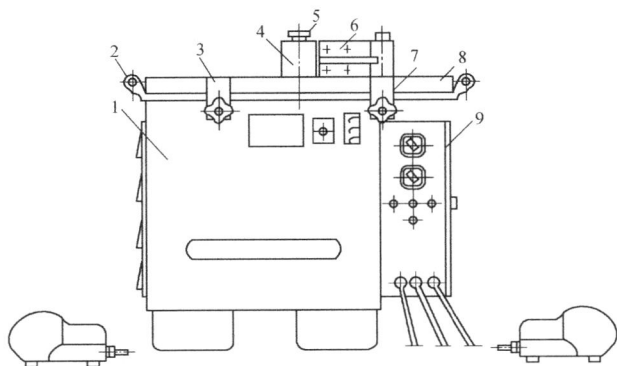

图 2-38 齿轮式钢筋弯曲机构造

1—机架；2—滚轴；3、7—紧固手柄；4—转轴；5—调节手轮；

6—夹持器；8—工作台；9—控制配电箱

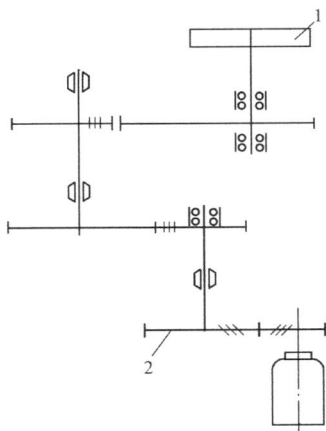

图 2-39 齿轮式钢筋弯曲机传动系统

1—工作盘；2—减速器

短不一的限位销相互配合而实现的。当钢筋被弯曲到预选角度，限位销触及行程开关，使电动机停机并反转，恢复到原位，完成钢筋弯曲工序。此外，电气控制系统还具有点动、自动，双向控制，瞬时制动，事故急停及系统短路保护，电动机过热保护等功能。

（3）钢筋弯箍机

1）构造。钢筋弯箍机是弯制箍筋的专用机械，弯曲角度可任意调节，其构造和弯曲机相似，如图 2-40 所示。

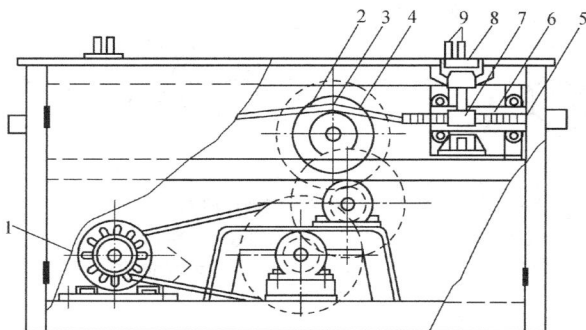

图 2-40　钢筋弯箍机构造

1—电动机；2—偏心圆盘；3—偏心铰；4—连杆；5—齿条；
6—滑道；7—正齿条；8—工作盘；9—中心轴和成型轴

2）工作原理。电动机动力通过一双带轮和两对直齿轮减速使偏心圆盘转动。偏心圆盘通过偏心铰带动两个连杆，每个连杆又铰接一根齿条，于是齿条沿滑道做往复直线运动。齿条又带动齿轮使工作盘在一定角度内做往复回转运动。工作盘上有两个轴孔，中心孔插中心轴，另一孔插成型轴。当工作盘转动时，中心轴和成型轴都随之转动，和钢筋弯曲机同一原理，能将钢筋弯曲成所需的箍筋。

（4）液压式钢筋切断弯曲机

这是运用液压技术对钢筋进行切断和弯曲成型的两用机械，自动化程度高，操作方便。

1）构造。它主要由液压传动系统、切断机构、弯曲机构、电动机、机体等组成。其结构及工作原理如图 2-41 所示。

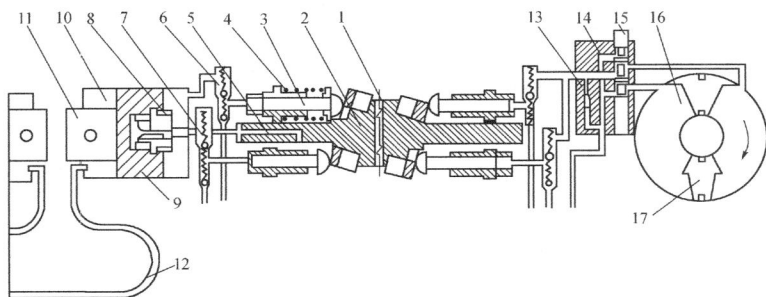

图 2-41　液压式钢筋切断弯曲机结构

1—双头电动机（略）；2—轴向偏心泵轴；3—油泵柱塞；4—弹簧；5—中心油孔；
6、7—进油阀；8—中心阀柱；9—切断活塞；10—油缸；11—切刀；12—板弹簧；
13—限压阀；14—分配阀；15—滑阀；16—回转油缸；17—回转叶片

2）工作原理。它由一台电动机带动两组柱塞式液压泵，一组推动切断活塞，另一组驱动回转液压缸，带动弯曲工作盘旋转。

① 切断机构的工作原理。在切断活塞中间装有中心阀柱及弹簧，当空转时，由于弹簧的作用，使中心阀柱离开液压缸的中心油孔，高压油则从此经偏心轴油道流回油箱。在切断时，以人力推动活塞，使中心阀柱堵住液压缸的中心孔，此时由柱塞泵来的高压油经过进油阀进入液压缸中，产生高压推动活塞运动，活塞带动切刀进行切筋。此时压力弹簧的反推力大于液压缸内压力，阀柱便退回原处，液压油又沿中心油孔的油路流回油箱。切断活塞的回程依靠板弹簧的回弹力来实现。

② 弯曲机构的工作原理。进入组合分配阀的高压油，由于滑阀的位置变换，可使油从回转液压缸的左腔或右腔进油实现液压缸的左右回转。当进油阀处于中间位置时，压力油流回油箱。当液压缸受阻或超载时，油压迅速增高，自动打开限压阀，压力油流回油箱，以确保安全。

3. 钢筋弯曲机常见故障及排除方法

钢筋弯曲机常见故障及排除方法见表 2-5。

钢筋弯曲机常见故障及排除方法 表 2-5

故障现象	故障原因	排除方法
电动机只有"嗡嗡"响声,但不转	一相断电	接通电源
	倒顺开关触头接触不良	修磨触点,使接触良好
弯曲 φ30 以上钢筋时无力	V 带松弛	调整 V 带轮间距,使松紧适宜
运转吃力,噪声过大	V 带过紧	调整 V 带松紧度
	润滑部位缺油	加润滑油
运转时有异响	螺栓松动	紧固螺栓
	轴承松动或损坏	检修或更换轴承
机械渗油、漏油	涡轮箱加油过多	放掉过多的油
	各封油部件失效	用硝基油漆重新封死
工作盘只能一个方向转	换向开关失灵	断开总开关后检修
被弯曲的钢筋在滚轴处打滑	滚轴直径过大	选用较大的滚轴
	垫板的长度和厚度不够	更换较长、较厚的垫板
立轴上端过热	轴承润滑脂内有铁末或缺少润滑脂	清洗、更换或加注润滑脂
	轴承间隙过小	调整轴承间隙

三、钢筋焊接机械

1. 钢筋电渣压力焊机

(1) 电渣压力焊机分类

1) 按整机组合方式分类

① 分体式焊机：包括焊接电源（包括电弧焊机）、焊接夹具、控制系统和辅件（焊剂盒、回收工具）等几部分。此外，还有控制电缆、焊接电缆等附件。其特点是便于充分利用现有电弧焊机，节省投资。

② 同体式焊机：将控制系统的电气元件组合在焊接电源内，另配焊接夹具、电缆等。其特点是可以一次投资到位，购入即可使用。

2）按操作方式分类

① 手动式焊机：由焊工按按钮，接通焊接电源，将钢筋上提或下送，引燃电弧，再缓缓地将上钢筋下送，根据预定时间所给予的信号（时间显示管显示、蜂鸣器响声等），加快下送速度，使电弧过程转变为电渣过程，最后用力向下预压，切断焊接电源，焊接结束。因有自动信号装置，故有的称为半自动焊机。

手动钢筋电渣压力焊机的加压方式有杠杆式和摇臂式两种。前者利用杠杆原理，将上钢筋上下移动，并加压；后者利用摇臂，通过伞齿轮，将上钢筋上下移动，并加压。

② 自动式焊机：由焊工按按钮，自动接通焊接电源，通过电动机使钢筋移动，引燃电弧，接着自动完成电弧、电渣及顶压过程，并切断焊接电源。

由于钢筋电渣压力焊在建筑施工现场进行，即使焊接过程是自动操作，但是钢筋安放、装卸焊剂等均需人工辅助操作。这与工厂内的机器人自动焊有很大差别。

这两种焊机各有特点，手动式焊机比较结实、耐用，操作熟练后，也很方便。自动式焊机可减轻劳动强度，生产效率高，但电气线路稍复杂。

自动电渣压力焊机的操作方式有以下两种。

a. 电动凸轮式。凸轮按上钢筋位移轨迹设计，采用直流微电机带动凸轮，使上钢筋向下移动，并利用自重加压。在电气线路上，调节可变电阻，改变晶闸管触发点和电动机转速，从而改变焊接通电时间，满足不同直径钢筋焊接的需要。

b. 电动丝杠式。采用直流电动机，利用弧电压、电渣电压、负反馈控制电动机转向和转速，通过丝杠将上钢筋向上、下移动并加压，电弧电压控制在 35～45V，电渣电压控制在 22～27V。根据钢筋直径选用合适的焊接电流和焊接通电时间。焊接开始后，全部过程自动完成。

目前生产的自动电渣压力焊机主要是电动丝杠式的。

（2）焊接电源

可选择额定焊接电源 500A 或 500A 以上的弧焊电源（电弧焊机）作为焊接电源，交流或直流均可。

焊接电源的次级空载电压应较高，便于引弧。

焊机的容量应根据所焊钢筋直径选定。常用的交流弧焊机有 BX3-500-2、BX3-650、BX2-700、BX2-1000 等，也可选用 JSD-600 型或 JSD-1000 型专用电源，见表 2-6；直流弧焊电源可用 ZX5-630 型晶闸管弧焊整流器或硅弧焊整流器。

电渣压力焊机电源性能指标表　　　　　　表 2-6

项目	单位	JSD-600		JSD-1000	
电源电压	V	380		380	
相数	相	3		3	
输入容量	kV·A	45		76	
空载电压	V	80		78	
负载持续率	%	60	35	60	35
初级电流	A	116		196	
次级电流	A	600	750	1000	1200
次级电压	V	22～45		22～45	
可焊接钢筋直径	mm	14～32		22～40	

（3）焊接夹具

焊接夹具由立柱、传动机构、上下夹钳、焊剂（药）盒等组成，并装有监控装置，包括控制开关、次级电压表、时间指示灯（显示器）等。

焊接夹具的主要作用：夹住上下钢筋，使钢筋定位同心；传导焊接电流；确保焊剂盒直径与钢筋直径相适应，便于装卸焊剂；装有便于准确掌握各项焊接参数的初级线路接通或断开。

（4）控制箱

它的作用是通过焊工操作（在焊接夹具上按按钮），使弧焊电源初级线路接通或断开。

（5）焊剂罐

焊剂采用高锰、高硅、低氢型HJ431焊剂，其作用是使熔渣形成渣池，使钢筋接头良好的形成，并保护熔化金属和高温金属，避免氧化、氮化作用的发生。使用前必须经250℃烘烤2h。落地的焊剂可以回收，并经5mm筛筛一遍，再经铜笊底筛一遍后烘烤2h，最后再用铜笊底筛一遍，才能与新焊剂各掺半混合使用。

焊剂盒可做成合瓣圆柱体，下口为锥体（图2-42），锥体口直径（d_2）可按表2-7选用。

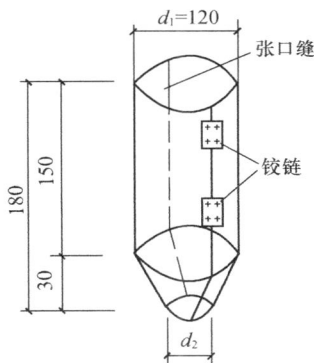

图 2-42　焊剂（药）盒

焊剂盒下口尺寸（单位：mm）　　　　　表2-7

焊接钢筋直径	d_2	焊接钢筋直径	d_2
40	46	28	32
32	36	—	—

焊剂盒内装焊剂，其内径为90～100mm，应和所焊钢筋的直径相适应。焊剂可用431焊剂或其他性能相近的焊剂，使用前必须经250℃温度烘烤2h，以保证焊剂易熔化形成渣池。

2. 钢筋闪光对焊机械

钢筋对焊机有UN、UN1、UNs、UNg等系列。钢筋对焊常用的是UN1系列，这种对焊机专用于电阻焊接或闪光焊接低碳钢、有色金属等，按其额定功率不同，有UN1-25、UN1-75、

UN1-100 型杠杆加压式对焊机和 UN1-150 型气压自动加压式对焊机等。以下重点介绍 UN1 系列对焊机。

（1）钢筋对焊机的构造

UN1 系列钢筋对焊机（图 2-43）主要由焊接变压器、固定电极、移动电极、送料机构（加压机构）、水冷却系统及控制系统等组成。左右两电极分别通过多层铜皮与焊接变压器次级线圈的导体连接，焊接变压器的次级线圈采用循环水冷却。在焊接处的两侧及下方均有防护板，以免熔化金属溅入变压器及开关。焊工须经常清理防护板上的金属溅沫，以免造成短路等故障。

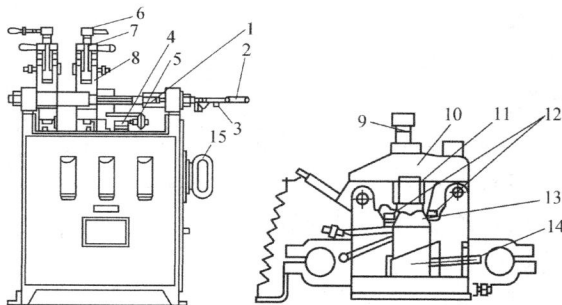

图 2-43 UN1 系列对焊机构造
1—调节螺栓；2—操纵杆；3—按钮；4—行程开关；5—行程螺栓；6—手柄；
7—套钩；8—电极座；9—夹紧螺栓；10—夹紧臂；11—上钳口；
12—下钳口紧固螺栓；13—下钳口；14—下钳口调节螺杆；15—插头

1）送料机构。送料机构能够完成焊接中所需要的熔化及挤压过程，它主要包括操纵杆、可动横架、调节螺栓等，将操纵杆在两极位置中移动，可获得电极的最大工作行程。

2）开关控制。按下按钮，此时接通继电器，使交流接触器吸合，于是焊接变压器接通。移动操纵杆，可实施电阻焊或闪光焊。当焊件因塑性变形而缩短，达到规定的顶锻留量，行程螺栓触动行程开关使电源自动切断。控制电源由次级电压为 36V 的控制变压器供电，以保证操作者的人身安全。

3）钳口（电极）。左右电极座上装有下钳口、杠杆式夹紧臂、夹紧螺栓，另有带手柄的套钩，用以夹持夹紧臂。下钳口制作材料为铬锆铜，其下方为借助通电的铜块，由两个楔形铜块组成，用以调节所需的钳口高度。楔形铜块的两侧由护板盖住，图 2-43 所示为拆去了铜护板的情形。

4）电气装置。焊接变压器为铁壳式，其初级电压为 380V，变压器初级线圈为盘式绕组，次级绕组由三块周围焊有铜水管的铜板并联而成，焊接时按焊件大小选择调节级数，以取得所需要的空载电压。变压器至电极由多层薄铜片连接。焊接过程通电时间的长短可通过按钮开关及行程开关控制。

上述开关控制中间继电器，由中间继电器使接触器接通或切断焊接电源。

（2）钢筋对焊机安装操作方法

1）UN1-25 型对焊机为手动偏心轮夹紧机构。其底座和下电极固定在焊机座板上，当转动手柄时，偏心轮通过夹具上板对焊件加压，上下电极间距离可通过螺钉来调节。当偏心轮松开时，弹簧使电极压力去掉。

2）UN1 系列其他型号对焊机在使用时先按焊件的形状选择钳口，如焊件为棒材，可直接用焊机配置钳口；如焊件异形，应按焊件形状定做钳口。

3）调整钳口，使钳口两中心线对准，将两试棒放于下钳口定位槽内，观看两试棒是否对应整齐，如能对齐，对焊机即可使用；如对不齐，应调整钳口。调整时先松开紧固螺栓，再调整调节螺杆，并适当移动下钳口，获得最佳位置后，拧紧紧固螺栓。

4）按焊接工艺的要求，调整钳口的距离。当操纵杆在最左端时，钳口（电极）间距应等于焊件伸出长度与挤压量之差；当操纵杆在最右端时，电极间距相当于两焊件伸出长度，再加 2～3mm（即焊前的原始位置），该距离由调整调节螺栓获得。焊接标尺可帮助调整参数。

5）试焊。在试焊前为防止焊件瞬间过热，应逐级增加调节级数。在闪光焊时须使用较高的次级空载电压。闪光焊过程中有大量熔化金属溅沫，必须戴深色防护眼镜。

低碳钢焊接时，最好采用闪光焊接法。

6）钳口的夹紧动作如下。

① 先用手柄转动夹紧螺栓，适当调节上钳口的位置。

② 把焊件分别插入左右上下钳口间。

③ 转动手柄，使夹紧螺栓夹紧焊件。必须确保焊件有足够的夹紧力，方能施焊，否则可能导致烧损机件。

7）焊件取出动作如下。

① 焊接过程完成后，用手柄松开夹紧螺栓。

② 将套钩卸下，则夹紧臂受弹簧的作用而向上提起。

③ 取出焊件，拉回夹紧臂，套上套钩，进行下一轮焊接。

也可按自己的习惯装卡工件，但必须保证焊前工件夹紧。

8）闪光焊接法。碳钢焊件的焊接可参考下列数据。

① 电流密度：烧化过程中，电流密度通常为 $6\sim25\text{A}/\text{mm}^2$，较电阻焊时所需的电流密度低 20％～50％。

② 焊接时间：无预热的闪光焊的焊接时间视焊件的截面及选用的功率而定。当电流密度较小时，焊接时间即延长，通常为 $2\sim20\text{s}$。

③ 烧化速度：烧化速度取决于电流密度、预热程度及焊件大小。在焊接小截面焊件时，烧化速度最大可为 $5\text{mm}/\text{s}$，而焊接大截面焊件时，烧化速度则小于 2mm。

④ 顶锻压力：顶锻压力不足，可能造成焊件的夹渣及缩孔。在无预热闪光焊时，顶锻压力应为 $5\sim7\text{kg}/\text{mm}^2$，而预热闪光焊时，顶锻压力则为 $3\sim4\text{kg}/\text{mm}^2$。

⑤ 顶锻速度：为减少接头处金属的氧化，顶锻速度应尽可能快，通常等于 $15\sim30\text{mm}/\text{s}$。

（3）钢筋对焊机安全操作要点

1）工作人员应熟知对焊机焊接工艺过程。

① 连续闪光焊：连续闪光、顶锻，顶锻后在焊机上通电加热处理。

② 预热闪光焊：一次闪光、烧化预热、二次闪光、顶锻。

2）操作人员必须熟知所用机械的技术性能（如变压器级数、最大焊接截面、焊接次数、最大顶锻力、最大送料行程）和主要部件的位置及应用方法。

3）操作人员应会根据机械性能和焊接物选择焊接参数。

4）焊件准备：清除钢筋端头 120mm 内的铁锈、油污和灰尘。如端头弯曲，则应整直或切除。

5）对焊机应安装在室内并应有可靠的接地（或接零），多台对焊机安装在一起时，机间距离至少要在 3m 以上，分别接在不同的电源上。每台对焊机均应有各自的控制开关。开关箱至机身的导线应加保护套管。导线的截面面积应不小于规定的截面面积。

6）操作前应对对焊机各部件进行检查。

① 压力杠杆等机械部分是否灵活。

② 各种夹具是否牢固。

③ 供电、供水是否正常。

7）操作场所附近的易燃物应清除干净，并备有消防设备。操作人员必须戴防护镜和手套，站立的地面应垫木板或其他绝缘材料。

8）操作人员必须正确地调整和使用焊接电流，使其与所焊接的钢筋截面相适应。严禁焊接超过规定直径的钢筋。

9）断路器的接触点应经常用砂纸擦拭，电极应定期锉光。二次电路的全部螺栓应定期拧紧，以免发生过热现象。

10）冷却水温度不得超过 40℃，排水量应符合规定要求。

11）较长钢筋对焊时应放在支架上。随机配合搬运钢筋的人员应注意防止火花烫伤。搬运时，应注意焊接处，避免烫手。

12）焊完的半成品应堆码整齐。

13）闪光区内应设挡板，焊接时禁止其他人员入内。

14）冬季焊接工作完毕后，应将焊机内的冷却水放净，以免冻坏冷却系统。

（4）钢筋对焊机的维护与保养

UN1 系列对焊机的维护与保养见表 2-8。

UN1 系列对焊机的维护与保养　　　　　　　　　表 2-8

保养部位	保养工作技术内容	维护与保养方法	保养周期
整机	擦拭外壳灰尘	擦拭	每日一次
	传动机构润滑	向油孔注油	每月一次
	机内清除飞溅物、灰尘	用铁铲去除飞溅物，用压缩气体吹除灰尘	每月一次
变压器	经常检查水龙头接头，防止漏水使变压器受潮	勤检查，发现漏水迹象，及时排除	每日一次
	二次绕组与软铜带连接的螺钉松动	拧紧松动的螺钉	每季一次
	闪光对焊机要定期清理溅落在变压器上的飞溅物	消除飞溅堆积物	每月一次
电压调节开关	焊机工作时不许调节	焊机空载时可以调节	列入操作规程
	插座应插入到位	插入开关时应用力插到位，如插不紧，应检修刀夹	每月一次
	防止开关接线螺钉松动	发现松动，应紧固螺钉	每月一次
电极（夹具）	焊件接触面应保持光洁	清洁，磨修	每日一次
	焊件接触面勿粘连铁迹	磨修或更换电极	每日一次
水路系统	无冷却水不得使用焊机	先开水阀后开焊机	列入操作规程
	保证水路通畅	发现水路堵塞，及时排除	每季一次

保养部位	保养工作技术内容	维护与保养方法	保养周期
水路系统	出水口水温不得过高	加大水流量，保持进水口水温不高于30℃，出水口温度不高于45℃	每日检查
	冬季要防止水路结冰，以免水管冻裂	每日用完焊机，应用压缩空气将机内存水吹除干净	冬季执行
接触器	主触点要防止烧损	研磨修理或更换触点	每季一次
	绕组接线头处防止断线、掉头和松动	接好断线、掉头处，拧紧松动的螺钉	每季一次

（5）钢筋对焊机的检修

钢筋对焊机检修应在断电后进行，检修应由专业电工进行。

1）按下控制按钮，焊机不工作。

① 检查电源电压是否正常。

② 检查控制线路接线是否正常。

③ 检查交流接触器是否正常吸合。

④ 检查主变压器线圈是否烧坏。

2）松开控制按钮或触动行程开关，变压器仍然工作。

① 检查控制按钮、行程开关是否正常。

② 检查交流接触器、中间继电器衔铁是否被油污粘连不能断开，造成主变压器持续供电。

3）焊接不正常，出现不应有的飞溅。

① 检查工件是否清洁，是否有油污、锈痕。

② 检查丝杆压紧机构是否能压紧工件。

③ 检查电极钳口是否光洁，有无铁迹。

4）下钳口（电极）调节困难。

① 检查电极、调整块间隙是否被飞溅物堵塞。

② 检查调整块、下钳口调节螺杆是否烧损、烧结，变形严重。

5）不能正常焊接，交流接触器出现异常响声。

① 焊接时测量交流接触器进线电压是否低于自身释放电压 300V。

② 检查引线是否太细太长，压降太大。

③ 检查网络电压是否太低，不能正常工作。

④ 检查主变压器是否有短路，造成电流太大。

⑤ 对检查出来的故障部位进行修理、换件、调整。

3．钢筋点焊机械

（1）钢筋点焊机的基本构造

图 2-44 所示为杠杆弹簧式点焊机的外形结构，它主要由点焊变压器、电极臂、杠杆系统、分级转换开关和冷却系统等组成。

图 2-45 所示为杠杆弹簧式点焊机的工作原理。点焊时，将表面清理好的平直钢筋叠合在一起放在两个电极之间，踏下脚踏

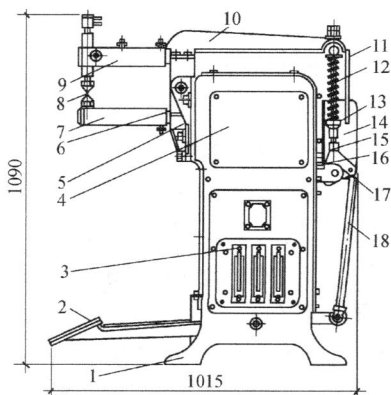

图 2-44　杠杆弹簧式点焊机外形结构

1—基础螺栓；2—踏脚；3—分级开关；4—变压器；5—夹座；6—下夹块；
7—下电极臂；8—电极；9—上电极臂；10—压力臂；11—指示板；12—压簧；
13—调节螺母；14—开关罩；15—转块；16—滚柱；17—三角形连杆；18—连杆

板，使两根钢筋的交点接触
紧密，同时断路器也相接触，
接通电源，使钢筋交接点在
短时间内产生大量的电阻热，
钢筋很快被加热到熔点而处
于熔化状态。放开脚踏板，
断路器随杠杆下降切断电流，
在压力作用下，熔化了的钢
筋交接点冷却凝结成焊接点。

（2）钢筋点焊机的安全
操作要点

1）作业前，应清除上下
电极的油污。通电后，机体
外壳应无漏电。

2）启动前，应先接通控

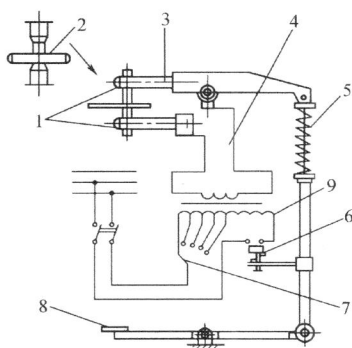

图 2-45　杠杆弹簧式点焊机工作
原理示意图

1—电极；2—钢筋；3—电极臂；
4—变压器次级线圈；5—弹簧；
6—断路器；7—变压器调节级数开关；
8—脚踏板；9—变压器初级线圈

制线路的转向开关和焊接电流的小开关，调整好级数，再接通水
源、气源，最后接通电源。

3）焊机通电后，应检查电气设备、操作机构、冷却系统、
气路系统及机体外壳有无漏电现象。电极触头应保持光洁。有漏
电时，应立即更换电极触头。

4）作业时，气路、水冷却系统应畅通。气体应保持干燥。
排水温度不得超过 40℃，排水量可根据气温调节。

5）严禁在引燃电路中加大熔断器。当负载过小使引燃管内
电弧不能发生时，不得闭合控制箱的引燃电路。

6）当控制箱长期停用时，每月应通电加热 30min。更换闸流
管时应预热 30min。正常工作的控制箱的预热时间不得小于 5min。

4. 钢筋气压焊机械

（1）钢筋气压焊工艺

钢筋气压焊是采用一定比例的氧-乙炔焰为热源，对需要接
头的两根钢筋端部接缝处进行加热烘烤，使其达到热塑状态，同

时对钢筋施加 30～40MPa 的轴向压力，使钢筋顶锻在一起。

钢筋气压焊分为敞开式和闭式两种。前者是将两根钢筋端面稍加离开，加热到熔化温度后加压，属于熔化压力焊；后者是将两根钢筋端面紧密闭合，加热到 1200～1250℃后加压，属于固态压力焊。目前常用的方法为闭式气压焊，其机理是在还原性气体的保护下加热钢筋，使其发生塑性流变后相互紧密接触，促使端面金属晶体相互扩散渗透，再结晶、再排列，进而形成牢固的对焊接头。

这项工艺不仅适用于竖向钢筋的连接，也适用于各种方向布置的钢筋的连接，适用于 HPB300、HRB335 级钢筋，其直径为14～40mm。当不同直径钢筋焊接时，两根钢筋直径差不得大于7mm。另外，热轧 HRB400 级钢筋中的 20MnSiV、20MnTi 也适用，但不包括含碳量、含硅量较高的 25MnSi。

（2）钢筋气压焊设备

钢筋气压焊设备主要包括氧气和乙炔供气装置、加热器、加压器及钢筋卡具等，如图 2-46 所示。辅助设备包括用于切割钢筋的砂轮锯、磨平钢筋端头的角向磨光机等，下面分别介绍。

1）供气装置。供气装置包括氧气瓶、溶解乙炔气瓶（或中压乙炔发生器）、干式回火防止器、减压器、橡胶管等。溶解乙炔气瓶的供气能力必须满足现场最粗钢筋焊接时的供气量要求，

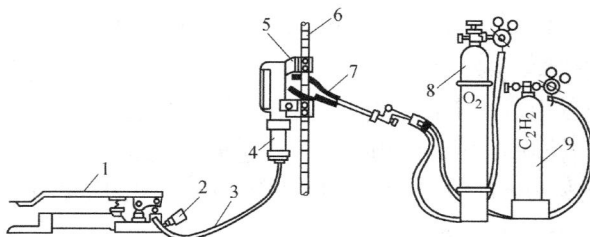

图 2-46　钢筋气压焊设备工作示意

1—脚踏液压泵；2—压力表；3—液压胶管；4—油缸；5—钢筋卡具；
6—被焊接钢筋；7—多火口烤钳；8—氧气瓶；9—乙炔气瓶

若气瓶供气不能满足要求，可以并联使用多个气瓶。

① 氧气瓶是用来储存、运输压缩氧气（O_2）的钢瓶，常用容积为 40L，储存氧气 $6m^3$，瓶内公称压力为 14.7MPa。

② 乙炔气瓶是储存、运输、溶解乙炔（C_2H_2）的特殊钢瓶，在瓶内填满浸渍丙酮的多孔性物质，其作用是防止气体爆炸及加速乙炔溶解于丙酮的过程。瓶的容积为 40L，储存乙炔气 $6m^3$，瓶内公称压力为 1.52MPa。乙炔气瓶必须垂直放置，当瓶内压力减低到 0.2MPa 时，应停止使用。氧气瓶和溶解乙炔气瓶的使用应遵照《气瓶安全技术规程》TSG 23—2021 的有关规定执行。

③ 减压器是用于将气体从高压降至低压，设有显示气体压力大小的装置，并有稳压作用。减压器按工作原理分为正作用和反作用两种，常用的有以下两种单级反作用减压器：①QD-2A 型单级氧气减压器，高压额定压力为 15MPa，低压调节范围为 0.1～1.0MPa；②QD-2O 型单级乙炔减压器，高压额定压力为 1.6MPa，低压调节范围为 0.01～0.15MPa。

④ 回火防止器是装在燃料气体系统，防止火焰向燃气管路或气源回烧的保险装置，分为水封式和干式两种。其中，水封式回火防止器常与乙炔发生器组装成一体，使用时一定要检查水位。

⑤ 乙炔发生器是利用电石（主要成分为 CaC_2）中的主要成分碳化钙和水相互作用，以制取乙炔的一种设备。使用乙炔发生器时应注意：每天工作完毕应放出电石渣，并经常清洗。

2）加热器。加热器由混合气管和多火口烤钳组成，一般称为多嘴环管焊炬。为使钢筋接头处能均匀加热，多火口烤钳设计成环状钳形，如图 2-47 所示，并要求多束火焰燃烧均匀，方便调

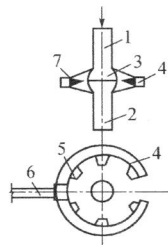

图 2-47　多火口烤钳
1—上钢筋；2—下钢筋；3—镦粗区；
4—环形加热器（火钳）；
5—火口；6—混气管；7—火焰

整。其火口数与焊接钢筋直径的关系见表2-9。

加热器火口数与焊接钢筋直径的关系　　　　　　　　表2-9

焊接钢筋直径（mm）	火口数
φ22～φ25	6～8
φ26～φ32	8～10
φ33～φ40	10～12

3）加压器。加压器由液压泵、压力表、液压胶管和油缸四部分组成。在钢筋气压焊接作业中，加压器作为压力源，通过连接夹具对钢筋进行顶锻，施加所需要的轴向压力。

液压泵分为手动式、脚踏式和电动式三种。

4）钢筋卡具（或称连接钢筋夹具）。由可动和固定卡子组成，用于卡紧、调整和压接钢筋。

连接钢筋夹具应对钢筋有足够握力，确保夹紧钢筋，并便于钢筋的安装定位，应能传递对钢筋施加的轴向压力，确保在焊接操作中钢筋不滑移，钢筋头不产生偏心和弯曲，同时不损伤钢筋的表面。

（3）钢筋气压焊设备安全操作要点

1）一次加电石10kg或每小时产生5m³乙炔气的乙炔发生器应采用固定式，并应建立乙炔站（房），由专人操作。乙炔站与厂房及其他建筑物的距离应符合《建筑设计防火规范（2018年版）》GB 50016—2014的有关规定。

2）乙炔发生器（站）、氧气瓶及软管、阀、表均应齐全有效，紧固牢靠，不得松动、破损和漏气。氧气瓶及其附件、胶管、工具不得沾染油污。软管接头不得采用铜质材料制作。

3）乙炔发生器、氧气瓶和焊炬相互间的距离不得小于10m。当不满足上述要求时，应采取隔离措施。同一地点有两个以上乙炔发生器时，其相互间距不得小于10m。

4）电石的储存地点应干燥，通风良好，室内不得有明火或敷设水管、水箱。电石桶应密封，桶上应标明"电石桶"和"严禁用水消火"等字样。电石有轻微的受潮时，应轻轻取出电石，不得倾倒。

5）搬运电石桶时，应打开桶上小盖。严禁用金属工具敲击桶盖。取装电石和砸碎电石时，操作人员应戴手套、口罩和眼镜。

6）电石起火时必须用干砂或二氧化碳灭火器，严禁用泡沫、四氯化碳灭火器或水灭火。电石粒末应在露天销毁。

7）新品种电石使用前，应做温水浸试，在确认无爆炸危险时，方可使用。

8）乙炔发生器的压力应保持正常，压力超过147kPa时应停用。乙炔发生器的用水应为饮用水。发气室内壁不得用含铜或含银材料制作，温度不得超过80℃。对水入式发生器，其冷却水水温不得超过50℃；对浮桶式发生器，其冷却水水温不得超过60℃。当温度超过规定值时应停止作业，并采用冷水喷射降温和加入低温的冷却水，不得以金属棒等硬物敲击乙炔发生器的金属部分。

9）使用浮筒式乙炔发生器时，应装设回火防止器。在内筒顶部中间，应设有防爆球或胶皮薄膜，球壁或膜壁厚度不得大于1mm，其面积应为内筒底面积的60％以上。

10）乙炔发生器应放在操作地点的上风处，并应有良好的散热条件，不得放在供电电线的下方，也不得放在强烈日光下曝晒。四周应设围栏，并应悬挂"严禁烟火"标志。

11）碎电石应在掺入小块电石后装入乙炔发生器中使用，不得完全使用碎电石。夜间添加碎电石时不得采用明火照明。

12）输送氧气的橡胶软管应为红色，工作压力应为1500kPa；输送乙炔的橡胶软管应为黑色，工作压力应为300kPa。新橡胶软管应经压力试验，未经压力试验或代用品及变质、老化、脆裂、漏气及沾上油脂的胶管均不得使用。

13）不得将橡胶软管放在高温管道和电线上，或将重物及热的物件压在软管上，且不得将软管与电焊用的导线敷设在一起。

软管经过车行道时，应加护套或盖板。

14）氧气瓶应与其他易燃气瓶、油脂和其他易燃、易爆物品分别存放，且不得同车运输。氧气瓶应有防振圈和安全帽，不得倒置，不得在强烈日光下曝晒。不得用行车或起重机吊运氧气瓶。

15）开启氧气瓶阀门时，应采用专用工具，动作应缓慢，不得面对减压器，压力表指针应灵敏正常。氧气瓶中的氧气不得全部用尽，应留 49kPa 以上的剩余压力。

16）未安装减压器的氧气瓶严禁使用。

17）安装减压器时，应先检查氧气瓶阀门接头，不得有油脂，并略开氧气瓶阀门吹除污垢，然后安装减压器，操作者不得正对氧气瓶阀门出气口，关闭氧气瓶阀门时，应先松开减压器的活门螺栓。

18）点燃焊（割）炬时，应先开乙炔阀点火，再开氧气阀调整火焰。关闭时，应先关闭乙炔阀，再关闭氧气阀。

19）在作业中，发现氧气瓶阀门失灵或损坏不能关闭时，应让瓶内的氧气自动放尽后，再进行拆卸修理。

20）当乙炔发生器因漏气燃烧时，应立即将乙炔发生器朝安全方向推倒，并用砂扑灭火种，不得堵塞或拔出浮筒。

21）乙炔软管、氧气软管不得错装。使用中，当氧气软管着火时，不得折弯软管来断气，应迅速关闭氧气阀门，停止供氧。当乙炔软管着火时，应先关掉炬火，可弯折前面一段软管将火熄灭。

22）冬季在露天施工，当软管和回火防止器冻结时，可用热水或在暖气设备下化冻，严禁用火焰烘烤。

23）不得将橡胶软管背在背上操作。当焊枪内带有乙炔、氧气时，不得放在金属管、槽、缸、箱内。

24）氢氧并用时，应先开乙炔气，再开氢气，最后开氧气，再点燃。熄灭时，应先关氧气，再关氢气，最后关乙炔气。

25）作业后，应卸下减压器，拧上气瓶安全帽，将软管卷起捆好，挂在室内干燥处，并将乙炔发生器卸压，放水后取出电石篮。剩余电石和电石渣应分别放在指定的地方。

四、钢筋锥螺纹套丝机

1. 钢筋锥螺纹套丝机分类

（1）第 1 类切削头。其切削头是利用靠模推动滑块拨动梳刀座，带动梳刀，进行切削加工钢筋锥螺纹的，如图 2-48 所示。

这种套丝机梳刀小巧，切削阻力小，转速快，内冲洗冷却润滑梳刀，铁屑冲洗得干净，但不能自动进刀和退刀，加工粗钢筋要多次切削成型，牙形不易饱满。

（2）第 2 类切削头。其切削头是利用定位环和弹簧共同推动梳刀座，使梳刀张合，进行切削加工钢筋锥螺纹的，如图 2-49 所示。

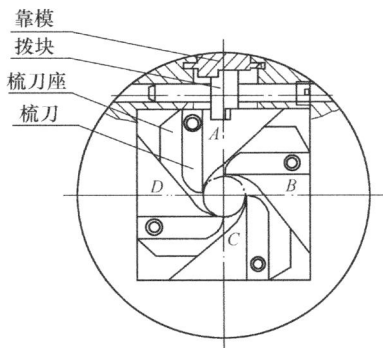

图 2-48　第 1 类切削头　　　　图 2-49　第 2 类切削头

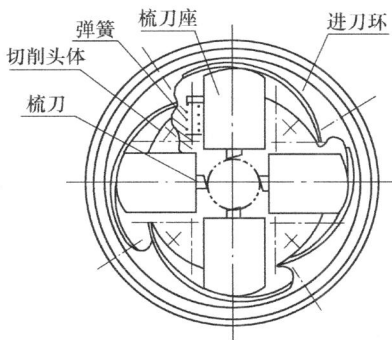

这种套丝机梳刀长，切削阻力大，转速慢，能自动进刀、自动退刀，一次成型，牙形饱满，但锥螺纹丝头的锥度不稳定，更换梳刀略麻烦。

（3）第 3 类切削头。其切削头是用在四爪卡盘上装梳刀的办法使梳刀张合，进行切削加工钢筋锥螺纹的，如图 2-50 所示。

这种套丝机也能自动进刀和自动退刀，一次成型，牙形饱

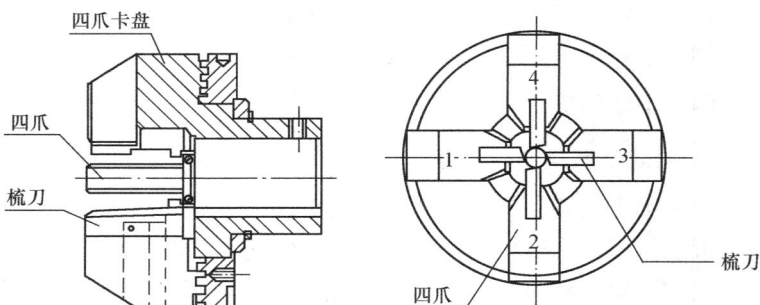

图 2-50   第 3 类切削头

满，但切削阻力大，每加工一次钢筋丝头就需对一次梳刀，效率低，外冷却冲洗，铁屑难以冲洗干净，降低了螺纹牙面光洁度。

目前，国内钢筋锥螺纹接头的锥度有 1：5、1：7、1：10、6°等多种，其中以1：10和6°居多。

圆锥体的锥度以锥底直径 D 与锥体高 L 之比，即 D/L 来表示；锥角为 2α，斜角（也称半锥角）为 α，如图 2-51（a）所示。

钢筋锥螺纹丝头为截头圆锥体，如图 2-51（b）所示，其锥度表示如下。

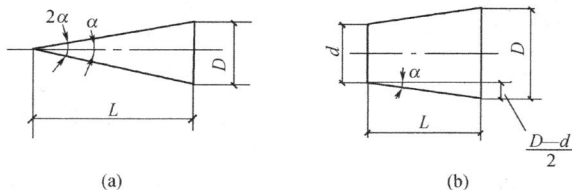

图 2-51   圆锥体锥度

（a）圆锥体；（b）截头圆锥体

$$锥度 = \frac{D-d}{L} = 2\tan\alpha$$

当锥度为 1：10 时，若取 $L=10$，$D-d=1$；锥角 $2\alpha=5.72°$，斜角 α 为 2.86°。

当锥角为 6°时，斜角为 3°；锥度 $D/L=1:9.54$。

梳刀牙形均为 60°；螺距有 2.0mm、2.5mm、3mm 三种，其中以 2.5mm 居多。牙形角平分线有垂直母线和轴线两种。用户选用时一定要特别注意，且不可混用，否则会降低钢筋锥螺纹接头的各项力学性能。

2. 常用钢筋锥螺纹套丝机

常用钢筋锥螺纹接头套丝机技术参数见表 2-10。

钢筋锥螺纹套丝机技术参数 表 2-10

型号	钢筋直径加工范围（mm）	切削头转速（r/min）	主电动机功率（kW）	排屑方法	整机质量（kg）	外形尺寸（mm×mm×mm）
TBL-40C	$\phi16\sim\phi40$	40	3.0	内冲洗	300	1000×500×1000
SZ-50A	$\phi16\sim\phi40$	85	2.2	内冲洗	300	1000×500×1000
GZL-40B	$\phi16\sim\phi40$	49	3.0	内冲洗	385	1250×615×1120
HTS-40	$\phi16\sim\phi40$	30.49	2.2、3.0	内冲洗	370	1300×650×1100
HTS-50	$\phi20\sim\phi50$	30	2.2、3.0	外冲洗	—	1300×650×1100
GTJ-40	$\phi16\sim\phi40$	52	3.0	内冲洗	280	960×500×1100
XZL-40 II	$\phi20\sim\phi40$	34	3.0	内冲洗	500	1100×650×1040
GZS-50	$\phi18\sim\phi50$	76	3.2	内冲洗	270	780×470×803
TS-40	$\phi14\sim\phi40$	72	2.2	内冲洗	350	900×400×900
GTS-40	$\phi20\sim\phi40$	42	3.0	外冲洗	500	1300×700×1200
XZL-40	$\phi20\sim\phi40$	31	2.2	内冲洗	580	1000×600×970

3. 钢筋锥螺纹丝头的锥度和螺距

不同型号钢筋锥螺纹套丝机配套的梳刀不尽相同；在施工中，应根据该项技术提供单位提供的技术参数，选用相应的梳刀和连接套，且不可混用。以 TBL-40C 型钢筋锥螺纹套丝机为例，若选用 A 型梳刀，钢筋轴向螺距 2.5mm；B 型梳刀，钢筋轴向螺距 3mm；C 型梳刀，钢筋轴向螺距 2mm。钢筋锥度分为 1:5

（斜角 5.71°，锥度 11.42°），1：7（斜角 4.08°，锥度 8.16°），
1：10（斜角 2.86°，锥度 5.72°）。螺纹牙形角为 60°，牙形角平
分线垂直于母线。牙形尺寸按下列公式计算，并参见图 2-52 和
表 2-11。

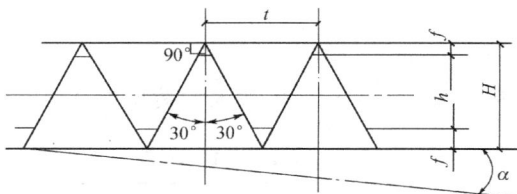

图 2-52　钢筋锥螺纹牙形

t—母线方向螺距；H—螺纹理论高度；h—螺纹有效高度；f—空隙；α—斜角

螺距和锥度　　　　　　　　　　表 2-11

规格系列 （mm）	轴向螺距 P （mm）	锥度 K	母线方向螺距 t （mm）
$\phi16$		1：5	2.010
$\phi16$	2.0	1：7	2.005
$\phi20$		1：10	2.003
$\phi22$		1：5	2.513
$\phi25$	2.5	1：7	2.506
$\phi28$		1：10	2.503
$\phi32$		1：5	3.015
$\phi36$	3	1：7	3.008
$\phi40$		1：10	3.004

$$H=0.8661t$$
$$h=0.6134t$$
$$f=0.1261t$$

TS-40 型套丝机配套提供的梳刀，其加工的锥螺纹牙形如

图 2-53所示。图中数据如下。

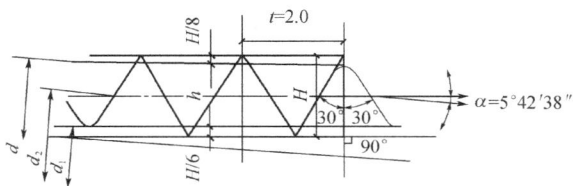

图 2-53　TS-40 型套丝机梳刀加工锥螺纹牙形

$H=0.866t$　　　　　　　$\alpha=5°42'38''$

$d_2=d-0.6495t$　　　　$d_1=d-1.227t$

第三章 钢筋材料基本知识

第一节 钢 筋

一、钢筋分类及牌号

钢筋是由轧钢厂将炼钢厂生产的钢锭经专用设备和工艺制成的条状材料。在钢筋混凝土和预应力混凝土中，钢筋属于隐蔽材料，其品质优劣对工程影响较大。钢筋抗拉能力强，在混凝土中加钢筋，使钢筋和混凝土粘结成整体，构成钢筋混凝土构件，就能弥补混凝土的不足。

钢筋的牌号是人们给钢筋取的名字，牌号不仅表明了钢筋的品种，而且还可以大致判断其质量。

按钢筋的牌号分类，钢筋主要可分为 HRB335、HRBF335、HRB400、HRBF400、HRB500、HRBF500、HPB300、CRB550 等。

（1）牌号中的 HRB 分别为热轧、带肋、钢筋三个词的英文首位字母，后面的数字表示钢筋的屈服强度最小值。

（2）牌号中 HRBF 分别为热轧、带肋、钢筋、细晶粒四个词的英文首位字母，后面数字表示钢筋屈服强度最小值。

（3）牌号中的 HPB 分别为热轧、光圆、钢筋三个词的英文首位字母，后面的数字表示钢筋的屈服强度最小值。

（4）牌号中的 CRB 分别为冷轧、带肋、钢筋三个词的英文首位字母，后面的数字表示钢筋的抗拉强度最小值。

工程图纸中，牌号为 HPB300 的钢筋混凝土用热轧光圆钢筋常用符号"Φ"表示；牌号为 HRB335 的钢筋混凝土用热轧带肋钢筋常用符号"Φ"表示；牌号为 HRB400 的钢筋混凝土用热轧带肋钢筋常用符号"Φ"表示。

二、工程中常用的钢筋

工程中经常使用的钢筋品种有钢筋混凝土用热轧带肋钢筋、

钢筋混凝土用热轧光圆钢筋、低碳钢热轧圆盘条、冷轧带肋钢筋、钢筋混凝土用余热处理钢筋等。建筑施工所用钢筋必须与设计相符，并且满足产品标准要求。

1. 钢筋混凝土用热轧带肋钢筋

钢筋混凝土用热轧带肋钢筋（俗称螺纹钢）是最常用的一种钢筋，它是用低合金高强度结构钢轧制成的条形钢筋，通常带有2道纵肋和沿长度方向均匀分布的横肋，按肋纹的形状又分为月牙肋和等高肋。由于表面肋的作用，钢筋和混凝土有较大的粘结能力，因而能更好地承受外力的作用，它适于作为非预应力筋、箍筋、构造钢筋。热轧带肋钢筋经冷拉后还可作为预应力筋。热轧带肋钢筋牌号的构成及含义见表 3-1。热轧带肋钢筋直径范围为 6~50mm。推荐的公称直径（与该钢筋横截面面积相等的圆所对应的直径）为 6mm、8mm、10mm、12mm、14mm、16mm、18mm、20mm、22mm、25mm、28mm、32mm、36mm、40mm、50mm。月牙肋钢筋表面及截面形状如图 3-1 所示；等高肋钢筋表面及截面形状如图 3-2 所示。

热轧带肋钢筋牌号的构成和含义 表 3-1

类别	牌号	牌号构成	英文字母含义
普通热轧钢筋	HRB400	由 HRB+屈服强度特征值构成	HRB 为热轧带肋钢筋的英文（Hot rolled Ribbed Bars）缩写
	HRB500		
	HRB600		
细晶粒热轧钢筋	HRBF400	由 HRBF+屈服强度特征值构成	HRBF 为热轧带肋钢筋的英文缩写加"细"的英文（Fine）首位字母
	HRBF500		

2. 钢筋混凝土用热轧光圆钢筋

热轧光圆钢筋是经热轧成型并自然冷却而成的横截面为圆形且表面光滑的钢筋混凝土配筋用钢筋，其钢种为碳素结构钢，其牌号为 HPB300。它适于作为非预应力筋、箍筋、构造钢筋、吊

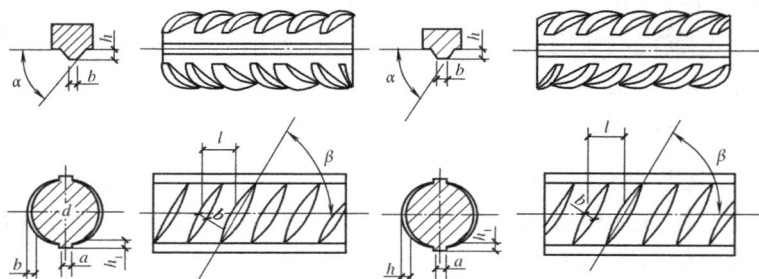

图 3-1 月牙肋钢筋表面及截面形状

d—钢筋内径；α—横肋斜角；h—横肋高度；β—横肋与轴线夹角；

h_1—纵肋高度；a—纵肋顶宽；l—横肋间距；b—横肋顶宽

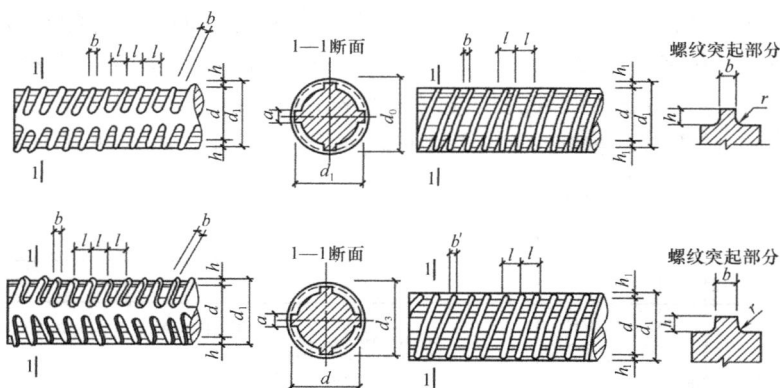

图 3-2 等高肋钢筋表面及截面形状

d—钢筋内径；a—纵肋宽度；h—横肋高度；b—横肋顶宽；

h_1—纵肋高度；l—横肋间距；r—横肋根部圆弧半径

钩等。热轧光圆钢筋的直径范围为 6～22mm。推荐的公称直径为 6mm、8mm、10mm、12mm、16mm、20mm。

3. 低碳钢热轧圆盘条

低碳钢热轧圆盘条是热轧型钢中截面尺寸最小的一种，大多通过卷线机卷成盘卷供应，故称盘条或盘圆。低碳钢热轧圆盘条由屈服强度较低的碳素结构钢轧制，是目前用量最大、使用最广的线材，适于用作非预应力筋、箍筋、构造钢筋、吊钩等。热轧圆盘条又是冷拔低碳钢丝的主要原材料，用热轧圆盘条冷拔而成的冷拔低碳钢丝可作为预应力钢丝，用于小型预应力构件（如多孔板等）或其他构造钢筋、网片等。热轧圆盘条的直径范围为5.5～14.0mm。常用的公称直径为 5.5mm、6.0mm、6.5mm、7.0mm、8.0mm、9.0mm、10.0mm、11.0mm、12.0mm、13.0mm、14.0mm。

4. 冷轧带肋钢筋

冷轧带肋钢筋是以碳素结构钢或低合金热轧圆盘条为母材，经冷轧（通过轧钢机轧成表面有规律变形的钢筋）或冷拔（通过冷拔机上的孔模，拔成一定截面尺寸的细钢筋）减径后在其表面冷轧成三面（或两面）有肋的钢筋，提高了钢筋和混凝土之间的粘结力。冷轧带肋钢筋按延性高低分为两类，即冷轧带肋钢筋（CRB）和高延性冷轧带肋钢筋（CRB＋抗拉强度特征值＋H）。它分为 CRB550、CRB650、CRB800、CRB600H、CRB680H 和 CRB800H 六个牌号。CRB550、CRB600H 为普通混凝土用钢筋，CRB650、CRB800、CRB800H 为预应力混凝土用钢筋，CRB680H 既可作为普通钢筋混凝土用钢筋，也可作为预应力混凝土用钢筋使用。与热轧圆盘条相比较，冷轧带肋钢筋的强度提高了 17% 左右。冷轧带肋钢筋的直径范围为 4～12mm。三面肋钢筋表面及截面形状如图 3-3 所示。

5. 钢筋混凝土用余热处理钢筋

钢筋混凝土用余热处理钢筋是指低合金高强度结构钢经热轧后立即穿水，进行表面控制冷却，然后利用芯部余热自身完成回火处理所得的成品钢筋。其性能均匀，晶粒细小，在保证良好塑性、焊接性能的条件下，屈服点约提高 10%，用作钢筋混凝土结构的非预应力筋、箍筋、构造钢筋，可节约材料并提高构件的安全可靠性。余热处理钢筋按屈服强度特征值分为 400 级、500

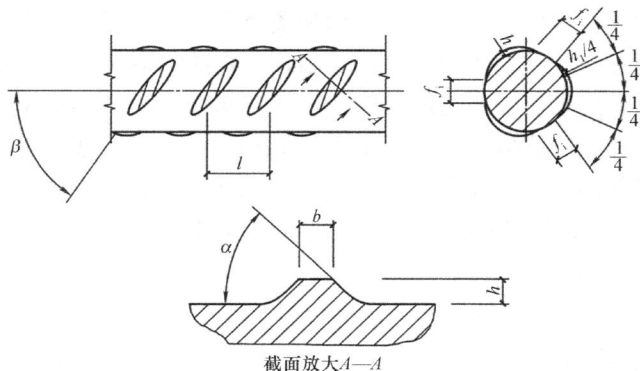

图 3-3 三面肋钢筋表面及截面形状

α—横肋斜角；β—横肋与钢筋轴线的夹角；h—横肋中点高；

l—横肋间距；b—横肋顶宽；f_i—横肋间隙

级，牌号为 RRB400、RRB500 及 RRB400W。余热处理钢筋的公称直径范围为 8～50mm。推荐的公称直径为 8mm、10mm、12mm、16mm、20mm、25mm、32mm、40mm、50mm。

三、预应力用钢筋

1. 预应力钢丝

预应力钢丝根据深加工要求不同，可分为冷拉钢丝和消除应力钢丝两类。消除应力钢丝按应力松弛性能不同，又可分为普通松弛钢丝和低松弛钢丝。

预应力钢丝按表面形状不同，可分为光圆钢丝、刻痕钢丝和螺旋肋钢丝。

（1）冷拉钢丝

冷拉钢丝是经冷拔后直接用于预应力混凝土的钢丝。其盘径基本等于拔丝机卷筒的直径，开盘后钢丝呈螺旋状，没有良好的伸长值。这种钢丝存在残余应力，屈强比低，伸长率小，仅用于铁路轨枕、压力水管、电杆等。

（2）消除应力钢丝（普通松弛型）

消除应力钢丝（普通松弛型）是冷拔后经高速旋转的矫直辊筒矫直，并经回火（350～400℃）处理的钢丝，其盘径不小于1.5m。钢丝经矫直、回火后，可消除钢丝冷拔中产生的残余应力，提高钢丝的比例极限、屈强比和弹性模量，并改善塑性；同时获得良好的伸直性，施工方便。这种钢丝以往广泛应用，由于技术进步，已逐步向低松弛方向发展。

（3）消除应力钢丝（低松弛型）

消除应力钢丝（低松弛型）是冷拔后在张力状态下经回火处理的钢丝。经稳定化处理的钢丝，弹性极限和屈服强度提高，应力松弛率大大降低，但单价稍高；考虑到构件的抗裂性能提高、钢材用量减少等因素，其综合经济效益较好。这种钢丝已逐步在房屋、桥梁、市政、水利等大型工程中推广应用，具有较强的生命力。

（4）刻痕钢丝

刻痕钢丝是用冷轧或冷拔方法使钢丝表面产生周期变化的凹痕或凸纹的钢丝。钢丝表面凹痕或凸纹可增加与混凝土的握裹力。这种钢丝可用于先张法预应力混凝土构件。

（5）螺旋肋钢丝

螺旋肋钢丝是通过专用拔丝模冷拔方法使钢丝表面沿长度方向上产生规则间隔的肋条的钢丝，钢丝表面螺旋肋可增加与混凝土的握裹力。这种钢丝可用于先张法预应力混凝土构件。

2. 预应力钢绞线

预应力钢绞线是由多根冷拉钢丝在绞线机上呈螺旋形绞合，并经消除应力回火处理而成的。钢绞线整根破断力大，柔性好，施工方便，具有广阔的发展前景。

预应力钢绞线按捻制结构不同可分为1×2钢绞线、1×3钢绞线和1×7钢绞线等（图3-4）。1×7钢绞线是由6根外层钢丝围绕着一根中心钢丝（直径加大2.5%）绞成，用途广泛。1×2钢绞线和1×3钢绞线仅用于先张法预应力混凝土构件。

预应力钢绞线的捻距为钢绞线公称直径的12～16倍，模拔

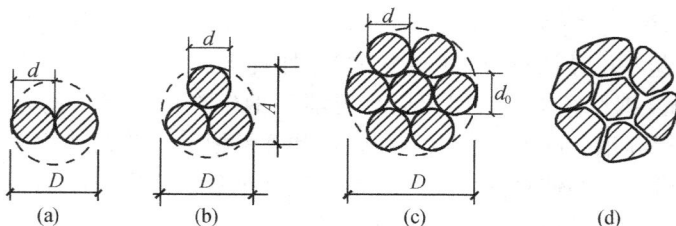

图 3-4 预应力钢绞线

（a）1×2 钢绞线；（b）1×3 钢绞线；（c）1×7 钢绞线；（d）模拔钢绞线

D—钢绞线公称直径；A—1×3 钢绞线测量尺寸；d—钢丝直径；d_0—中心钢丝直径

钢绞线的捻距应为钢绞线公称直径的 14～18 倍。钢绞线的捻向，如无特殊规定，则为左（S）捻，需加右（Z）捻应在合同中注明。在拉拔前，个别钢丝允许焊接，但在拉拔中或拉拔后不应进行焊接。成品钢绞线切断后应是不松散的或可以不困难地捻正到原来的位置。

3. 精轧螺纹钢筋

精轧螺纹钢筋是一种用热轧方法在整根钢筋表面上轧出不带纵肋，而横肋为不连续的梯形螺纹的直条钢筋，如图 3-5 所示。该钢筋在任意截面处都能拧上带内螺纹的连接器进行接长，或拧上特制的螺母进行锚固，无需冷拉与焊接，施工方便，主要用于房屋、桥梁与构筑物等直线筋。

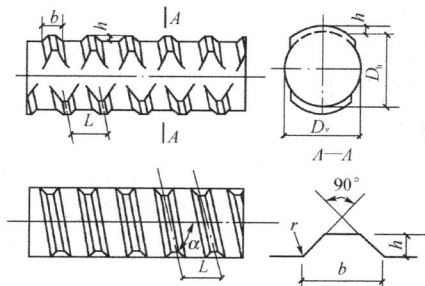

图 3-5 精轧螺纹钢筋外形

4. 镀锌钢丝和钢绞线

镀锌钢丝是用热镀方法在钢丝表面镀锌制成的。镀锌钢绞线的钢丝应在捻制钢绞线之前进行热镀锌。镀锌钢丝和钢绞线的抗腐蚀能力强，主要用于缆索、体外索及环境条件恶劣的工程结构等。镀锌钢丝应符合国家标准《桥梁缆索用热镀锌或锌铝合金钢丝》GB/T 17101—2019 的规定，镀锌钢绞线应符合行业标准《高强度低松弛预应力热镀锌钢绞线》YB/T 152—1999 的规定。

（1）单位面积的镀锌层质量应为 $190 \sim 350g$，相当于锌层的平均厚度为 $27 \sim 50\mu m$。

（2）锌层附着力根据镀锌钢丝或成品镀锌钢绞线中心钢丝的缠绕试验来检验。缠绕用芯杆的直径为钢丝直径的 5 倍，紧密缠绕 8 圈后，螺旋圈的锌层外面应没有剥落。

（3）锌层均匀性是将镀锌钢丝试件两次（每次时间为 60s）浸入硫酸铜溶液，没有出现光亮沉积层和橙红色铜的粘附。

（4）锌层表面应具有连续的锌层，光滑均匀，不得有局部脱锌、露铁等缺陷，但允许有不影响锌层质量的局部轻微刻痕。

5. 无粘结预应力钢绞线

无粘结预应力钢绞线是用防腐润滑油脂涂敷在钢绞线表面上，并外包塑料护套制成，如图 3-6 所示。它主要用于后张预应力混凝土结构中的无粘结预应力筋，也可用于暴露或腐蚀环境中的体外索、拉索等。无粘结预应力钢绞线应符合行业标准《无粘结预应力钢绞线》JG/T 161—2016 的规定。

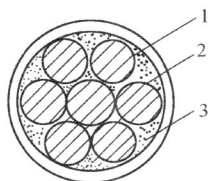

图 3-6　无粘结预应力钢绞线
1—钢绞线；2—油脂；
3—塑料护套

（1）钢绞线规格，选用 1×7 结构，直径有 9.5mm、12.7mm、15.2mm 及 15.7mm 等。其质量应符合国家标准《预应力混凝土用钢绞线》GB/T 5224—2014 的要求。

（2）防腐润滑油脂应具有良好的化学稳定性，对周围材料无侵蚀作用；不透水、不吸湿；抗腐蚀性能强，润滑性能好，摩擦阻力小；在规定温度范围内高温不流淌、低温不变脆，并有一定的韧性。其质量应符合行业标准《无粘结预应力筋用防腐润滑脂》JG/T 430—2014 的要求。

（3）护套材料应采用高密度聚乙烯树脂，其质量应符合国家标准《聚乙烯（PE）树脂》GB/T 11115—2009 的规定。

护套颜色宜采用黑色，也可采用其他颜色，但此时添加的色母材料不能损伤护套的性能。

6. 环氧涂层钢绞线

环氧涂层钢绞线是通过静电喷涂使每根钢丝周围形成一层环氧保护膜。该保护膜对各种腐蚀环境都具有优良的耐蚀性，同时该新型防腐钢绞线具有与母材相同的强度特性及相同的混凝土粘结强度，且其柔软性与喷涂前相同，它还具有与普通钢绞线共用锚具和张拉设备的优点，适用于腐蚀环境下的先张法或后张法构件、港湾构造物、海洋构造物、斜拉索、吊索等。

环氧涂层钢绞线主要有两种类型：环氧涂层有粘结钢绞线、环氧涂层无粘结钢绞线，如图 3-7 所示。

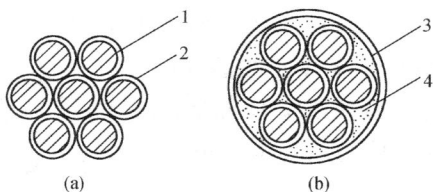

图 3-7 环氧涂层钢绞线

（a）有粘结型；（b）无粘结型

1—钢绞线；2—环氧树脂涂层；3—聚乙烯护套；4—油脂

四、钢筋进场验收与保管

1. 钢筋进场验收的基本要求

建筑用钢筋从钢厂到施工现场经过了商品流通的多道环节，

建筑用钢筋的检验、验收是质量管理中必不可少的环节。建筑用钢筋必须按批进行验收，并达到下述四项基本要求。下面将以工程中常用的带肋钢筋为主要对象予以叙述。

（1）订货和发货资料应与实物一致

检查发货单和质量证明书内容是否与建筑用钢筋标牌标志上的内容相符。对于钢筋混凝土用热轧带肋钢筋、冷轧带肋钢筋和预应力混凝土用钢筋（钢丝、钢棒和钢绞线）必须检查其是否有全国工业产品生产许可证，该证由国家质量监督检验检疫总局颁发，证书上带有国徽，一般有效期不超过 5 年。对符合生产许可证申报要求的企业，由各省或直辖市的工业产品生产许可证办公室先发放行政许可申请受理决定书，并自受理企业申请之日起60 日内，作出是否准予许可的决定。为了打假治劣，保证重点建筑用钢筋的质量，国家将热轧带肋钢筋、冷轧带肋钢筋和预应力混凝土用钢筋（钢丝、钢棒和钢绞线）划为重要工业产品，实行了生产许可证管理制度。其他类型的建筑用钢筋国家目前未发放全国工业产品生产许可证。

1）热轧带肋钢筋生产许可证编号。

例：XK05－205－×××××。

XK——许可；

05——冶金行业编号；

205——热轧带肋钢筋产品编号；

×××××——某一特定企业生产许可证编号。

2）冷轧带肋钢筋生产许可证编号。

例：XK05－322－×××××。

XK——许可；

05——冶金行业编号；

322——冷轧带肋钢筋产品编号；

×××××——某一特定企业生产许可证编号。

3）预应力混凝土用钢筋（钢丝、钢棒和钢绞线）生产许可证编号。

例：XK05－114－×××××。

XK——许可；

05——冶金行业编号；

114——预应力混凝土用钢筋（钢丝、钢棒和钢绞线）产品编号；

×××××——某一特定企业生产许可证编号。

为防止施工现场带肋钢筋等产品的全国工业产品生产许可证和产品质量证明书的造假，施工单位、监理单位可通过国家市场监督管理总局网站（www.samr.gov.cn）进行带肋钢筋等产品生产许可证获证企业的查询。

（2）检查包装

除大中型型钢外，不论是钢筋还是型钢，都必须成捆交货，每捆必须用钢带、盘条或钢丝均匀捆扎结实，端面要求平齐，不得有异类钢筋混装现象。

每一捆扎件上一般都拴有两个标牌，上面注明生产企业名称或厂标、牌号、规格、炉罐号、生产日期、带肋钢筋生产许可证标志和编号等内容。按照《钢筋混凝土用钢 第2部分：热轧带肋钢筋》GB/T 1499.2—2018 规定，带肋钢筋生产企业都应在自己生产的热轧带肋钢筋表面轧上明显的牌号标志，并依次轧上厂名（或商标）和直径（mm）数字。钢筋牌号以阿拉伯数字表示，HRB335、HRB400、HRB500 对应的阿拉伯数字分别为2、3、4。厂名以汉语拼音字头表示。直径（mm）以阿拉伯数字表示。直径不大于10mm 的钢筋，可不轧制标志，可采用挂标牌方法。

施工和监理单位应加强施工现场热轧带肋钢筋生产许可证、产品质量证明书、产品表面标志和产品标牌一致性的检查。对所购热轧带肋钢筋委托复检时，必须截取带有产品表面标志的试件送检（例如2SD16），并在委托检验单上如实填写生产企业名称、产品表面标志等内容，建材检验机构应对产品表面标志及送检单位出示的生产许可证复印件和质量证明书进行复核。对于不合格热轧带肋钢筋，加倍复检所抽检的产品，其表面标志必须与企业之前送检的产品一致。

（3）对建筑用钢筋质量证明书内容进行审核

质量证明书必须字迹清楚，证明书中应注明供方名称或厂标，需方名称，发货日期，合同号，标准号及水平等级，牌号，炉罐（批）号、交货状态、加工用途、重量、支数或件数，品种名称、规格尺寸（型号）和级别，标准中所规定的各项试验结果（包括参考性指标），技术监督部门印记等。

钢筋混凝土用热轧带肋钢筋的产品质量证明书上应印有生产许可证编号和该企业产品标志；冷轧带肋钢筋的产品质量证明书上应印有生产许可证编号。质量证明书应加盖生产单位公章或质检部门检验专用章。若建筑用钢筋是通过中间供应商购买的，则质量证明书复印件上应注明购买时间、供应数量、买受人名称、质量证明书原件存放单位，在建筑用钢筋质量证明书复印件上必须加盖中间供应商的红色印章，并有送交人的签名。

（4）建立材料台账

建筑用钢筋进场后，施工单位应及时建立"建设工程材料采购验收检验使用综合台账"。监理单位可设立"建设工程材料监理监督台账"。内容包括材料名称、规格品种、生产单位、供应单位、进货日期、送货单编号、实收数量、生产许可证编号、质量证明书编号、产品标志、外观质量情况、材料检验日期、检验报告编号、材料检测结果、工程材料报审表签认日期、使用部位、审核人员签名等。

2. 钢筋实物的质量验收

建筑用钢筋的实物质量验收主要是看所送检的钢筋是否满足规范及相关标准要求，现场所检测的建筑用钢筋尺寸偏差是否符合产品标准规定，外观缺陷是否在标准规定的范围内。对于建筑用钢筋的锈蚀现象，验收方也应足够重视。

（1）钢筋混凝土用热轧带肋钢筋

钢筋混凝土用热轧带肋钢筋的力学和冷弯性能应符合相关标

准的规定。

热轧带肋钢筋的力学和冷弯性能检验应按批进行。每批应由同牌号、同一炉罐号、同一规格的钢筋组成，每批质量不大于60t。力学性能检验的项目有拉伸试验和冷弯试验两项，需要时还应进行反复弯曲试验。

根据规定应按批检查热轧带肋钢筋的外观质量。钢筋表面不得有裂纹、结疤和折叠。钢筋表面允许有凸块，但不得超过横肋的高度，钢筋表面上其他缺陷的深度和高度不得大于所在部位的尺寸允许偏差。

根据规定应按批检查热轧带肋钢筋的尺寸偏差。钢筋的内径尺寸及其允许偏差应符合表 3-2 的规定。测量精确到 0.1mm。

热轧带肋钢筋内径尺寸及其允许偏差（单位：mm）　　表 3-2

公称直径	6	8	10	12	14	16	18	20	22	25	28	32	36	40	50
内径尺寸	5.8	7.7	9.6	11.5	13.4	15.4	17.3	19.3	21.3	24.2	27.2	31.0	35.0	38.7	48.5
允许偏差	±0.3	±0.4						±0.5			±0.6			±0.7	±0.8

（2）钢筋混凝土用热轧光圆钢筋

钢筋混凝土用热轧光圆钢筋的力学和冷弯性能应符合相关标准的规定。

热轧光圆钢筋的力学和冷弯性能检验应按批进行。每批应由同一牌号、同一炉罐号、同一规格、同一交货状态的钢筋组成，每批质量不大于60t。力学和冷弯性能检验的项目有拉伸试验和冷弯试验两项。

根据规定应按批检查热轧光圆钢筋的外观质量。钢筋表面不得有裂纹、结疤和折叠。钢筋表面的凸块和其他缺陷的深度和高度不得大于所在部位的尺寸允许偏差。

根据规定应按批检查热轧光圆钢筋的尺寸偏差。钢筋的直径允许偏差为±0.4mm，不圆度不大于 0.4mm。钢筋的弯曲度每米不大于 4mm，总弯曲度不大于钢筋总长度的 0.4%。测量精确到 0.1mm。

（3）低碳钢热轧圆盘条

建筑用低碳钢热轧圆盘条的力学和冷弯性能应符合相关标准的规定。直径大于 12mm 的盘条，其冷弯性能指标由供需双方协商确定。

根据规定应逐盘检查低碳钢热轧圆盘条的外观质量。盘条表面应光滑，不得有裂纹、折叠、耳子、结疤等。盘条不得有夹杂物及其他有害缺陷。

根据规定应逐盘检查低碳钢热轧圆盘条的尺寸偏差。钢筋的直径允许偏差为±0.45mm，不圆度（同一截面上直径最大值和最小值之差）不大于 0.45mm。

（4）冷轧带肋钢筋

钢筋的力学性能和工艺性能应符合相关标准的规定。

冷轧带肋钢筋的力学和冷弯性能检验应按批进行。每批应由同一牌号、同一规格和同一级别的钢筋组成。每批质量不大于 50t。力学和冷弯性能检验的项目有拉伸试验和冷弯试验两项。

根据规定应按批检查冷轧带肋钢筋的外观质量。钢筋表面不得有裂纹、结疤、折叠、油污及其他影响使用的缺陷，钢筋表面可有浮锈，但不得有锈皮及肉眼可见的麻坑等腐蚀现象。

根据规定应按批检查冷轧带肋钢筋的尺寸偏差。冷轧带肋钢筋尺寸、重量的允许偏差应符合标准规定。

（5）钢筋混凝土用余热处理钢筋

钢筋混凝土用余热处理钢筋的力学和冷弯性能应符合相关标准的规定。

根据规定应按批检查余热处理钢筋的外观质量。钢筋表面不得有裂纹、结疤和折叠。钢筋表面允许有凸块，但不得超过横肋的高度。钢筋表面上其他缺陷的深度和高度不得大于所在部位的尺寸允许偏差。

根据规定应按批检查余热处理钢筋的尺寸偏差。钢筋混凝土用余热处理钢筋的内径尺寸及其允许偏差应符合表 3-3 的规定。测量精确到 0.1mm。

余热处理钢筋内径尺寸及其允许偏差（单位：mm）　　表 3-3

公称直径	8	10	12	14	16	18	20	22	25	28	32	36	40
内径尺寸	7.7	9.6	11.5	13.4	15.4	17.3	19.3	21.3	24.2	27.2	31.0	35.0	38.7
允许偏差	±0.4						±0.5			±0.6			±0.7

3. 建筑用钢筋的运输、储存

建筑用钢筋由于质量大、长度长，运输前必须了解所运的建筑用钢筋的长度和单捆重量，以便安排运输车辆和起重机。

建筑用钢筋应按不同的品种、规格分别堆放。在条件允许的情况下，建筑用钢筋应尽可能存放在库房或料棚内（特别是有精度要求的冷拉、冷拔钢筋等），若采用露天存放，则料场应选择地势较高而又平坦的地面，经平整、夯实、预设排水沟道、安排好垛底后方能使用。为避免因潮湿环境而引起钢筋表面锈蚀，雨、雪季节建筑用钢筋要用防雨材料覆盖。

施工现场堆放的建筑用钢筋应注明"合格""不合格""在检""待检"等产品质量状态，注明钢筋生产企业名称、品种规格、进场日期及数量等内容，并以醒目标志标明，应由专人负责建筑用钢筋收货和发料。

4. 预应力筋存放与保管

预应力筋由于其强度高、塑性差，在无应力状态下对腐蚀作用比普通钢筋敏感。预应力筋在运输与存放过程中如遭受雨淋、湿气或腐蚀介质的侵蚀，易发生锈蚀，不仅降低质量，而且会出现腐蚀坑，有时甚至会造成钢材脆断。

成盘的预应力筋在存放过程中外部纤维就有拉应力存在。其外部纤维应力可按 $\frac{dE_s}{D}$ 公式估算（d 为预应力筋直径，D 为卷盘直径，E_s 为预应力筋的弹性模量）。例如 ϕ^P 钢丝的卷盘直径为 1.7m，则其外纤维应力约为 600N/mm²（$0.38\sigma_b$，σ_b 为预应力筋在 b 点的应力），当有腐蚀介质作用时，就有可能产生应力腐蚀，使钢材自然断裂。

预应力筋运输与储存时，应满足下列要求。

（1）成盘卷的预应力筋，宜在出厂前加防潮纸、麻布等材料包装。

（2）装卸无轴包装的钢绞线、钢丝时，宜采用C形钩或三根吊索，也可采用叉车。每次吊运一件，避免碰撞而损害钢绞线。

（3）在室外存放时，不得直接堆放在地面上，必须采取垫枕木并覆盖等有效措施。防止雨、露和各种腐蚀性气体、介质的影响。

（4）长期存放应设置仓库，仓库应干燥、防潮、通风良好、无腐蚀气体和介质。

（5）如储存时间过长，宜用乳化防锈剂喷涂预应力筋表面。

第二节 钢筋工程用辅助材料

一、绑扎钢筋用钢丝

1. 钢丝的规格要求

绑扎钢筋用的钢丝主要为规格为20～22号的镀锌钢丝或绑扎钢筋专用的火烧丝。22号钢丝宜用于绑扎直径12mm以下的钢筋，绑扎直径12～25mm钢筋时，宜用20号钢丝。

2. 钢丝的需用长度

钢筋绑扎需用钢丝长度可参考表3-4的数值采用。

钢筋绑扎钢丝长度参考表（单位：mm）　　表3-4

钢丝长度／钢筋直径	6～8	10～12	14～16	18～20	22	25	28	32
6～8	150	170	190	220	250	270	290	320
10～12	—	190	220	250	270	290	310	340
14～16	—		250	270	290	310	330	360

续表

钢筋直径 / 钢丝长度 / 钢筋直径	6～8	10～12	14～16	18～20	22	25	28	32
18～20	—	—	—	290	310	330	350	380
22	—	—	—	—	330	350	370	400

二、控制钢筋及钢筋保护用品

1. 水泥砂浆垫块

水泥砂浆垫块的厚度应等于保护层厚度。当保护层厚度等于或小于 20mm 时，垫块的平面尺寸为 30mm×30mm；大于 20mm 时，为 50mm×50mm。当在垂直方向使用垫块时，可在垫块中埋入 20 号钢丝。

2. 塑料卡

塑料卡有两种：塑料垫块和塑料环圈，如图 3-8 所示。塑料垫块用于水平构件（如梁、板），在两个方向均有凹槽，以便适应两种保护层厚度。塑料环圈用于垂直构件（如柱、墙），使用时钢筋从卡嘴进入卡腔。由于塑料环圈有弹性，可使卡腔的大小适应钢筋直径的变化。

3. 钢筋马凳和钢筋撑脚

钢筋马凳主要用来控制楼板钢筋上下钢筋网片的间距。钢筋

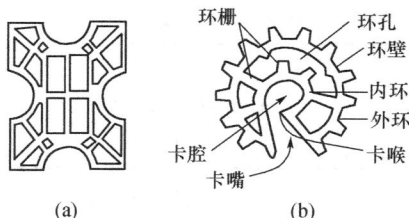

图 3-8 控制混凝土保护层用的塑料卡

(a) 塑料垫块；(b) 塑料环圈

马凳的选用可参考表 3-5，楼板钢筋位置示意如图 3-9 所示（a_1、a_2 分别为上、下保护层厚度）。

楼板钢筋马凳一览表（单位：mm）　　　　表 3-5

序号	板厚（H)	上钢筋	下钢筋	上保护层	下保护层	凳高 $h=H-(\phi_1+\phi_2+\phi_3+\phi_4+a_1+a_2)$	形　式
1	130	$\phi_1 8$、$\phi_2 10$	$\phi_3 10$、$\phi_4 12$	15	15	$H_1=90$	
2		$\phi_1 12$、$\phi_2 14$	$\phi_3 14$、$\phi_4 14$	15	15	$H_2=46$	
3	150	$\phi_1 10$、$\phi_2 12$	$\phi_3 14$、$\phi_4 16$	15	15	$H_3=68$	
4	600	$\phi_1 16$、$\phi_2 18$	$\phi_3 14$、$\phi_4 16$	20	50	$H_4=466$	

注：当 ϕ_4 在 ϕ_3 之上时，$h=H-(\phi_1+\phi_2+\phi_3+\phi_4+a_1+a_2)$，另应计算加工数量。

钢筋撑脚的形式与尺寸如图 3-10 所示，每隔 1m 放置一个。其直径选用：当板厚 $h<30$mm 时为 $8\sim10$mm；当板厚 $h=30\sim50$mm 时为 $12\sim14$mm；当板厚 $h>50$mm 时为 $16\sim18$mm。

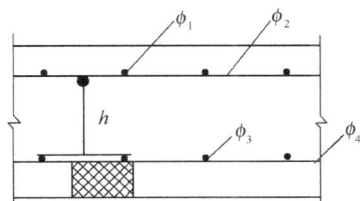

图 3-9　楼板钢筋位置示意图

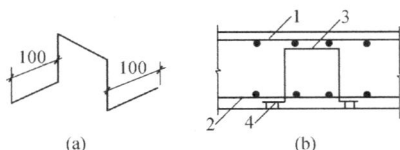

图 3-10　钢筋撑脚
（a）钢筋撑脚；（b）撑脚位置
1—上层钢筋网；2—下层钢筋网；3—撑脚；4—水泥垫块

三、钢筋锥螺纹连接套

钢筋锥螺纹连接套（图3-11）的材料宜用45号优质碳素结构钢或其他经试验确认符合要求的材料。提供的锥螺纹连接套应有产品合格证，两端锥孔应有密封盖，套筒表面应有规格标记。进场时施工单位应进行复检，可用锥螺纹塞规拧入连接套，若连接套的大端边缘在锥螺纹塞规大端缺口范围内则为合格。

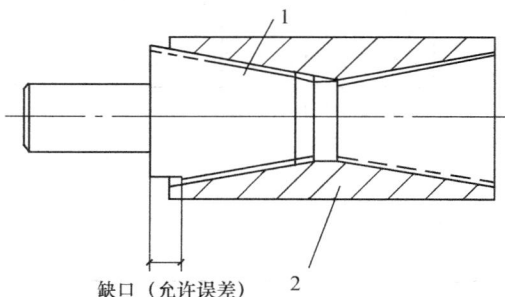

图 3-11 锥螺纹连接套
1—锥螺纹塞规；2—连接套

（1）套筒的材质：HRB335级钢筋采用30～40号钢；HRB400级钢筋采用45号钢。

（2）套筒的规格尺寸应与钢筋锥螺纹相匹配，其承载力应略高于钢筋母材。

（3）锥螺纹套筒的加工宜在专业工厂进行，以保证产品质量。套筒加工后，经检验合格的产品，其两端锥孔应采用塑料密封盖封严。套筒的外表面应标有明显的钢筋级别及规格标记。

连接套是连接钢筋的重要部件。它可连接 $\phi16～\phi40$ 同径或异径钢筋。连接套宜用45号优质碳素结构钢或经试验确认符合要求的其他钢材制作。连接套的受拉承载力不应小于被连接钢筋的受拉承载力标准值的1.10倍。

连接套的锥度、螺距和牙形角平分线垂直方向必须与钢筋锥螺纹丝头的技术参数相同。加工时，只有达到良好的精度才能确保连接套与钢筋丝头的连接质量。

四、可调连接器

当采用可调接头时，必须采用可调连接器。可调连接器是钢筋锥螺纹可调接头的重要部件之一。可调连接器应选用 45 号优质碳素结构钢或其他经试验确认符合要求的钢材制作。

可调连接器分为单向和双向两种，分别如图 3-12 和图 3-13 所示。

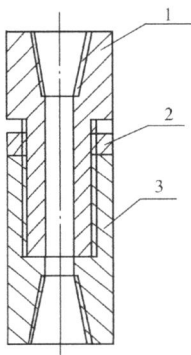

图 3-12　单向可调连接器

1—可调连接器（右旋）；
2—锁母；3—连接套

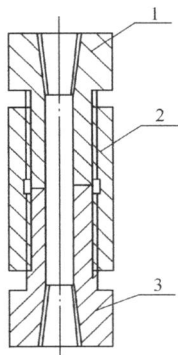

图 3-13　双向可调连接器

1—可调连接器（右旋）；2—连接套（左、右旋）；3—可调连接器（左旋）

五、钢筋直螺纹接头的连接套筒

连接套筒进场时必须有产品合格证；套筒的几何尺寸应满足产品设计图纸要求，与机械连接工艺技术配套选用，套筒表面不得有裂缝、折叠、结疤等缺陷。套筒应有保护盖，有明显的规格标记；并应分类包装、存放，不得混淆。

（1）材质要求

对 HRB 335 级钢筋，采用 45 号优质碳素钢；对 HRB 400 级钢筋，采用 45 号优质碳素钢经调质处理，或采用性能不低于 HRB 400 级钢筋性能的其他钢材。

（2）型号及尺寸

1）同径连接套筒分为右旋和左右旋两种（图 3-14），其型号与尺寸分别见表3-6和表 3-7。

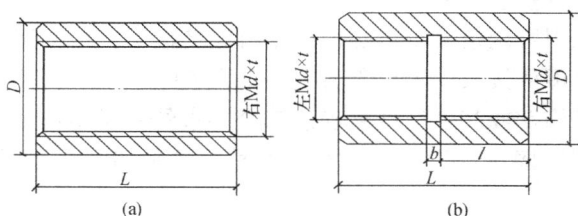

图 3-14　同径连接套筒型号与尺寸

（a）右旋；（b）左右旋

同径右旋连接套筒型号与尺寸 表 3-6

型号与标记	Md×t	D (mm)	L (mm)	型号与标记	Md×t	D (mm)	L (mm)
A20S-G	M24×2.5	36	50	A32S-G	M36×3	52	72
A22S-G	M26×2.5	40	55	A36S-G	M40×3	58	80
A25S-G	M29×2.5	43	60	A40S-G	M44×3	65	90
A28S-G	M32×3	46	65	—	—	—	—

注：Md×t 为套筒螺纹尺寸；D 为套筒外径；L 为套筒长度。

同径左右旋连接套筒型号与尺寸 表 3-7

型号与标记	Md×t	D (mm)	L (mm)	l (mm)	b (mm)
A20SLR-G	M24×2.5	38	56	24	8
A22SLR-G	M26×2.5	42	60	26	8
A25SLR-G	M29×2.5	45	66	29	8
A28SLR-G	M32×3	48	72	31	10
A32SLR-G	M36×3	54	80	35	10
A36SLR-G	M40×3	60	86	38	10
A40SLR-G	M44×3	67	96	43	10

2）异径连接套筒型号与尺寸见表3-8。

异径连接套筒型号与尺寸　　　　表3-8

简图	型号与标记	$Md_1 \times t$	$Md_2 \times t$	b (mm)	D (mm)	l (mm)	L (mm)
	AS20-22	M26×2.5	M24×2.5	5	42	26	57
	AS22-25	M29×2.5	M26×2.5	5	45	29	63
	AS25-28	M32×3	M29×2.5	5	48	31	67
	AS28-32	M36×3	M32×3	6	54	35	76
	AS32-36	M40×3	M36×3	6	60	38	82
	AS36-40	M44×3	M40×3	6	67	43	92

3）可调节连接套筒型号与尺寸见表3-9。

可调节连接套筒型号与尺寸　　　　表3-9

简图	型号和规格	钢筋直径 (mm)	D_0 (mm)	L_0 (mm)	L (mm)	L_1 (mm)	L_2 (mm)
	DSJ-22	22	40	73	52	35	35
	DSJ-25	25	45	79	52	40	40
	DSJ-28	28	48	87	60	45	45
	DSJ-32	32	55	89	60	50	50
	DSJ-36	36	64	97	66	55	55
	DSJ-40	40	68	121	84	60	60

六、焊条

1. 焊条的组成材料及其作用

（1）焊芯。焊芯是焊条中的钢芯。焊芯在电弧高温作用下与母材熔化在一起，形成焊缝。

常用焊芯的直径为 2.0mm、2.5mm、3.2mm、4.0mm、5.0mm、5.8mm。焊条的规格通常用焊芯的直径来表示。焊条长度取决于焊芯的直径、材料、焊条药皮类型等。随着直径的增加，焊条长度也相应增加。

（2）焊条药皮。

1）药皮的作用：①保证电弧稳定燃烧，使焊接过程正常进行；②利用药皮熔化后产生的气体保护电弧和熔池，防止空气中的氮、氧进入熔池；③药皮熔化后形成的熔渣覆盖在焊缝表面，以保护焊缝金属，使它缓慢冷却，有助于气体逸出，防止气孔的产生，改善焊缝的组织和性能；④进行各种冶金反应，如脱氧、还原、去硫、去磷等，从而提高焊缝质量，减少合金元素烧损；⑤通过药皮将所需要的合金元素掺入到焊缝金属中，改进和控制焊缝金属的化学成分，以获得所希望的性能；⑥药皮在焊接时形成套筒，保证熔滴较好过渡到熔池，有利于全位置焊接，同时使电弧热量集中，减少飞溅，提高焊缝金属熔敷效率。

2）药皮的组成：焊条的药皮成分比较复杂，根据不同用途，有下列几种。

① 稳弧剂。它是一些容易电离的物质，多采用含钾、钠、钙的化合物，如碳酸钾、长石、白垩、水玻璃等，能提高电弧燃烧的稳定性，并使电弧易于引燃。

② 造渣剂。其都是矿物质，如大理石、锰矿、赤铁矿、金红石、高岭土、花岗石、长石、石英砂等，造成熔渣后，主要是一些氧化物，其中有酸性的 SiO_2、TiO_2、P_2O_5 等，也有碱性的 CaO、MnO、FeO 等。

③ 造气剂。它分为有机物和无机物两种，有机物，如淀粉、糊精、木屑等；无机物，如 $CaCO_3$ 等。这些物质在焊条熔化时能产生大量的一氧化碳、二氧化碳、氢气等包围电弧，保护金属不被氧化和氮化。

④ 脱氧剂。常用的有锰铁、硅铁、钛铁等。

⑤ 合金剂。常用的有锰铁、铬铁、钼铁、钒铁等铁合金。

⑥ 稀渣剂。它常用萤石或二氧化钛来稀释熔渣，以增加其活性。

⑦ 胶粘剂。常用的有水玻璃，其作用是使药皮各组成物粘结起来并粘结于焊芯周围。

2. 焊条分类

（1）焊条按焊条药皮熔化后的熔渣特性分，有酸性焊条和碱性焊条。

1）酸性焊条药皮的主要成分是氧化铁、氧化锰、氧化钛以及其他在焊接时易放出氧的物质，药皮里的有机物为造气剂，焊接时产生保护气体。酸性焊条适用于一般钢筋工程。

2）碱性焊条药皮的成分主要是大理石和萤石，并含有较多的铁合金，可作为脱氧剂和合金剂。焊缝金属性能良好，主要用于重要的钢筋工程中。

采用碱性焊条必须十分注意保持干燥和接头对口附近的清洁，保管时勿使焊条受潮生锈，使用前按规定烘干。接头对口附近 10～15mm 范围内，要清理至露出纯净的金属光泽，不得有任何有机物及其他污垢等。焊接时，必须采用短弧，防止产生气孔。

碱性焊条在焊接过程中会产生 HF 和 K_2O 气体，有害焊工健康，故需加强焊接场所的通风。

（2）焊条按用途来分有 10 种，对钢筋工程来说，均采用结构钢焊条。现行国家标准《非合金钢及细晶粒钢焊条》GB/T 5117—2012 和《热强钢焊条》GB/T 5118—2012 中，焊条型号根据熔敷金属的抗拉强度、药皮类型、焊接位置、电流类型、熔敷金属化学成分和焊后状态等进行划分。一般碳钢焊条规格表示为 E××××，E（Electrode 的首字母）表示焊条；前两位数字表示熔敷金属抗拉强度的最小值；第三位数字表示焊条的焊接位置："0"或"1"表示焊条适用于全位置焊接，"2"表示焊条适用于平焊和平角焊，"4"表示焊条适用于向下立焊；第三位和第四位数字组合时，表示焊接电流种类和药皮类型。碳钢及低合金钢焊条型号见表 3-10。

焊条型号 表 3-10

E43 系列—熔敷金属抗拉强度大于 420MPa（43kgf/mm²）

焊条型号	药皮类型	焊接位置	电流种类
E4303	钛型	平、立、仰、横	交流或直流正、反接
E4310	纤维素型		直流反接
E4311	高纤维素钾型		交流或直流反接
E4312	金红石		交流或直流正接
E4313	金红石		交流或直流正、反接
E4314	金红石＋铁粉		交流或直流正、反接
E4315	碱性		直流反接
E4316	碱性		交流或直流反接
E4318	碱性＋铁粉		交流或直流反接
E4320	氧化铁	平	交流或直流正、反接
		平角焊	交流或直流正接
E4324	金红石＋铁粉	平、平角焊	交流或直流正、反接
E4327	氧化铁＋铁粉	平	交流或直流正、反接
		平角焊	交流或直流正接
E4328	碱性＋铁粉	平、平角焊	交流或直流反接

E50 系列—熔敷金属抗拉强度大于 420MPa（43kgf/mm²）

焊条型号	药皮类型	焊接位置	电流种类
E5003	钛型	平、立、仰、横	交流或直流正、反接
E5010	高纤维素钠型		直流反接
E5011	高纤维素钾型		交流或直流反接
E5014	金红石＋铁粉		交流或直流正、反接
E5015	碱性	平、立、仰、横	直流反接
E5016	碱性		交流或直流反接
E5018	碱性＋铁粉		直流反接
E5018M	碱性＋铁粉		交流或直流正、反接
E5024	铁粉钛型	平、平角焊	交流或直流正、反接
E5027	氧化铁＋铁粉		交流或直流正接
E5028	碱性＋铁粉	平、立、仰向下	交流或直流反接
E5048	碱性		

碳钢焊条的强度等级有 43、50 两种；低合金钢焊条的强度

等级有 50、55、60、70、75、85、90、100，共 8 种。

低合金钢焊条中属于 E50 等级的还有 E5010 高纤维素钠型，直流反接；E5020 高氧化铁型，平角焊时交流或直流正接，平焊时交流或直流正、反接。E55 等级的有 E5500、E5503、E5510、E5511、E5513、E5515、E5516、E5518 等型号。E60 等级的有 E6000、E6010、E6011、E6013、E6015、E6016、E6018 等型号，后两个字为 00 的属于特殊型，其他后两个字的含义均与表 3-10 相同。

3. 焊条的选用

电弧焊所用的焊条，其性能应符合现行的国家标准《非合金钢及细晶粒钢焊条》GB/T 5117—2012、《热强钢焊条》GB/T 5118—2012 的规定，其型号应根据设计确定；若设计无规定，可参照表 3-11 选用。

钢筋电弧焊焊条型号　　　　　　　　　　表 3-11

钢筋级别	电弧焊接头形式			
	帮条焊、搭接焊	坡口焊、熔槽帮条焊、预埋件穿孔塞焊	窄间隙焊	钢筋与钢板搭接焊、预埋件 T 形角焊
HPB300	E4303	E4303	E4316、E4315	E4303
HRB335	E4303	E5003	E5016、E5015	E4303
HRB400	E5003	E5503	E6016、E6015	—

注：窄间隙焊不适用于余热处理 RRB400 级钢筋。

4. 焊条的保管与使用

（1）焊条的保管

1）各类焊条必须分类、分牌号存放，避免混乱。

2）焊条必须存放于通风良好、干燥的仓库内，需垫高并离墙 0.3m 以上，使上下、左右空气流通。

（2）焊条的使用

1）焊条应有制造厂的合格证，凡无合格证或对其质量有怀疑时，应按批抽查试验，合格者方可使用。存放多年的焊条应进行工艺性能试验后才能使用。

2）如发现焊条内部有锈迹，须试验合格后方可使用。焊条受潮严重，已发现药皮脱落者，一概予以报废。

3）焊条使用前，一般应按说明书规定的烘焙温度进行烘干。碱性焊条的烘焙温度一般为 350℃，时间 1～2h。酸性焊条要根据受潮情况，在 70～150℃温度下烘焙 1～2h。若储存时间短且包装完好，使用前也可不再烘焙。烘焙时，温度应徐徐升高，避免将冷焊条放入高温烘箱内或突然冷却，以免药皮开裂。

七、焊接焊剂

1. 焊剂的作用与要求

（1）焊剂的作用

在钢筋电渣压力焊过程中，焊剂起了十分重要的作用。

1）焊剂熔化后产生气体和熔渣，保护电弧和熔池，保护焊缝金属，更好地防止氧化和氮化。

2）可减少焊缝金属中元素的蒸发和烧损。

3）使焊接过程稳定。

4）具有脱氧和掺合剂的作用，使焊缝金属获得所需要的化学成分和力学性能。

5）焊剂熔化后形成渣池，电流通过渣池产生大量的电阻热。

6）包托住被挤出的液态金属和熔渣，使接头成型良好。

7）渣壳对接头有保温、缓冷作用，因此焊剂十分重要。

（2）对焊剂的基本要求

1）保证焊缝金属获得所需要的化学成分和力学性能。

2）保证电弧燃烧稳定。

3）对锈、油及其他杂质的敏感性要小，硫、磷含量要低，以保证焊缝中不产生裂纹和气孔等缺陷。

4）焊剂在高温状态下要有合适的熔点和黏度以及一定的熔化速度，以保证焊缝成型良好，焊后有良好的脱渣性。

5）焊剂在焊接过程中不应析出有毒气体。

6）焊剂的吸潮性要小。

7）焊剂应具有合适的粒度，焊剂的颗粒要具有足够的强度，以保证焊剂能多次使用。

2. 常用焊剂及其组成成分

几种常用焊剂及其组成成分，见表3-12。

焊剂330和焊剂350均为熔炼型中锰焊剂。前者为呈棕红色的玻璃状颗粒，粒度为0.4～3mm；后者为呈棕色至浅黄色的玻璃状颗粒，粒度为0.4～3mm及0.25～1.6mm。焊剂431和焊剂430均为熔炼型高锰焊剂。前者为呈棕色至褐绿色的玻璃状颗粒，粒度为0.4～3mm；后者为呈棕色至褐绿色的玻璃状颗粒，粒度为0.4～3mm及0.25～1.6mm。上述四种焊剂均可交、直流两用。在施工中，常用的是焊剂431。

焊剂若受潮，使用前必须烘焙，以防止产生气孔等缺陷，烘焙温度一般为250℃，保温1～2h。

常用焊剂的组成成分（单位：%）　　　　表 3-12

焊剂牌号	SiO_2	CaF_2	CaO	MgO	Al_2O_3	MnO	FeO	K_2O+Na_2O	S	P
焊剂330	44～48	3～6	≤3	16～20	≤4	22～26	≤1.5	—	≤0.08	≤0.08
焊剂350	30～55	14～20	10～18	—	13～18	14～19	≤1.0	—	≤0.06	≤0.06
焊剂430	38～45	5～9	≤6	—	≤5	38～47	≤1.8	—	≤0.10	≤0.10
焊剂431	40～44	3～6.5	≤5.5	5～7.5	≤4	34～38	≤1.8	—	≤0.08	≤0.08

3. 焊剂使用的一般要求

焊剂的性能应符合《埋弧焊用非合金钢及细晶粒钢实心焊

丝、药芯焊丝和焊丝—焊剂组合分类要求》GB/T 5293—2018
的规定。焊剂型号为 HJ431，常用的为熔炼型高锰高硅低氟焊剂
或中锰高硅低氟焊剂。

焊剂应存放在干燥的库房内，防止受潮。如受潮，使用前须
经 250～300℃烘焙。

使用回收的焊剂，应除去熔渣和杂物，并应与新焊剂混合均
匀后使用。

焊剂应有出厂合格证。

第三节　钢筋、焊接件及连接件的检测试件制备

一、钢筋检测取样

1. 热轧钢筋检测取样

（1）组批规则。以同一牌号、同一炉罐号、同一规格、同一
交货状态，不超过 60t 为一批。

（2）取样方法。拉伸检验：任选两根钢筋切取两个试样，试
样长 500mm。

冷弯检验：任选两根钢筋切取两个试样，试样长度按下式
计算：

$$L = 1.55 \times (a + d) + 140\text{mm} \tag{3-1}$$

式中　L——试样长度；

　　　a——钢筋公称直径；

　　　d——钢筋弯曲试验的弯心直径，按表 3-13 取用。

钢筋弯曲试验的弯心直径表　　　　　表 3-13

钢筋牌号（强度等级）	HPB300	HRB335	HRB400	HRB500
公称直径（mm）	6～22	6～25，28～50	6～25，28～50	6～25，28～50
弯心直径 d	a	$3a$，$4a$	$4a$，$5a$	$6a$，$7a$

在切取试样时，应将钢筋端头的 500mm 去掉后再切取。

2. **低碳钢热轧圆盘条检测取样**

（1）组批规则。以同一牌号、同一炉罐号、同一品种、同一尺寸、同一交货状态，不超过 60t 为一批。

（2）取样方法。拉伸检验：任选一盘，从该盘的任一端切取一个试样，试样长 500mm。

弯曲检验：任选两盘，从每盘的任一端各切取一个试样，试样长 200mm。在切取试样时，应将端头的 500mm 去掉后再切取。

3. **冷轧带肋钢筋检测取样**

（1）冷轧带肋钢筋的力学性能和工艺性能应逐盘检验，从每盘任一端截去 500mm 以后，取两个试样，拉伸试样长 500mm，冷弯试样长 200mm。

（2）对成捆供应的 CRB550 级冷轧带肋钢筋应逐捆检验。从每捆中同一根钢筋上截取两个试样，其中，拉伸试样长 500mm，冷弯试样长 250mm。如果检验结果有一项达不到标准规定，应从该捆钢筋中取双倍试样进行复验。

二、钢筋焊接试件制备

在钢筋正式焊接之前，参与该项施焊的人员应进行现场条件下的焊接工艺试验，并经试验合格后，方可正式生产。试验结果应符合质量检验与验收时的要求。试件制备尺寸详见表 3-14。

试件制备尺寸   表 3-14

焊接方法	接头形式	试样尺寸（mm）	
		l_s	$L \geqslant$
电阻点焊		$\geqslant 20d$，且 $\geqslant 180$	$l_s + 2l_j$

续表

焊接方法		接 头 形 式	试样尺寸（mm）	
			l_s	$L \geqslant$
闪光对焊			$8d$	$l_s + 2l_j$
电弧焊	双面帮条焊		$8d + l_h$	$l_s + 2l_j$
	单面帮条焊		$5d + l_h$	$l_s + 2l_j$
	双面搭接焊		$8d + l_h$	$l_s + 2l_j$
	单面搭接焊		$5d + l_h$	$l_s + 2l_j$
	熔槽帮条焊		$8d + l_h$	$l_s + 2l_j$

续表

焊 接 方 法		接 头 形 式	试样尺寸（mm）	
			l_s	$L\geqslant$
电弧焊	坡口焊		$8d$	l_s+2l_j
	窄间隙焊		$8d$	l_s+2l_j
电渣压力焊			$8d$	l_s+2l_j
气压焊			$8d$	l_s+2l_j
预埋件	电弧焊 埋弧压力焊 埋弧螺柱焊		—	200

注：1. 接头形式是根据现行行业标准《钢筋焊接及验收规程》JGJ 18—2012 而定。

2. 预埋件锚板尺寸随钢筋直径变大应适当增大。

三、钢筋机械连接试件制备

钢筋机械连接试件制备尺寸，如图 3-15 所示。

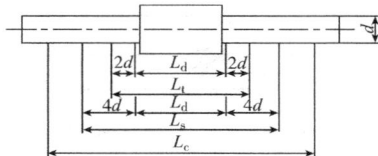

图 3-15　钢筋机械连接试件

注：L_d——机械接头长度；

L_t——非弹性变形、残余变形测量标距；

L_s——总伸长率测量标距；

$$L_c \geqslant L_s + 2T$$

L_c——钢筋机械连接拉伸试件的取样长度；

$$L_t = L_d + 4d$$

$$L_s = L_t + 8d$$

T——试验机夹持长度（或取 200mm）。

四、钢筋焊接骨架和焊接网试件制备

（1）检验力学性能的试件应从每批成品中切取，切取过试件的制品，应补焊同牌号、同直径的钢筋，其每边的搭接长度不应小于 2 个孔格的长度；当焊接骨架所切取试件的尺寸小于规定的试件尺寸，或受力钢筋直径大于 8mm 时，可在生产过程中制作模拟焊接试验网片 [图 3-16(a)]，从中切取试件。

（2）由几种直径钢筋组合的焊接骨架或焊接网，应对每种组合的焊点做力学性能检验。

（3）热轧钢筋的焊点应做剪切试验，试件应为 3 个；冷轧带肋钢筋焊点除做剪切试验外，还应对纵向和横向冷轧带肋钢筋做拉伸试验，试件应各为 1 件。剪切试件纵筋长度应大于或等于 290mm，横筋长度应大于或等于 50mm [图 3-16(b)]；拉伸试件纵筋长度应大于或等于 300mm [图 3-16(c)]。

（4）焊接网剪切试件应沿同一横向钢筋切取。

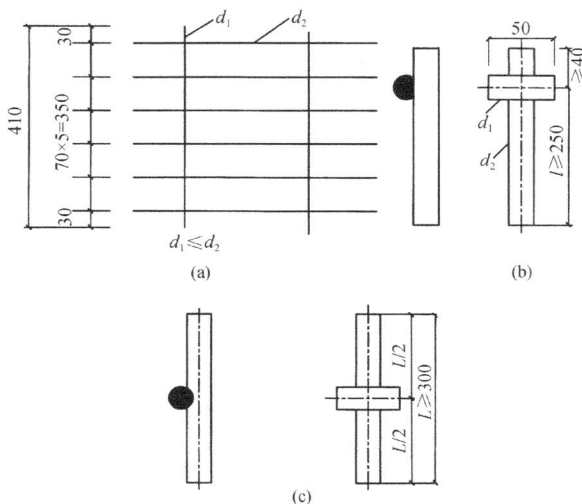

图 3-16　钢筋焊接骨架和焊接网试件
（a）模拟焊接试验网片简图；（b）钢筋焊点剪切试件；（c）钢筋焊点拉伸试件

（5）切取剪切试件时，应使制品中的纵向钢筋成为试件的受拉钢筋。

五、预埋件钢筋 T 形接头试件制备

（1）预埋件钢筋 T 形接头进行力学性能检验时，应以 300 件同类型预埋件作为一批，一周内连续焊接时，可累计计算。当不足 300 件时，也应按一批计算。

（2）应从每批预埋件中随机切取 3 个接头做拉伸试验，试件的钢筋长度应大于或等于 200mm，钢板的长度和宽度均应大于或等于60mm。

（3）预埋件钢筋 T 形接头试件制备尺寸，如图 3-17 所示。

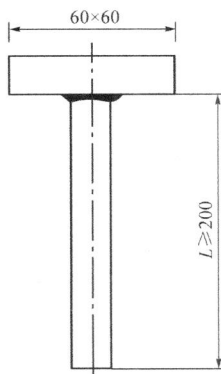

图 3-17　预埋件钢筋 T 形接头试件尺寸

第四节　钢筋配料及配料单编制

一、钢筋根数与间距计算

构件钢筋下料安装前，首先要计算确定钢筋的根数和间距。

1. 钢筋间距计算

梁、柱等构件纵向钢筋直接标注数量，例如 3ϕ16，钢筋根数已注明，需要计算其间距。

$$s = (b - 2a)/(n - 1) \qquad (3\text{-}2)$$

式中　s——钢筋布置间距；

b——构件截面宽度；

a——混凝土保护层厚度值；

n——钢筋根数。

2. 钢筋根数计算

对于板的配筋，梁、柱等构件的箍筋，一般标注钢筋间距，其钢筋根数可按公式（3-3）计算。

$$n = (l - 2a)/s + 1 \qquad (3\text{-}3)$$

式中　n——钢筋根数；

l——构件垂直于钢筋方向的长度；

s——钢筋布置间距；

a——混凝土保护层厚度值。

注：为保证钢筋间距，计算结果应取大值、整数，如 6.4 取 7。

3. 有加密区构件的箍筋根数计算

在设计梁、柱等构件时，有时为增加构件的斜截面抗剪能力，需要设置箍筋加密区。有箍筋加密区构件的箍筋根数可以按下面公式计算。

（1）加密区内箍筋根数

$$n_{加} = l_{加}/s_{加} + 1 \qquad (3\text{-}4)$$

式中　$n_{加}$——加密区范围内箍筋根数；

$l_{加}$——加密区长度，如在构件端部，应减去一个保护层
　　　厚度值；

$s_{加}$——加密区箍筋间距。

（2）非加密区箍筋根数

1）非加密区不在构件端部时：

$$n_{非} = l_{非} / s_{非} - 1 \tag{3-5}$$

2）非加密区在构件一端时：

$$n_{非} = l_{非} / s_{非} \tag{3-6}$$

式中　$n_{非}$——非加密区箍筋根数；

$l_{非}$——非加密区长度，如在构件端部，应扣除一个保护
　　　层厚度值；

$s_{非}$——非加密区箍筋间距。

（3）构件箍筋总数

$$n = n_{加} + n_{非} \tag{3-7}$$

注：1. 按上述公式计算构件中箍筋数量，在布筋时，首先应保证加密区两个端
　　　部位置布有箍筋；

　　2. 计算结果取大值、整数。

二、弯起钢筋长度计算

根据设计需要，梁、板类构件常配置一定数量的弯起钢筋，
如图3-18所示，其中，弯起角度一般分为 $30°$、$45°$、$60°$ 三种。
弯起钢筋平直段长度根据图纸标注可以直接得到，其斜段长度
（即图3-19中的 s）的计算方法如下。

1. 勾股弦法

即采用直角三角形勾股定理计算斜段钢筋长度，以图3-18
（a）为例，可以将其简化为直角三角形进行计算（图3-19），s
即为斜段钢筋长度。

根据勾股定理，有

$$s^2 = l^2 + h^2$$

可得

$$s = \sqrt{l^2 + h^2} \tag{3-8}$$

2. 角度法

除了上面介绍的勾股弦法，还可根据已知弯起角度，利用三角函数关系求得弯起钢筋斜段长度 s 值。仍以图 3-18(a) 为例，计算简图如图 3-19 所示。

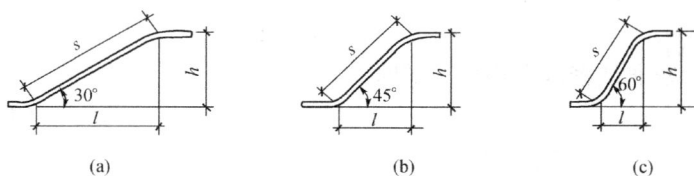

图 3-18　弯起钢筋斜段长度计算简图

(a) 弯起 30°角；(b) 弯起 45°角；(c) 弯起 60°角

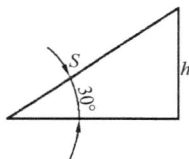

图 3-19　计算斜段钢筋长度的三角形

根据三角函数关系，有

$$h/s = \sin30°$$

可得　　　　　　　　$s = h/\sin30°$

又　　　　　　　　　$l/s = \cos30°$

可得　　　　　　　　$s = l/\cos30°$

代入　　　$\sin30° = 0.5,\ \cos30° = 0.866$

则有　　　　　　　　$s = 2h$

或　　　　　　　　　$s = 1.155l$　　　　　　(3-9)

同理，可得当弯起角度为 45°与 60°时斜段长度 s 的值，详见

表 3-15。根据已知弯起钢筋的水平长度 l 或高度 h，按表中计算式，即可求得钢筋斜段长度值。

弯起钢筋斜段长度计算　　　　　　　　　表 3-15

弯起角度	$30°$	$45°$	$60°$
s	$2h$	$1.414h$	$1.155h$
	$1.155l$	$1.414l$	$2l$

注：s—弯起钢筋斜段长度；h—弯起钢筋弯起的垂直高度，这里指外包尺寸；l—
　　弯起钢筋斜段水平投影长度。

3. 放样法

即将钢筋进行放样，通过对钢筋样图进行逐段直接测量，得到钢筋长度的方法。

放样包括放大样（按 1：1 比例放样）和放小样（按 1：5、1：10 比例放样）两种方式。以弯起钢筋放大样为例，其放大样步骤如下（图 3-20）。

（1）先画一水平直线并截取长度为 300mm，分别用角尺量出 30°和 45°角，画出斜线，如图 3-20（b）所示。

（2）在斜线上分别截取高度

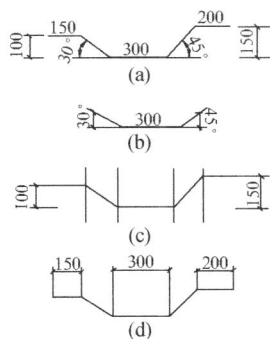

图 3-20　弯起钢筋放大样示意图

100mm 和 150mm，画出与水平线垂直的竖线，如图 3-20（c）所示。

（3）画竖线的垂直线（水平线），分别按 150mm 和 200mm 画出钢筋的水平长度，即放样完毕，如图 3-20（d）所示。

（4）量出斜段长度。

以上分别介绍了用勾股弦法、角度法、放样法计算弯起钢筋长度。对于常见形式的弯起钢筋，可以按表 3-16 查用。

常见弯起钢筋长度计算值 表 3-16

弯起高度	$\alpha=30°$		$\alpha=45°$	$\alpha=60°$	
h（mm）	l	s	s	l	s
30	50	60	40	20	30
40	70	80	60	25	50
50	90	100	70	30	60
60	100	120	90	35	70
80	140	160	110	50	90
90	160	180	130	55	100
100	170	200	140	60	120
120	210	240	170	70	140
150	260	300	210	90	170
200	350	400	280	120	230
250	430	500	350	150	290
300	520	600	420	170	350
350	610	700	490	200	400
400	690	800	560	230	460
450	780	900	630	260	520
500	870	1000	710	290	580
550	950	1100	780	320	630
600	1040	1200	850	350	690
650	1120	1300	920	380	750
700	1210	1400	990	410	810
750	1300	1500	1060	440	860
800	1380	1600	1130	460	920
850	1470	1700	1200	490	980
900	1560	1800	1270	520	1040
950	1640	1900	1340	550	1090
1000	1730	2000	1410	580	1150

注：1. l 为弯起钢筋水平投影长度（mm），s 为弯起钢筋斜长（mm），α 为弯起角度。

2. 钢筋弯曲后长度会出现延伸，即钢筋弯曲调整值，配料时应扣除，本表未计此调整值。

三、斜向钢筋长度计算

斜向钢筋与弯起钢筋很相似，之所以将其单独叙述，是因为弯起钢筋的弯折角度一般采用 30°、45°、60°三个标准角度，而斜向钢筋则随构件的设计形式不同，弯折角度具有任意性，计算起来也就比弯起钢筋要复杂些。

常见的斜向钢筋有水池壁斜向钢筋，仓廪设计中筒仓、矩形斗仓的仓壁斜向钢筋（图 3-21），以及变截面悬臂梁（挑梁）斜向弯起钢筋等。下面以矩形斗仓仓壁及悬臂梁配筋为例，介绍斜向钢筋长度的计算方法。

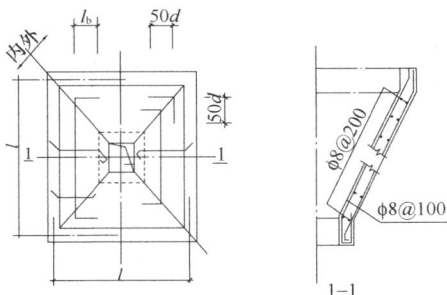

图 3-21　矩形斗仓壁配筋

1. 几何法

几何法包括勾股弦法、三角函数法和比例法等计算方法。

（1）矩形斗仓斜向钢筋斜长度计算。

图 3-22 中，α 角因设计不同而有各种取值，而 a、b 长度

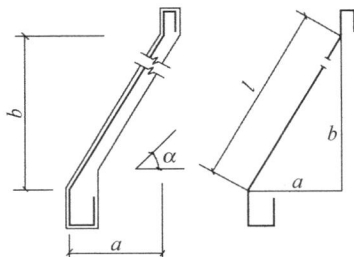

图 3-22　矩形斗仓壁斜向钢筋示意图

（图 3-22）可由设计标注尺寸扣除混凝土保护层厚度值后得到，所以可以采用以下几种方式计算斜段长度 l 的值。

①勾股弦法。

$$l = \sqrt{a^2 + b^2} \qquad (3\text{-}10)$$

②角度法。

$$l = a/\cos\alpha \qquad (3\text{-}11)$$

或 $$l = b/\sin\alpha \qquad (3\text{-}12)$$

这里 α 值设计应给出，也可根据 $\tan\alpha = b/a$，查三角函数反正切表求得 α 值，再查正弦、余弦表得到 $\sin\alpha$、$\cos\alpha$ 值。

（2）变截面悬臂梁斜向钢筋计算。

变截面悬臂梁是钢筋混凝土结构中的常见构件，如住宅建筑中的阳台挑梁就往往采用这种构件形式，图 3-23 所示为设有斜向钢筋的变截面悬臂梁，以①号钢筋（图 3-24）为例。

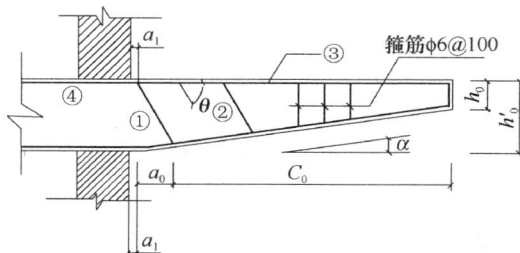

图 3-23　变截面悬臂梁配筋示意图

其中几个数据，如 α、a_1、a_0、c_0、h'_0、h_0 等一般设计图纸都有标注，或是根据相关标注可以很简单地计算出来，由此可以用下面的方法计算斜向钢筋的长度 l_1、l_2（图 3-24）。

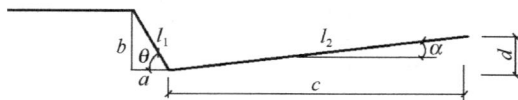

图 3-24　悬臂梁斜向钢筋①号筋详图

① 勾股弦法

由图 3-24 可知 a 即等于 a_0，c 即等于 c_0，如果图纸已给出了 b、d 值，利用勾股定理，则有

$$l_1 = \sqrt{a^2 + b^2} \tag{3-13}$$

$$l_2 = \sqrt{c^2 + d^2} \tag{3-14}$$

② 三角函数法

如果图纸未直接给出 b、d 值，则利用已知条件求 b、d 较为麻烦，这时可以利用已知条件 a、c 值和三角函数关系来求 l_1、l_2。

$$l_1 = a/\cos\theta \tag{3-15}$$

$$l_2 = c/\cos\alpha \tag{3-16}$$

α 值如果图纸未标明，可由 $\tan\alpha = (h_0 - h_0) / (a_0 + c_0)$（图 3-25），查三角函数表，即可求得 α 值。

2. 放样法

斜向钢筋的放样步骤与弯起钢筋相同，通过对放样的实际测量可直接得到斜向钢筋斜段的长度。

对于图 3-25 这样的形式较为简单的构件，也可先将构件外形放大样（或放小样），再在其中进行钢筋放样，直接量取斜段钢筋长度，这样可省去角度计算的麻烦。

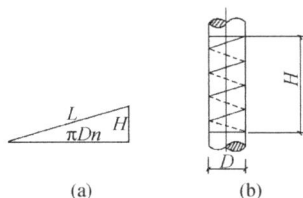

(a)　　　　(b)

图 3-25　螺旋箍筋计算简图

(a) 三角形纸带；(b) 纸带缠绕圆柱体

四、预制构件吊环计算

1. 吊环的形式与构造

预制混凝土构件为了安装需要，通常在构件中设置吊环，预制构件的吊环应采用 HPB300 级钢筋制作，严禁使用冷加工钢筋，吊环埋入构件不应小于 30d，并应焊接或绑扎在钢筋骨架上，吊环形式如图 3-26 所示。

图 3-26(a) 吊环用于梁、柱等截面高度较大的构件；图 3-26 (b) 吊环用于截面高度较小的构件；图 3-26(c) 吊环焊接在受力钢筋上，埋入深度不受限制；图 3-26(d) 吊环用于构件较薄且无焊接条件时，在吊环上压几根短钢筋或 $\phi4$ 钢筋网片加固。

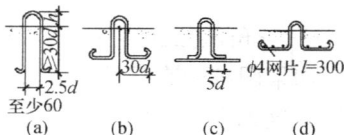

图 3-26 吊环形式与构造

吊环的弯曲直径为 2.5d（d 为吊环钢筋直径），但不得小于 60mm。

吊环露出混凝土的高度应满足穿卡环的要求，但过长易反复弯折。其值可参考表 3-17 选用。

吊环选用

表 3-17

吊环钢筋直径 (mm)	构件质量（t）		吊环露出混凝土的高度 h（mm）
	2 个吊环	4 个吊环	
6	0.58	0.87	50
8	1.02	1.53	50
10	1.60	2.41	50
12	2.31	3.46	60
14	3.14	4.71	60
16	4.10	6.15	70
18	5.19	7.80	70
20	6.41	9.61	80
22	7.76	11.63	90
25	10.02	15.03	100
28	12.56	18.84	110

2. 吊环的计算与选用

（1）在构件自重标准值作用下，吊环拉应力不应大于 50N/mm² （已考虑超载系数、吸附系数、动力系数、钢筋弯折引起的应力集中系数、钢筋角度影响系数等）。

（2）每个吊环按两个钢筋截面计算。

（3）当一个构件设 4 个吊环时，通常考虑 4 个吊环受力不均，设计时仅考虑 3 个吊环同时发生作用。

（4）计算公式。

$$\sigma = 9800G/(nA_s) \tag{3-17}$$

式中　A_s——一个吊环的钢筋截面积（mm²）；

　　　G——构件质量（t）；

　　　σ——吊环的拉应力（N/mm²）；

　　　n——吊环截面数，2 个吊环时为 4，4 个吊环时为 6。

注：1t＝9800N，故式中有 9800G。

吊环钢筋可按表 3-17 选用。

五、钢筋配料

钢筋混凝土构件施工图中注明的钢筋尺寸，一般是指加工好了的钢筋外轮廓尺寸，也称钢筋的外包尺寸。钢筋加工时就是按外包尺寸进行验收的。

钢筋加工时，钢筋都按直线长度下料。但实际构件中的钢筋形状多种多样，钢筋因弯曲或弯钩都会使钢筋长度发生变化。因此，在钢筋配料计算中，不能直接按图中的尺寸下料，而应考虑混凝土保护层厚度、钢筋弯曲长度变化、钢筋弯钩的规定等，再根据图中钢筋尺寸计算其下料长度。

1. 不同形状钢筋下料长度的规定

（1）钢筋弯钩的增加长度。钢筋的末端，根据构造要求做成弯钩时，由弯钩引起的钢筋外包尺寸以外，需增加一定的长度值，而钢筋增加长度的多少又与钢筋级别、弯钩形状、弯曲角度以及钢筋直径 d 等内容有关。除此之外，还需要根据弯曲直径 D

值的大小，共同确定钢筋的增加长度值。

1）钢筋末端弯钩的形状，如图 3-27 所示。

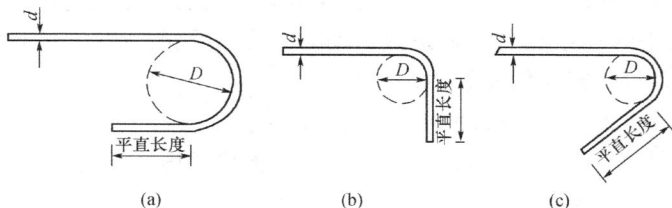

图 3-27 钢筋末端弯钩的形状

(a) 180°弯钩（半圆弯钩）；(b) 90°弯钩（直弯钩）；(c) 135°弯钩（斜弯钩）

2）钢筋弯曲直径 D 的最小取值，见表 3-18。

钢筋弯曲直径的最小取值 表 3-18

钢筋级别	HPB300	HRB335	HRB400
弯钩形式	180°	90°或135°	90°或135°
弯曲直径 D	$\geqslant 2.5d$	$\geqslant 4d$	$\geqslant 5d$

3）钢筋末端各种形式弯钩的增加长度，计算公式如下。

① 180°半圆弯钩计算公式：

$$l_z = 1.071D + 0.571d + l_p \qquad (3-18)$$

② 90°直弯钩计算公式：

$$l_z = 0.285D - 0.215d + l_p \qquad (3-19)$$

③ 135°斜弯钩计算公式：

$$l_z = 0.678D + 0.178d + l_p \qquad (3-20)$$

式中　l_z——弯钩增加长度值；

D——弯曲直径（按表 3-18 取值）；

d——钢筋直径；

l_p——弯钩的平直部分长度（见图 3-28 中的标注）。

（2）钢筋弯曲调整值。钢筋弯曲时，外皮延伸，内皮收缩，中心尺寸不变，所以钢筋下料长度就是钢筋的中心线尺寸。由于钢筋弯曲处呈弧线，而钢筋成型后测量尺寸一般是指钢筋外包尺

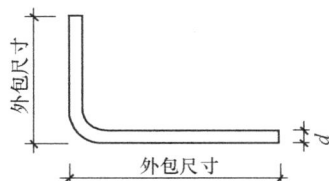

图 3-28　钢筋弯曲时的量度方法

寸（图 3-28），因此，造成弯曲钢筋的量度尺寸大于钢筋下料尺寸。那么量度尺寸减去下料尺寸的差值，称为钢筋弯曲调整值。钢筋不同弯曲角度的调整值见表 3-19。

钢筋不同弯曲角度的调整值　　　　　　表 3-19

角度 量度差 直径 d(mm)	30° 0.35d	45° 0.50d	60° 0.85d	90° 2.00d	135° 2.50d
6	—	—	—	12	15
8	—	—	—	16	20
10	3.5	5	8.5	20	25
12	4	6	10	24	30
14	5	7	12	28	30
16	5.5	8	13.5	32	35
18	6.5	9	15.5	36	45
20	7	10	17	40	50
22	8	11	19	44	55
25	9	12.5	21.5	50	62.5
28	10	14	24	56	70
32	11	16	27	64	80
36	12.5	18	30.5	72	90

注：表中 d 为钢筋直径。

　　（3）弯起钢筋的斜段长度。可根据钢筋不同的弯起角度

（图 3-29）查表 3-20 得弯起钢筋的斜长计算系数；计算该斜段长度时，乘以该斜边系数即可。

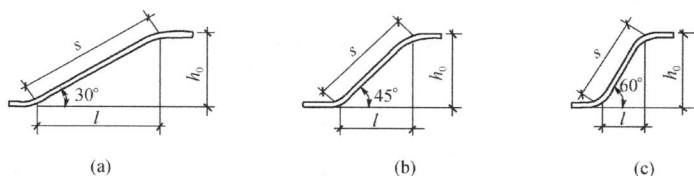

| (a) | (b) | (c) |

图 3-29　弯起钢筋斜段长度计算简图

（a）弯起角度 30°；（b）弯起角度 45°；（c）弯起角度 60°

弯起钢筋斜长计算系数表　　　　　　　　　　　　表 3-20

弯起角度 α	$30°$	$45°$	$60°$
斜边长度 S	$2h_0$	$1.41h_0$	$1.15h_0$
底边长度 l	$1.732h_0$	h_0	$0.575h_0$
增加长度（$S-l$）	$0.268h_0$	$0.41h_0$	$0.58h_0$

注：h_0 为弯起钢筋的弯起净高，详见图 3-29。

（4）箍筋调整值。它由钢筋弯曲增加长度与钢筋弯曲调整值两项合并而成，并根据箍筋量度的外包尺寸或内包尺寸来确定。箍筋调整值见表 3-21。

箍筋调整值　　　　　　　　　　　　表 3-21

箍筋量度方法	箍筋直径（mm）			
	$4\sim5$	6	8	$10\sim12$
量外包尺寸	40	50	60	70
量内包尺寸	80	100	200	$150\sim170$

（5）钢筋下料长度的要求。在保证钢筋满足以上四种规定值和混凝土保护层厚度的前提下，还要求钢筋的下料长度必须与结构构件图中钢筋长度相等。

2. 钢筋下料长度的确定

各种形状的钢筋下料长度，由下列公式求得：

（1）直钢筋下料长度计算公式

下料长度＝构件长度－保护层厚度＋端部弯钩增加长度

（2）弯起钢筋下料长度计算公式

下料长度＝直段长度＋斜段长度＋端部弯钩增加长度－
弯曲调整值

（3）箍筋下料长度计算公式

下料长度＝直段长度＋弯钩增加长度－弯曲调整值

或　　　　　　　下料长度＝箍筋周长＋箍筋调整值

（4）其他类型钢筋下料长度计算公式

曲线钢筋（环形钢筋、螺旋箍筋、抛物线钢筋等）下料长度
的计算公式如下：

下料长度＝钢筋长度计算值＋弯钩增加长度

3. 钢筋配料注意事项

（1）在设计图纸中，钢筋配置的细节未注明时，一般可按构
造要求处理。

（2）钢筋配料计算，除钢筋的形状和尺寸需满足图纸要求
外，还应考虑有利于钢筋的加工、运输和安装。

（3）在满足要求的前提下，尽可能利用库存材料、短料等，
以节约钢材。在使用搭接焊和绑扎接头时，下料长度计算应考虑
搭接长度。

（4）配料时，除图纸注明钢筋类型外，还要考虑施工需要的
附加钢筋，如基础底板的双层钢筋网中，为保证上层钢筋网位置
用的钢筋撑脚，墙板双层钢筋网中固定钢筋间距用的撑铁，梁中
双排纵向受力钢筋为保持其间距用的垫铁等。

六、钢筋配料单及料牌

钢筋下料长度的确定是钢筋配料中的一项重要工作，但配料
凭证的制备也是钢筋配料中不可缺少的内容之一。配料凭证的制
备包括配料单和料牌两个项目，要求在钢筋下料长度确定之后编
制和制作。

1. 钢筋配料单的编制

钢筋配料单的内容包括工程及构件名称、钢筋编号、钢筋简图及尺寸、钢筋规格、下料长度、钢筋根数等。其编制方法是以表格的形式，将钢筋下料长度由配料人员按要求计算正确后填写。切不可采用设计人在材料表上标注的下料长度尺寸。

（1）配料单的形式。钢筋配料单的内容包括工程及构件名称、钢筋编号、钢筋简图及外形尺寸、钢筋规格、加工根数、下料长度、质量等。表 3-22 是某工程钢筋混凝土简支梁 L_1 的配料单形式。

钢筋配料单 表 3-22

构件名称	钢筋编号	简 图	符号	直径 (mm)	下料长度 (mm)	单位根数	合计根数	质量 (kg)
L_1 梁共 5 根	1	100 ⌐ 4990 ⌐ 100	Φ	22	5102	2	10	152.04
	2	515 3160 515 200 200	Φ	22	5588	1	5	76.02
	3	4990	Φ	14	5165	2	10	61.73
	4	412 202	Φ	6	1278	25	125	141.58

构件配筋图中注明的尺寸一般是指钢筋外轮廓尺寸（也称外皮尺寸），即从钢筋外皮到外皮量得的尺寸。钢筋在弯曲后，外皮尺寸长，内皮尺寸短，中轴线长度保持不变。按钢筋外皮尺寸总和下料是不准确的，只有按钢筋的轴线尺寸（也就是钢筋的下料长度）下料加工，才能使加工后的钢筋形状、尺寸符合设计要求。钢筋的下料长度为各段外皮尺寸之和减去弯曲处的量度差值，再加上两端弯钩的增长值。

（2）配料单的编制步骤

1）熟悉图样，识读构件配筋图，弄清每一编号钢筋的品种、规格、形状和数量，以及在构件中的位置和相互关系。

2）熟悉有关钢筋混凝土构件的一般规定，如混凝土保护层厚度、钢筋的搭接长度和锚固长度（包括抗震和非抗震）、钢筋弯钩形式及相应的钢筋长度变化值等。

3）绘制钢筋简图。

4）计算每种编号钢筋的下料长度。

5）计算每种编号钢筋的需要数量。

6）填写钢筋配料单。

7）填写钢筋料牌。

2. 钢筋料牌的制作

采用木板或纤维板制成料牌，将每一类编号钢筋的工程及构件名称、钢筋编号、数量、规格、钢筋简图及下料长度等内容分别注写于料牌的两面，以便随着工艺流程的传送，最后系在加工好的钢筋上，作为钢筋安装工作中区别各工程项目、各类构件和各种不同钢筋的标志。钢筋配料单制作步骤示例。

【例 3-1】某建筑物一层共 10 根 L₁ 梁，如图 3-30 所示。制

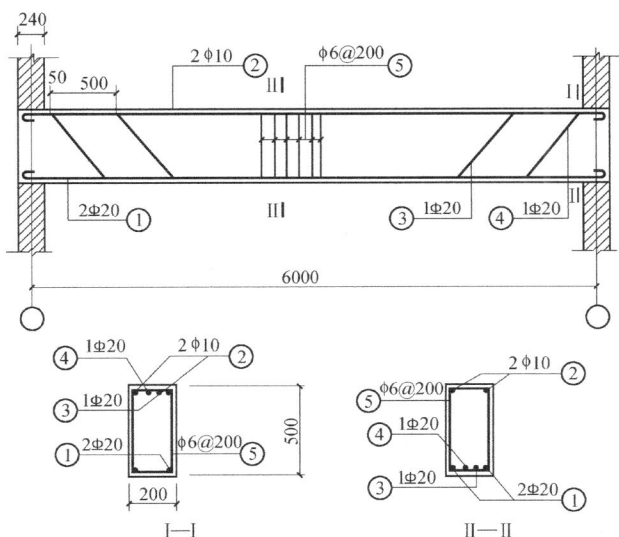

图 3-30 L₁ 梁配筋图

作 L_1 梁钢筋配料单。

【解】a. ①号钢筋（混凝土保护层厚取 25mm）

钢筋外包尺寸：$6240-2\times10=6220$mm（钢筋端部混凝土保护层厚取 10mm）

下料长度：$L=6220+2\times6.25d_0=6220+2\times6.25\times20$
$$=6470\text{mm}$$

b. ②号钢筋

外包尺寸同①号钢筋，为 6220mm。

下料长度：$L=6220+2\times6.25\times10=6345$mm

c. ③号钢筋

外包尺寸分段计算如下：

端部平直段长度：$240+50+500-10=780$mm

斜段长度：$(500-2\times25)\times1.414=636$mm

中间直段长度：$6220-2\times(780+450)=3760$mm

下料长度：$L=$外包尺寸＋两端弯钩增长值－中部弯折量度值
$$=2\times(780+636)+3760+2\times6.25d_0-4$$
$$\times0.5d_0$$
$$=6592+2\times6.25\times20-4\times0.5\times20$$
$$=6592+250-40=6802\text{mm}$$

d. ④号钢筋

外包尺寸分段计算如下：

端部平直段长度：$240+50-10=280$mm

斜段长度：同③号钢筋，为 636mm

中间直段长度：$6220-2\times(280+450)=4760$mm

下料长度：$L=2\times(280+636)+4760+2\times6.25\times20-4\times$
$$0.5\times20$$
$$=6592+250-40=6802\text{mm}$$

e. ⑤号箍筋

外包尺寸分段计算如下：

宽度：$200-2\times25+2\times6=162$mm

高度：$500-2\times25+2\times6=462$mm

弯钩增长值：50mm

两个弯钩的增长值：$2\times50=100$mm

下料长度：$L=2\times(162+462)+100-36=1312$mm

f. 绘制钢筋配料单，见表 3-23。

钢筋配料单　　　　表 3-23

项次	构件名称	钢筋编号	钢筋简图	直径(mm)	符号	下料长度(mm)	单位根数	合计根数	质量(kg)
1		①	6200	20	HPB300	6470	2	20	319.62
2		②	6200	10	HPB300	6345	2	20	78.30
3	L_1 梁 共 10 根	③	780 636 3760	20	HPB300	6802	1	10	168.01
4		④	280 636 4760	20	HPB300	6802	1	10	168.01
5		⑤	462 162	6	HPB300	1312	32	320	92.92

合计 φ6：92.92kg；φ10：78.30kg；Φ20：655.64kg

⑤号箍筋根数 $n = \dfrac{\text{构件长度}-\text{两端保护层厚}}{\text{箍筋间距}}+1$

$$= \frac{6240-2\times10}{200}+1=32.1 \text{ 根}$$

取 $n=32$ 根。

第二部分

钢筋工岗位安全操作知识

　　本部分重点讲解钢筋工安全教育培训以及相应岗位工种安全操作技能。

第四章 现场施工操作基本安全知识

第一节 基本安全要求

一、施工现场安全生产的基本特点

（1）建筑产品的多样性。建筑结构是多样的，有混凝土结构、钢结构、木结构等；规模是多样的，从几百平方米到数百万平方米不等；建筑功能和工艺方法也同样是多样的。

建造不同的建筑产品，对人员、材料、机械设备、防护用品、施工技术等有不同的要求，而且建筑现场环境也千差万别，这些差别决定了建设过程中总会面临新的建筑安全问题。

（2）施工条件的多变性。随着施工的推进，施工现场会从最初的地下十几米的深基坑变成耸立几百米的大楼，建设过程中的周边环境、作业条件、施工技术都在不断变化，包含着较高的风险。

（3）施工环境的危险性。建筑施工的高耗能、施工作业的高强度、施工现场的噪声、热量、有害气体和尘土等，以及露天作业，这些都是工人经常面对的不利工作环境的负荷。严寒和高温使得工人体力和注意力下降，雨雪天气会导致工作面的湿滑，这些都容易导致事故的发生。

（4）施工人员的流动性。建筑业属于劳动密集型行业，需要大量的人力资源。工人与施工单位间的短期雇佣关系，造成施工单位对施工人员的培训严重不足，使得施工人员违章操作时有发生。

二、工人上岗的基本安全要求

（1）新工人上岗前必须签订劳动合同，《中华人民共和国劳动法》规定：建立劳动关系应当订立劳动合同。劳动合同是劳动者与用人单位确立劳动关系、明确双方权利和义务的协议。

（2）新工人上岗前的"三级"安全教育记录。新进场的劳动者必须经过上岗前的"三级"安全教育，即公司教育、项目部教育、班组教育。教育时间分别不少于 15 学时、15 学时、20 学时。有条件的企业应建立"民工安全流动学校"，以加强对工人的安全教育，经统一考核、统一发证后，方可上岗。

（3）重新上岗、转岗人员应接受安全教育。转换工作岗位和离岗后重新上岗人员，必须重新经过"三级"安全教育后才允许上岗工作。同时，各个工种（瓦工、木工、钢筋工、中小型机械操作工等）应熟悉各自的安全操作规程。

（4）特种作业是指对操作者和其他工种作业人员以及对周围设施的安全有重大危险因素的作业。特种作业人员包括：电工、锅炉司炉工、起重工（包括各种起重司机、起重指挥和司索人员）、压力容器工、金属焊接（气割）工、安装拆卸工、场内机动车辆驾驶人员和建筑登高架设人员等。

（5）特种作业操作证每两年复审一次。连续从事本工种 10 年以上的人员，经用人单位进行知识更新教育后，复审时间可延长至每四年一次。

（6）《中华人民共和国劳动法》规定：从事特种作业的劳动者，必须经过专门培训，并取得特种作业资格。

三、进入施工现场的基本安全纪律

（1）进入施工现场必须戴好安全帽，系好帽带，并正确使用个人劳动防护用品。

（2）穿拖鞋、高跟鞋、赤脚或赤膊人员不准进入施工现场。

（3）未经安全教育培训且经培训考核不合格者不得上岗，非操作者严禁进入危险区域；特种作业必须持特种作业资格证上岗。

（4）凡 2m 以上的高处作业无安全设施时，必须系好安全带；安全带必须先挂牢后作业。

（5）高处作业材料和工具等物件不得上抛下掷。

（6）穿硬底鞋人员不得进行登高作业。

（7）机械设备、机具使用必须做到"定人、定机"制度；未经有关人员同意，非操作人员不得使用。

（8）电动机械设备必须有漏电保护装置和可靠的保护接零装置，方可启动使用。

（9）未经有关人员批准，不得随意拆除安全设施和安全装置；因作业需要拆除的，作业完毕后，必须立即恢复。

（10）井字架吊篮、料斗不准乘人。

（11）酒后不准上班作业。

（12）作业前应对相关的作业人员进行安全技术交底。

第二节　现场安全操作基本规定

一、杜绝"三违"现象

员工遵章守纪，是实现安全生产的基础。员工在生产过程中，不仅要有熟练的技术，而且必须自觉遵守各项操作规程和劳动纪律，远离"三违"，即违章指挥、违章作业、违反劳动纪律。

（1）违章指挥。企业负责人和有关管理人员法制观念淡薄，缺乏安全知识，思想上存有侥幸心理，对国家、集体的财产和人民群众的生命安全不负责任，明知不符合安全生产有关条件，仍指挥作业人员冒险作业。

（2）违章作业。作业人员没有安全生产常识，不懂安全生产规章制度和操作规程，或者在知道基本安全知识的情况下，在作业过程中，违反安全生产规章制度和操作规程，不顾国家、集体的财产和他人、自己的生命安全，擅自作业，冒险蛮干。

（3）违反劳动纪律。上班时不知道劳动纪律，或者不遵守劳动纪律，违反劳动纪律进行冒险作业，造成不安全因素。

二、牢记"三宝"和"四口、五临边"

（1）"三宝"是指安全帽、安全带、安全网。安全帽、安全带、安全网是工人的三件宝，只有正确佩戴和使用，才可以保证个人安全。

（2）"四口"是指楼梯口、电梯井口、预留洞口、通道口。"五临边"是指尚未安装栏杆的阳台周边、无外架防护的屋面周边、框架工程楼层周边、上下跑道及斜道的两侧边、卸料平台两侧边。

"四口、五临边"是施工现场最危险和最容易发生事故的地方，因此对施工现场重要危险部位进行正确的防护，可以有效地减少事故的发生，为工人作业提供一个安全的环境。

三、做到"三不伤害"

"三不伤害"是指不伤害自己、不伤害他人、不被他人伤害。

施工现场每一个操作人员和管理人员都要增强自我保护意识，同时也要对安全生产自觉负起监督的责任，才能达到全员安全的目的。

施工时经常有上下层或者不同工种、不同队伍互相交叉作业的情况，要避免这时候发生危险，相互间协调好，上层作业时，要对作业区域围蔽，有人值守，防止人员进入作业区下方。此外，落物伤人，也是工地经常发生的事故之一，进入施工现场，一定要戴好安全帽。作业过程中，观察周围，不伤害他人，也不被他人伤害，这是工地安全的基本原则。自己不违章，只能保证不伤害自己，不伤害别人。要做到不被别人伤害，这就要求我们要及时制止他人违章。制止他人违章，既保护了自己，也保护了他人。

四、加强"三懂三会"能力

"三懂"即懂得本岗位和部门有什么火灾危险性，懂得灭火知识，懂得预防措施；"三会"即会报火警，会使用灭火器材，会处理初起火灾。

五、掌握"十项安全技术措施"

（1）按规定使用安全"三宝"。

（2）机械设备防护装置一定要齐全有效。

（3）塔式起重机等起重设备必须有限位保险装置，不准带病运转，不准超负荷作业，不准在运转中维修保养。

（4）架设电线线路必须符合当地电力公司的规定，电气设备必须全部接零接地。

（5）电动机械和手持电动工具要设置漏电保护器。

（6）脚手架材料及脚手架的搭设必须符合相关规程要求。

（7）各种缆风绳及其设置必须符合相关规程要求。

（8）在建工程的楼梯口、电梯口、预留洞口、通道口，必须有防护设施。

（9）严禁赤脚或穿高跟鞋、拖鞋人员进入施工现场，高空作业人员不准穿硬底和带钉易滑的鞋靴。

（10）施工现场的悬崖、陡坎等危险地区应设警戒标志，夜间要设红灯示警。

六、施工现场行走或上下的"十不准"

（1）不准从正在起吊、运吊中的物件下通过。

（2）不准从高处往下跳或奔跑作业。

（3）不准在没有防护的外墙和外壁板等建筑物上行走。

（4）不准站在小推车等不稳定的物体上操作。

（5）不得攀登起重臂、绳索、脚手架、井字架、龙门架和随同运料的吊盘及吊装物上下。

（6）不准进入挂有"禁止出入"或设有危险警示标志的区域、场所。

（7）不准在重要的运输通道或上下行走通道上逗留。

（8）未经允许不准私自进入非本单位作业区域或管理区域，尤其是存有易燃、易爆物品的场所。

（9）严禁在无照明设施、无足够采光条件的区域、场所内行走、逗留。

（10）不准无关人员进入施工现场。

七、做到"十不盲目操作"

做到"十不盲目操作",是防止违章和事故发生的基本操作要求。

(1) 新工人未经三级安全教育,复工换岗人员未经安全岗位教育,不盲目操作。

(2) 特殊工种人员、机械操作工未经专门安全培训,无有效安全上岗操作证,不盲目操作。

(3) 施工环境和作业对象情况不清,施工前无安全措施或作业安全交底不清,不盲目操作。

(4) 新技术、新工艺、新设备、新材料、新岗位无安全措施,未进行安全培训教育、交底,不盲目操作。

(5) 安全帽和作业所必需的个人防护用品不落实,不盲目操作。

(6) 脚手架、吊篮、塔式起重机、井字架、龙门架、外用电梯、起重机械、电焊机、钢筋机械、木工平刨、圆盘锯、搅拌机、打桩机等设施设备和现浇混凝土模板支撑、搭设安装后,未经验收合格,不盲目操作。

(7) 作业场所安全防护措施不落实,安全隐患不排除,威胁人身和国家财产安全时,不盲目操作。

(8) 凡上级或管理干部违章指挥,有冒险作业情况时,不盲目操作。

(9) 高处作业、带电作业、禁火区作业、易燃易爆作业、爆破性作业、有中毒或窒息危险的作业和科研实验等其他危险作业的,均应由上级指派,并经安全交底;未经指派批准、未经安全交底和无安全防护措施,不盲目操作。

(10) 隐患未排除,有自己伤害自己、自己伤害他人、自己被他人伤害的不安全因素存在时,不盲目操作。

八、"防止坠落和物体打击"的十项安全要求

(1) 高处作业人员必须着装整齐,严禁穿硬塑料底等易滑

鞋、高跟鞋，工具应随手放入工具袋中。

（2）高处作业人员严禁相互打闹，以免失足发生坠落事故。

（3）在进行攀登作业时，攀登用具结构必须牢固可靠，使用方法必须正确。

（4）各类手持机具使用前应检查，确保安全牢靠。洞口临边作业时应防止物件坠落。

（5）施工人员应从规定的通道上下，不得攀爬脚手架、跨越阳台，不得在非规定通道进行攀登、行走。

（6）进行悬空作业时，应有牢靠的立足点并正确系挂安全带；现场应视具体情况配置防护栏网、栏杆或其他安全设施。

（7）高处作业时，所有物料应该堆放平稳，不可放置在临边或洞口附近，且不可妨碍通行。

（8）高处拆除作业时，对拆卸下的物料、建筑垃圾都要加以清理和及时运走，不得在走道上任意乱置或向下丢弃，保持作业走道畅通。

（9）高处作业时，不准往下或向上乱抛材料和工具等物件。

（10）各施工作业场所内，凡有坠落可能的任何物料都应先行撤除或加以固定，拆卸作业要在设有禁区、有人监护的条件下进行。

九、防止机械伤害的"一禁、二必须、三定、四不准"

（1）一禁。不懂电器和机械操作的人员严禁使用和摆弄机电设备。

（2）二必须

① 机电设备应完好，必须有可靠有效的安全防护装置。

② 机电设备停电、停工休息时，必须拉闸关机，按要求上锁。

（3）三定

① 机电设备应做到定人操作、定人保养、检查。

② 机电设备应做到定机管理、定期保养。

③ 机电设备应做到定岗位和岗位职责。

（4）四不准

① 机电设备不准带病运转。

② 机电设备不准超负荷运转。

③ 机电设备不准在运转时维修保养。

④ 机电设备运行时，操作人员不准将头、手、身伸入运转的机械行程范围内。

十、"防止车辆伤害"的十项安全要求

（1）未经劳动、公安、交通部门培训合格的持证人员，不熟悉车辆性能者不得驾驶车辆。

（2）应坚持做好例保工作，车辆制动器、喇叭、转向系统、灯光等影响安全的部件如作用不良，不准出车。

（3）严禁翻斗车、自卸车的车厢乘人，严禁人货混装，车辆载货应不超载、超高、超宽，捆扎应牢固可靠，应防止车内物体失稳跌落伤人。

（4）乘坐车辆时，工作人员应坐在安全处，头、手、身不得露出车厢外，要避免车辆启动制动时跌倒。

（5）车辆进出施工现场，在场内掉头、倒车，以及在狭窄场地行驶时，应有专人指挥。

（6）现场行车进场要减速，并做到"四慢"，即道路情况不明要慢，线路不良要慢，起步、会车、停车要慢，在狭路、桥梁弯路、坡路、岔道、行人拥挤地点及出入大门时要慢。

（7）临近机动车道的作业区和脚手架等设施以及道路中的路障，应加设安全色标、安全标志和防护措施，并要确保夜间有充足的照明。

（8）装卸车作业时，若车辆停在坡道上，应在车轮两侧用楔形木块加以固定。

（9）人员在场内机动车道行走时，应避免右侧行走，并做到不平排结队行走，避免妨碍交通；避让车辆时，应不避让于两车交会之中，不站于旁有堆物无法退让的死角。

（10）机动车辆不得牵引无制动装置的车辆。牵引物体时物

体上不得有人，人不得进入正在牵引的物与车之间。坡道上牵引时，车和被牵引物下方不得有人作业和停留。

十一、"防止触电伤害"的十项安全操作要求

根据安全用电"装得安全、拆得彻底、用得正确、修得及时"的基本要求，防止触电伤害的操作要求有：

（1）非电工严禁拆接电气线路、插头、插座、电气设备、电灯等。

（2）使用电气设备前，必须检查线路、插头、插座、漏电保护装置是否完好。

（3）电气线路或机具发生故障时，应找电工处理，非电工不得自行修理或排除故障。

（4）使用振捣器等手持电动机械和其他电动机械从事湿作业时，要由电工接好电源，安装上漏电保护器，操作者必须穿戴好绝缘鞋、绝缘手套后再进行作业。

（5）搬运或移动电气设备必须先切断电源。

（6）搬运钢筋、钢管及其他金属物时，严禁触碰到电线。

（7）禁止在电线上挂晒物料。

（8）禁止使用照明器烘烤、取暖，禁止擅自使用电炉和其他电加热器取暖。

（9）在架空输电线路附近工作时，应停止输电，不能停电时，应有隔离措施，要保持安全距离，防止触碰。

（10）电线必须架空，不得在地面、施工楼面随意乱拖，若必须通过地面、楼面时，应有过路保护，物料、车、人不准压踏碾磨电线。

十二、施工现场防火安全规定

（1）施工现场要有明显的防火宣传标志。

（2）施工现场必须设置临时消防车道。其宽度不得小于3.5m，并保证临时消防车道的畅通，禁止在临时消防车道上堆物、堆料或挤占临时消防车道。

（3）施工现场必须配备消防器材，做到布局合理。要害部位应配备不少于 4 具的灭火器，要有明显的防火标志，并经常检查、维护、保养，保证灭火器材灵敏有效。

（4）施工现场消火栓应布局合理，消防干管直径不小于100mm，配备足够的水龙带，消火栓处昼夜要设有明显标志，周围 3m 内不准存放物品。地下消火栓必须符合防火规范。

（5）高度超过 24m 的建筑工程，应安装临时消防竖管，其管径不得小于 75mm。每层设消火栓口，并配备足够的水龙带。消防水要保证足够的水源和水压，严禁消防竖管作为施工用水管线。消防泵房应使用非燃材料建造，位置设置合理，便于操作，并设专人管理，保证消防供水。消防泵的专用配电线路应引自施工现场总断路器的上端，要保证连续不间断供电。

（6）电焊工、气焊工从事电气设备安装的电焊、气焊切割作业，要有操作证和用火证。用火前，要对易燃、可燃物采取清除、隔离等措施，配备看火人员和灭火器具，作业后必须确认无火源隐患后方可离去。用火证当日有效。用火地点变换，要重新办理用火证手续。

（7）氧气瓶与乙炔瓶之间的工作间距不小于 5m，两瓶与明火作业之间的距离均不小于 10m。建筑工程内禁止氧气瓶、乙炔瓶存放，禁止使用液化石油气"钢瓶"。

（8）施工现场使用的电气设备必须符合防火要求。临时用电必须安装过载保护装置，电闸箱内不准使用易燃、可燃材料。严禁超负荷使用电气设备。

（9）施工材料的存放、使用应符合防火要求。库房应采用非燃材料支搭。易燃易爆物品应专库储存，分类单独存放。库房保持通风，用电符合防火规定，不准在工程内、库房内调配油漆、稀料。

（10）工程内部不准作为仓库使用，不准存放易燃、可燃材料，因施工需要进入工程内部的可燃材料，要根据工程计划限量进入并采取可靠的防火措施。废弃材料应及时清除。

（11）施工现场使用的安全网、密目式安全网、密目式防尘网、保温材料，必须符合消防安全规定，不得使用易燃、可燃材料。

（12）施工现场严禁吸烟，不得在建筑工程内部设置宿舍。

（13）施工现场和生活区，未经有关部门批准不得使用电热器具。严禁工程中明火保温施工及宿舍内明火取暖。

（14）从事油漆粉刷或防水等有毒及易燃危险作业时，要有具体的防火要求，必要时派专人看护。

（15）生活区的设置必须符合消防管理规定，严禁使用可燃材料搭设。宿舍内不得卧床吸烟。房间内住 20 人以上必须设置不少于 2 处的安全门；居住 100 人以上，要有消防安全通道及人员疏散预案。

（16）生活区的用电要符合防火规定。食堂使用的燃料必须符合使用规定，用火点和燃料不能在同一房间内，使用时要有专人管理，停火时将总开关关闭，经常检查有无燃气泄漏。

第五章 钢筋工岗位安全操作知识

第一节 高处作业安全知识

一、高处作业的一般施工安全规定

按照《高处作业分级》GB/T 3608—2008 规定：凡在坠落高度基准面 2m 以上（含 2m）的可能坠落的高处所进行的作业，都称为高处作业。

在施工现场高处作业中，如果未防护、防护不好或作业不当，都可能发生人或物的坠落。人从高处坠落的事故，称为高处坠落事故。物体从高处坠落砸着下面人的事故，称为物体打击事故。建筑施工中的高处作业主要包括临边、洞口、攀登、悬空、交叉作业等类型，这些都是高处作业伤亡事故可能发生的主要地点。

高处作业的一般施工安全规定如下：

（1）施工前，应逐级进行安全技术教育及交底，落实所有安全技术措施和个人防护用品，未经落实时不得进行施工。

（2）高处作业中的安全标志、工具、仪表、电气设施和各种设备，必须在施工前加以检查，确认其完好，方能投入使用。

（3）悬空、攀登高处作业人员以及搭设高处安全设施的人员必须按照国家有关规定，经过专门的安全作业培训，并取得特种作业操作资格证书后，方可上岗作业。

（4）从事高处作业的人员必须定期进行身体检查，诊断患有心脏病、贫血、高血压、癫痫病、恐高症及其他不适宜高处作业的疾病时，不得从事高处作业。

（5）高处作业人员应头戴安全帽，身穿紧口工作服，脚穿防滑鞋，腰系安全带。

（6）高处作业场所有坠落可能的物体，应一律先行撤除或予以固定。所用物件均应堆放平稳，不妨碍通行和装卸。工具应随手放入工具袋，拆卸下的物件及余料和废料均应及时清理运走，清理时应采用传递或系绳提溜方式，禁止抛掷。

（7）遇有六级以上强风、浓雾和大雨等恶劣天气，不得进行露天悬空与攀登高处作业。台风暴雨后，应对高处作业安全设施逐一检查，发现有松动、变形、损坏或脱落、漏雨、漏电等现象，应立即修理完善或重新设置。

（8）所有安全防护设施和安全标志等，任何人都不得损坏或擅自移动和拆除。因作业必须临时拆除或变动安全防护设施、安全标志时，必须经有关施工负责人同意，并采取相应的可靠措施，作业完毕后立即恢复。

（9）施工中对高处作业的安全防护设施发现有缺陷和隐患时，必须立即报告，及时解决。危及人身安全时，必须立即停止作业。

二、高处作业的基本安全技术措施

（1）凡是临边作业，都要在临边处设置防护栏杆，一般上杆离地面高度为 $1.0 \sim 1.2 m$，下杆离地面高度为 $0.5 \sim 0.6 m$；防护栏杆必须自上而下用安全网封闭，或在栏杆下边设置严密固定的高度不低于 18cm 的挡脚板或 40cm 的挡脚竹笆。

（2）对于洞口作业，可根据具体情况采取设防护栏杆、加盖板、张挂安全网与装栅门等措施。

（3）进行攀登作业时，作业人员要从规定的通道上下，不能在阳台之间等非规定通道进行攀登，也不得任意利用吊车车臂架等施工设备进行攀登。

（4）进行悬空作业时，要设有牢靠的作业立足处，并视具体情况设防护栏杆，搭设架手架、操作平台，使用马凳，张挂安全网或采取其他安全措施。作业所用索具、脚手板、吊篮、吊笼、平台等设备，均需经技术鉴定方能使用。

（5）进行交叉作业时，注意不得在上下同一垂直方向上操作，下层作业的位置必须处于依上层高度确定的可能坠落范围之外，不符合以上条件时，必须设置安全防护层。

（6）结构施工自二层起，凡人员进出的通道口（包括井架、施工电梯的进出口），均应搭设安全防护棚。高度超过 24m 时，防护棚应设双层。

（7）进行建筑施工高处作业之前，应进行安全防护设施的检查和验收。验收合格后，方可进行高处作业。

三、高处作业安全防护用品使用常识

由于建筑行业的特殊性，高处作业中发生高处坠落、物体打击事故的比例最大。要避免伤亡事故，作业人员必须正确佩戴安全帽，调好帽箍，系好帽带；正确使用安全带，高挂低用；按规定架设安全网。

（1）安全帽。它是对人体头部受外力伤害（如物体打击）起防护作用的帽子，使用时要注意以下事项：

① 选用经有关部门检验合格，其上有"安鉴"标志的安全帽。

② 使用安全帽前先检查外壳是否破损，有无合格帽衬，帽带是否齐全，如果不符合要求则立即更换。

③ 调整好帽箍、帽衬（4～5cm），系好帽带。

（2）安全带。它是高处作业人员预防坠落伤亡的防护用品。使用时要注意以下事项：

① 选用经有关部门检验合格的安全带，并保证在使用有效期内。

② 安全带严禁打结、续接。

③ 安全带使用中，要可靠地挂在牢固的地方，高挂低用，且要防止摆动，避免明火和剌割。

④ 2m 以上的悬空作业，必须使用安全带。

⑤ 在无法直接挂设安全带的地方，应设置挂安全带的安全拉绳、安全栏杆等。

（3）安全网。它是用来防止人、物坠落或用来避免、减轻坠落及物体打击伤害的网具。使用时要注意以下事项：

① 要选用有合格证的安全网；在使用时，必须按规定到有关部门进行检测、检验，合格后方可使用。

② 安全网若有破损、老化，应及时更换。

③ 安全网与架体的连接不宜绷得太紧，系结点要沿边分布均匀、绑牢。

④ 立网不得作为平网使用。

⑤ 立网必须选用密目式安全网。

第二节　钢筋工岗位安全操作知识

一、钢筋切断机安全操作要求

（1）机械未达到正常转速时，不得切料。切料时，应使用切刀的中、下部位，紧握钢筋对准刃口迅速投入，操作者应站在固定刀片一侧用力压住钢筋，应防止钢筋末端弹出伤人。严禁用两手在刀片两边握住钢筋俯身送料。

（2）不得剪切直径及强度超过机械铭牌规定的钢筋和烧红的钢筋。一次切断多根钢筋时，其总截面积应在规定范围内。

（3）切断短料时，手和切刀之间的距离应保持在 150mm 以上，如手握端小于 400mm 时，应采用套管或夹具将钢筋短头压住或夹牢。

（4）运转中严禁用手直接清除切刀附近的断头和杂物。钢筋摆动周围和切刀周围不得停留非操作人员。

二、钢筋弯曲机安全操作要求

（1）应按加工钢筋的直径和弯曲半径的要求，装好相应规格的芯轴和成型轴、挡铁轴。芯轴直径应为钢筋直径的 2.5 倍。挡铁轴应有轴套，挡铁轴的直径和强度不得小于被弯钢筋的直径和强度。

（2）作业时，应将钢筋需弯曲一端插入转盘固定销的间隙内，另一端紧靠机身固定销，并用手压紧；应检查机身固定销并确认安放在挡住钢筋的一侧，方可开动。

（3）作业中，严禁更换轴芯、销子和变换角度以及调整，也不得进行清扫和加油。

（4）对超过机械铭牌规定直径的钢筋严禁进行弯曲。不直的钢筋不得在弯曲机上弯曲。

（5）在弯曲钢筋的作业半径内和机身不设固定销的一侧严禁站人。

（6）转盘换向时，应待停稳后进行。

（7）作业后，应及时清除转盘及插入座孔内的铁锈、杂物等。

三、钢筋调直切断机安全操作要求

（1）应按调直钢筋的直径，选用适当的调直块及传动速度。调直块的孔径应比钢筋直径大 2～5mm，传动速度应根据钢筋直径选用，直径大的宜选用慢速，经调试合格，方可作业。

（2）在调直块未固定、防护罩未盖好前不得送料。作业中严禁打开各部防护罩并调整间隙。

（3）当钢筋送入后，手与轮应保持一定的距离，不得接近。

（4）送料前应将不直的钢筋端头切除。导向筒前应安装一根 1m 长的钢管，钢筋应穿过钢管再送入调直切断机前端的导孔内。

四、钢筋冷拉卷扬机安全操作要求

（1）卷扬机的位置应使操作人员能见到全部的冷拉场地，卷扬机与冷拉中线的距离不得少于 5m。

（2）冷拉场地应在两端地锚外侧设置警戒区，并应安装防护栏及醒目的警示标志。严禁非作业人员在此停留。操作人员在作业时必须离开钢筋 2m 以外。

（3）卷扬机操作人员必须看到指挥人员发出的信号，并待所有的人员离开危险区后方可作业。冷拉应缓慢、均匀。当有停车信号或有人进入危险区时，应立即停拉，并稍稍放松卷扬机钢丝绳。

（4）夜间作业的照明设施，应装设在张拉危险区外。当需要装设在场地上空时，其高度应超过 5m。灯泡应加防护罩。

五、交流电焊机安全操作要求

（1）外壳必须有保护接零，应有二次空载降压保护器和触电保护器。

（2）电源应使用自动开关，接线板应无损坏，有防护罩。一次线长度不超过 5m，二次线长度不得超过 30m。

（3）焊接现场 10m 范围内，不得有易燃、易爆物品。

（4）雨天不得室外作业。在潮湿地点焊接时，要站在胶板或其他绝缘材料上。

（5）移动电焊机时，应切断电源，不得用拖拉电缆的方法移动。当焊接中突然停电时，应立即切断电源。

六、气焊设备安全操作要求

（1）氧气瓶与乙炔瓶使用时的间距不得小于 5m，存放时的间距不得小于 3m，并且距高温、明火等不得小于 10m。当达不到上述要求时，应采取隔离措施。

（2）乙炔瓶存放和使用时必须立放，严禁倒放。

（3）在移动气瓶时，应使用专门的抬架或小推车；严禁氧气瓶与乙炔瓶混合搬运；禁止直接使用钢丝绳、链条捆绑搬运。

（4）开关气瓶应使用专用工具。

（5）严禁敲击、碰撞气瓶，作业人员工作时不得吸烟。

第三部分

钢筋工岗位操作技能知识

本部分重点讲解钢筋工岗位操作技能的培训，按照职业技能标准要求，结合钢筋工现场操作的实际，以中级工操作技能水平为基准，涵盖初级工和高级工常规操作技能知识。

第六章 钢筋加工操作技能

第一节 钢筋调直及冷拉加工

弯曲不直的钢筋在混凝土中不能与混凝土共同工作，会导致混凝土出现裂缝，以至于产生不应有的破坏。如果用未经调直的钢筋来断料，断料钢筋的长度就不准确，从而会影响到钢筋成型、绑扎安装等一系列工序的准确性。因此，钢筋调直是钢筋加工中不可缺少的一道工序。

钢筋调直有人工调直和机械调直。细钢筋可采用调直机调直，粗钢筋可采用捶直或扳直的方法。钢筋的调直还可采用冷拉方法，其冷拉率要求：HPB300 级钢筋的冷拉率不大于 4%，HRB335 级、HRB400 级和 RRB400 级钢筋的冷拉率不宜大于 1%。冷拉一般拉至钢筋表面氧化皮开始脱落为止。

一、钢筋调直

1. 人工调直

直径在 10mm 以下的盘条钢筋在施工现场一般采用人工调直。对于冷拔低碳钢丝，可通过导轮牵引调直。如牵引过轮的钢丝还存在局部慢弯，可用小锤敲打平直；也可使用蛇形管调直，将蛇形管固定在支架上，将需要调直的钢丝穿过蛇形管，用人力向前牵引，即可将钢丝基本调直，局部慢弯处可用小锤敲打平直。

2. 机械调直

机械调直是通过钢筋调直机实现的。钢筋调直机的操作要点如下。

（1）检查。每天工作前要先检查电气系统及其元件是否正常，各种连接零件是否牢固可靠，各传动部分是否灵活，确认正常后方可进行试运转。

（2）试运转。从空载开始，确认运转可靠之后才可以进料、试验调直和切断。首先要将盘条的端头捶打平直，然后再将它从导向套推进机器内。

（3）试断筋。为保证断料长度合适，应在机器开动后试断三四根钢筋并进行检查，以便一旦出现偏差，能得到及时纠正（调整限位开关或定尺板）。

（4）安全要求。盘圆钢筋放入放圈架上要平稳，如有乱丝或钢筋脱架，必须停车处理。操作人员不能离机械过远，以防发生故障时不能立即停车而造成事故。

（5）安装承料架。承料架槽中心线应对准导向套、调直筒和剪切孔槽中心线，并保持平直。

（6）安装切刀。安装滑动刀台上的固定切刀，并保证其位置正确。

（7）安装导向管。在导向套前部安装 1 根长度约为 1m 的导向钢管，需调直的钢筋应先穿入该钢管，然后穿过导向套和调直筒，以防止每盘钢筋接近调直完毕时其端头弹出伤人。

二、钢筋冷拉加工

钢筋冷拉是将钢筋在常温下进行拉伸超过屈服点，然后放松，经过一般时效后使钢筋屈服点提高的一种冷加工方法。通过冷拉工艺后的钢筋的屈服点一般可提高 $20\% \sim 25\%$；钢筋的长度增加 $3\% \sim 8\%$，同时解决了钢筋的除锈和调直问题。

1. 冷拉原理及施工

（1）钢筋冷拉原理。通常热轧钢筋都是塑性材料，即在拉伸过程中有明显的屈服点，将钢筋拉伸超过屈服点，钢筋产生较大的变形，然后放松（卸荷），经过一段时间后，再受拉时，就会出现新的屈服点，而且该屈服点较原屈服点高，这样提高了钢筋强度的使用值。

　　（2）钢筋冷拉的施工方法。随着冷拉施工条件的不同，钢筋冷拉工艺布置也有所不同，但基本操作程序是一样的，主要有钢筋上盘、放圈、切断、夹紧夹具、冷拉、放松、堆放等工序，整个操作过程中的关键是拉力控制。由于钢筋的拉力与伸长有一定的关系，所以钢筋冷拉参数反映在冷拉控制应力和冷拉率（伸长率）参数上。不同种类钢筋的冷拉控制应力及最大冷拉率见表 6-1。

冷拉控制应力及最大冷拉率

表 6-1

项次	钢 筋 级 别		冷拉控制应力（MPa）	最大冷拉率（%）
1	HPB300 $d \leqslant 12$		280	10
2	HRB335	$d \leqslant 25$	450	5.5
		$d = 28 \sim 40$	430	5.5
3	HRB400 $d = 8 \sim 40$		500	5
4	HRB500 $d = 10 \sim 28$		700	4

　　（3）冷拉控制方法。钢筋冷拉可采用控制应力或控制冷拉率的方法。用作预应力筋的钢筋冷拉时，宜采用控制应力的方法。不能分清炉批号的热轧钢筋的冷拉不应采用控制冷拉率的方法。

　　1）控制应力的方法。采用控制应力的方法冷拉钢筋时，其冷拉控制应力及最大冷拉率应符合表 6-1 的规定。冷拉时应检查钢筋的冷拉率，若超过表 6-1 的规定，应进行力学性能试验，符合规定要求后方可使用。

　　2）控制冷拉率的方法。采用控制冷拉率的方法冷拉钢筋时，其冷拉率应由试验确定，即在同炉批号的钢筋中切取若干试样（不少于 4 个），按表 6-2 规定的冷拉应力拉伸钢筋，测定各试样的冷拉率，取其平均值作为该批钢筋实际采用的冷拉率。若试样的平均冷拉率小于 1%，则仍按 1% 采用。

	测定冷拉率时钢筋的冷拉应力		表 6-2
项 次	钢筋级别		冷拉应力（MPa）
1	HPB300 $d \leqslant 12$		310
2	HRB335	$d \leqslant 25$	480
		$d = 28 \sim 40$	460
3	HRB400 $d = 8 \sim 40$		530
4	HRB500 $d = 10 \sim 28$		730

确定冷拉率后，便可根据钢筋的长度求出钢筋的冷拉长度。例如，冷拉一批 24m 长的 HRB335 级钢筋，由试验测得其试样平均冷拉率为 4%，则这批钢筋的冷拉长度为 $24 \times 4\% = 0.96m$，冷拉时便可以这一长度控制冷拉。

冷拉时，为使钢筋变形充分发展，冷拉速度不宜过快，一般以 $0.5 \sim 1m/min$ 为宜。当拉到规定的控制应力（或冷拉长度）后，须稍停 $1 \sim 2min$，待钢筋变形充分后再放松钢筋，冷拉结束。

钢筋在负温下进行冷拉时，其温度不宜低于 -20℃，如采用控制应力的方法时，冷拉控制应力应较常温提高30MPa；如采用控制冷拉率的方法时，冷拉率与常温相同。

2. 冷拉钢筋的时效

冷拉后的钢筋在一定的温度下，经过一定的时间，钢材内渗碳体分布在晶体滑动面上，进一步起到阻碍晶体滑动的作用，从而提高钢材的屈服点和抗拉强度。这时，时间是决定因素，也就是所谓的时效。钢筋冷拉后未经一定的时效，钢筋的屈服点稍超过冷拉控制应力，而抗拉强度没有显著提高。冷拉后的钢筋经过时效后，钢筋的屈服强度、抗拉强度都有显著的提高，并且冷拉后钢筋的弹性模量有所恢复，因此，冷拉钢筋的主要优点必须通过时效后才能充分得以体现。

达到时效的途径有两个，即自然时效和人工时效。自然时效是指在常温下冷拉钢筋保持半个月以上时间，可达到时效目的。

人工时效是指对 HPB300、HRB335 级冷拉钢筋加热到 100℃，保持 2h；HRB400、HRB500 级冷拉钢筋加热到 200℃，保持 20min，完成时效。加热方式可采用蒸汽加热或电加热方式。

3. 冷拉钢筋操作注意事项

（1）在钢筋冷拉前应对测力器和各项冷拉数据进行校检和复核，确认无误后才能操作。在冷拉操作过程中要做好冷拉记录，用作预应力筋的冷拉钢筋要有编号，记录每根钢筋的冷拉过程。

（2）冷拉过程不宜过快，一般以每秒拉长 5mm 或每秒增加 $5N/mm^2$ 拉应力为宜。待拉到预定长度或规定控制应力后应稍停，停车 2～3min 后，再进行放松。

（3）以拉力机拉紧钢筋时钢筋的长度作为伸长值的测量起点。

（4）焊接钢筋时应先焊接后冷拉，这样既可以避免因焊接而降低冷拉质量，又可以检验焊接接头的质量。如焊接接头被拉断，可重新焊接后再冷拉，但一般不应超过两次。

（5）钢筋冷拉后，表面容易再次发生锈蚀，因此要注意防锈工作。

（6）钢筋冷拉后表面不应发生裂纹及局部颈缩现象。

（7）冷拉钢筋进行冷弯试验时，不应有裂纹、鳞落或断裂的现象。

4. 钢筋冷拉施工安全技术

（1）冷拉前应查核钢筋控制拉力是否与冷拉设备张拉能力相符，不允许设备超负荷运作。

（2）冷拉前、冷拉过程中要经常检查地锚是否稳固，卷扬机、钢丝绳、夹具、滑轮组是否正常，信号装置是否良好，应及时排除不安全因素。

（3）冷拉线两端设置防护设施，以防钢筋拉断或夹具滑脱，飞出伤人。严禁操作人员站在冷拉钢筋两端或跨越、触动正在冷拉的钢筋。

（4）操作时要注意力集中，听从统一指挥，卷扬机司机严格听从指挥操作。

第二节　钢筋除锈操作

在使用前，钢筋的表面应洁净。油渍、漆污和用锤敲击时能剥落的浮皮、铁锈等应清除干净。在焊接前，焊点处的水锈应清除干净。《混凝土结构工程施工质量验收规范》GB 50204—2015中第5.2.4条规定："钢筋应平直、无损伤，表面不得有裂纹、油污、颗粒状或片状老锈。"

除锈工作应在调直后、弯曲前进行。钢筋除锈的方法有多种，常用的有人工除锈、钢筋除锈机除锈和酸法除锈。如钢筋经过冷拉或经调直，则可在冷拉或调直过程中完成除锈工作；如未经冷拉的钢筋或冷拉、调直后保管不善而锈蚀的钢筋，则可采用电动除锈机除锈，还可采用喷砂除锈、酸洗除锈或人工除锈（用钢丝刷、砂盘）。

一、人工除锈

人工除锈的常用方法是用钢丝刷、砂盘、麻袋布等轻擦或将钢筋在砂堆上来回拉动除锈。

二、机械除锈

机械除锈有钢筋除锈机除锈和喷砂法除锈。

1. 钢筋除锈机除锈

对直径较细的盘条钢筋，可通过冷拉和调直过程自动去锈；粗钢筋采用圆盘钢丝刷除锈机除锈。

钢筋除锈机有固定式和移动式两种，一般由钢筋加工单位自制，是由动力带动圆盘钢丝刷高速旋转来清刷钢筋上的铁锈。

2. 喷砂法除锈

喷砂法除锈主要是用空气压缩机、储砂罐、喷砂管、喷头等设备，利用空气压缩机产生的强大气流形成高压砂流除锈，适用于大量除锈工作，除锈效果好。

三、酸洗法除锈

当钢筋需要进行冷拔加工时，用酸洗法除锈。酸洗除锈是将盘圆钢筋放入硫酸或盐酸溶液中，经化学反应除锈；但在酸洗除锈前，通常先进行机械除锈，这样可以缩短 50%酸洗时间，节约 80%以上的酸液。酸洗除锈流程和技术参数见表 6-3。

在除锈过程中发现钢筋表面的氧化铁皮鳞落现象严重并损伤钢筋截面，或在除锈后钢筋表面有严重的麻坑、斑点伤蚀截面时，应降级使用或剔除不用。

酸洗除锈流程和技术参数　　　　　　　　　　　表 6-3

工序名称	时间（min）	设备及技术参数
机械除锈	5	倒盘机，$\phi6$ 钢筋台班产量 5～6t
酸洗	20	1. 硫酸液浓度：循环酸洗法，15%左右； 2. 酸洗温度：50～70℃，用蒸汽加热
清洗及除锈	30	压力水冲洗 3～5min，清水淋洗 20～25min
沾石灰肥皂浆	5	1. 石灰肥皂浆配制：石灰水 100kg，动物油 15～20kg，肥皂粉 3～4kg，水 350～400kg； 2. 石灰肥皂浆温度：用蒸汽加热
干燥	120～240	阳光自然干燥

第三节　钢筋切断操作

钢筋经调直、除锈后，即可按下料长度进行切断。钢筋应按下料长度下料，力求准确，允许偏差应符合有关规定。钢筋下料切断可用钢筋切断机（适用于直径 40mm 以下的钢筋）及手动液压切断器（适用于直径 16mm 以下的钢筋）。钢筋切断前，应制订计划，并根据工地的材料情况确定下料方案，确保钢筋的品种、规格、尺寸、外形符合设计要求。切断时，将同规格钢筋根据不同长度长短搭配、统筹排料；一般应先切断长料，后切断短料，以减少短头；长料长用，短料短用。切剩的短料可作为电焊接头的帮条或其他辅助短钢筋使用，力求减少钢筋的损耗。

一、切断前的准备工作

为获得最佳的经济效果，钢筋切断前应做好以下准备工作。

（1）复核。根据钢筋配料单，复核料牌上所标注的钢筋直径、尺寸、根数是否正确。

（2）下料方案。根据工地的库存钢筋情况做好下料方案，长短搭配，尽量减少损耗。

（3）量度准确。避免使用短尺量长料，防止产生累计误差。

（4）试切钢筋。调试好切断设备，试切 1 根或 2 根钢筋，尺寸无误后再成批加工。

二、人工切断

（1）切断钢丝可用断线钳。

（2）切断直径为 16mm 以下的 HPB300 钢筋可用手压切断器。切断器一般可自制，由固定刀口、活动刀口、边夹板、把柄、底座等组成。

（3）一般工地上也常用称为"克子"的切断器。使用克子切断器时，将下克插在铁砧的孔里，钢筋放在下克槽内，上克边紧贴下克边，用锤打击上克使钢筋切断。

三、机械切断

钢筋切断机是把钢筋原材或已调直的钢筋按计算的配料长度进行切断的专用设备，广泛应用于施工现场和构件预制厂剪切 $\phi6 \sim \phi40mm$ 的钢筋，更换相应刀片，还可作为各种型钢的下料机。

1. 钢筋切断机的通用操作要点

（1）使用前的准备工作

1）钢筋切断机应选择坚实的地面安置平稳，机身铁轮用三角木楔好，接送料工作台面应和切刀的刀刃下部保持水平，工作台的长度可根据加工材料的长度确定，四周应有足够搬运钢筋的场地。

2）使用前必须清除刀口处的铁锈及杂物，刀片应无裂纹，刀架螺栓应紧固，防护罩应完好，接地要牢固，然后用手扳动带轮，检查齿轮啮合间隙，调整好刀刃间隙，定刀片和动刀片的水平间隙以 0.5～1mm 为宜。间隙的调整通过增减固定刀片后面的垫块来实现。

3）按规定向各润滑点及齿轮面加注和涂抹润滑油。液压式的还要补充液压油。

4）启动后先空载试运转，整机运行时应无卡滞和异常声响，离合器应接触平稳，分离彻底。若是液压式的，还应先排除油缸内空气，待各部件确认正常后，方可作业。

（2）操作使用要点

1）新投入使用的切断机，应先切直径较细的钢筋，以利于设备磨合。

2）被切钢筋应先调直。切料时必须使用刀刃的中下部位，并应在动刀片后退时，紧握钢筋对准刀口迅速送入，以防钢筋末端摆动或蹦出伤人。严禁在动刀片已开始向前推进时向刀口送料，否则易发生事故。

3）严禁切断超出切断机规定范围的钢筋和材料。一次切断多根钢筋时，其总截面面积应在规定范围以内。禁止切断中碳钢钢筋和烧红的钢筋。切断低合金钢等特种钢筋时，应更换相应的高硬度刀片。

4）断料时，必须将被切钢筋握紧，以防钢筋末端摆动或弹出伤人。在切短料时，靠近刀片的手和刀片之间的距离应保持 150mm 以上，如手握一端的长度小于 400mm，应用套管或夹具将钢筋短头压住或夹牢，以防弹出伤人。

5）在机械运转时，严禁用手去摸刀片或用手直接去清理刀片上的铁屑，也不可用嘴吹。钢筋摆动周围和刀片附近，非操作人员不可停留。切断长料时，也要注意钢筋摆动方向，防止伤人。

6）运转中如发现机械不正常或有异响，以及出现刀片歪斜、间隙不合等现象，应立即停机检修或调整。

7）工作中操作者不可擅自离开岗位，取放钢筋时既要注意保护自己，又要注意保护周围的人。已切断的钢筋要堆放整齐，防止个别切口凸出，造成误踢割伤。作业后用钢丝刷清除刀口处的杂物，并进行整机擦拭清洁。

8）液压式切断机每切断一次，必须用手扳动钢筋，给动刀片以回程压力，才能继续工作。

2. 钢筋调直切断机的操作要点

（1）使用前的准备工作

1）调直切断机应安装在坚实的混凝土基础上，室外作业时应设置机棚，机棚的旁边应有足够的堆放原料、半成品的场地。

2）承受架料槽应安装平直，其中心应对准导向筒、调直筒和下切刀孔的中心线。钢筋转盘架应安装在距离调直切断机 5～8m 处。

3）按所调直钢筋的直径，选用适当的调直模，调直模的孔径应比钢筋直径大 2～5mm。首尾两个调直模须放在调直筒的中心线上，中间三个可偏离中心线。一般先使钢筋有 3mm 的偏移量，经过试调直后如发现钢筋仍有慢弯现象，则可逐步调整偏移量直至调直为止。

4）根据钢筋直径选择适当的牵引辊槽宽，一般要求在钢筋夹紧后上下辊之间有 3mm 左右的间隙。牵引辊夹紧程度应保证钢筋能顺利地被拉引前进，不会有明显转动，但在切断的瞬间，允许钢筋和牵引辊之间有滑动现象。

5）根据活动切刀的位置调整固定切刀，上下切刀的刀刃间隙不应大于 1mm，侧向间隙不应大于 0.1mm。

6）新安装的调直机要先检查电气系统和零件有无损坏，各部件连接及连接件是否牢固可靠，各转动部分是否运转灵活。传动和控制系统性能符合要求后，方可进行试运转。

7）空载运转 2h，然后检查轴承温度（重点检查调直筒轴承），查看锤头、切刀或切断齿轮等工作是否正常，确认无异常状况后，方可送料并试验调直和切断能力。

（2）操作要点

1）作业前先用手扳动飞轮，检查传动机构和工作装置，调整间隙，紧固螺栓，确认无误后启动空运转，检查轴承，应无异响，齿轮啮合应良好，待运转正常后方可作业。

2）在调直模未固定、防护罩未盖好前不可穿入钢筋，以防调直模甩出钢筋伤人。

3）送料前应将不直的料头切去，在导向筒前部应安装一根 1m 左右的钢管，钢筋必须先穿过钢管再穿入导向筒和调直筒，以防每盘钢筋接近调直完毕时甩出伤人。

4）在钢筋上盘、穿丝和引头切断时应停机。当钢筋穿入后，手和牵引辊必须保持一定距离，以防手指卷入。

5）开始切断几根钢筋后，应停机检查其长度是否合适。如有偏差，可调整限位开关或定尺板。

6）作业时整机应运转平稳，各部轴承温升正常，滑动轴承最高温度不应超过 80℃，滚动轴承不应超过 70℃。

7）机械运转中，严禁打开各部防护罩及调整间隙，如发现有异常情况，应立即停机检查，不可勉强使用。

8）停机后，应松开调直筒的调直模，使其回到原来位置，同时预压弹簧也必须回位。

9）作业后，应将已调直、切断的钢筋按规格、根数分成小捆堆放整齐，并清理现场，切断电源。

（3）调直切断后的钢筋质量要求

1）切断后的钢筋长度应一致，直径小于 10mm 的钢筋误差不超过 ±1mm；直径大于 10mm 的钢筋误差不超过 ±2mm。

2）调直后的钢筋表面不应有明显的擦伤，其伤痕不应使钢筋截面积减少 5% 以上。切断后的钢筋断口处应平直，无撕裂现象。

3）如采用卷扬机拉直钢筋，必须注意冷拉率，对于 HPB300 钢筋不宜大于 4%；对于 HRB335、HRB400 级钢筋及 Q275 钢筋不宜大于 1%。

4）数控钢筋调直切断机的最大切断量为每小时 4000 根，切断长度误差应小于 2mm。

第四节　钢筋弯曲成型

弯曲成型是将已切断、配好的钢筋按照施工图纸的要求加工成规定的形状、尺寸。弯曲分为人工弯曲和机械弯曲两种。钢筋弯曲成型一般采用钢筋弯曲机、四头弯曲机（主要用于弯制钢箍）及钢筋弯箍机。在缺乏机具设备的条件下，也可采用手摇扳手弯制钢箍，用卡盘与扳手弯制粗钢筋。钢筋弯曲前应先画线，形状复杂的钢筋应根据钢筋外包尺寸，扣除弯曲调整值（从相邻两段长度中各扣一半），以保证弯曲成型后外包尺寸准确。

钢筋弯曲成型后允许偏差应符合《混凝土结构工程施工质量验收规范》GB 50204—2015 的规定。钢筋弯曲成型的顺序是准备工作→画线→样件→弯曲成型。

一、准备工作

钢筋弯曲成什么样的形状，各部分的尺寸是多少，主要依据钢筋配料单，这是最基本的操作依据。料牌可用木板或纤维板制成，将每一编号钢筋的有关资料（工程名称，图号，钢筋编号、根数、规格、式样以及下料长度等）标注于料牌的两面，以便随着工艺流程一道工序一道工序地传送，最后将加工好的钢筋系上料牌。

二、画线

钢筋弯曲前，对形状复杂的钢筋（如弯起钢筋），根据钢筋料牌上标明的尺寸，在各弯曲点位置画线。在弯曲成型之前，除应熟悉待加工钢筋的规格、形状和各段尺寸，确定弯曲操作步骤及准备工具等之外，还需将钢筋的各段长度尺寸画在钢筋上。精确画线的方法是，大批量加工时，应根据钢筋的弯曲类型、弯曲角度、弯曲半径、扳距等因素，分别计算各段尺寸，再根据各段尺寸分段画线。这种画线方法比较烦琐。现场小批量的钢筋加工，常采用简便的画线方法，即在画钢筋的分段尺寸时，将不同角度的弯折量度差在弯曲操作方向相反的一侧长度内扣除，画上分段尺寸线，这条线称为弯曲点线。根据弯曲点线并按规定方向弯曲后得到的成型钢筋尺寸，基本与设计图要求的尺寸相符。

现以梁中一根直径为 18mm 的弯起钢筋为例，说明弯曲点线的画线方法，如图 6-1 所示。

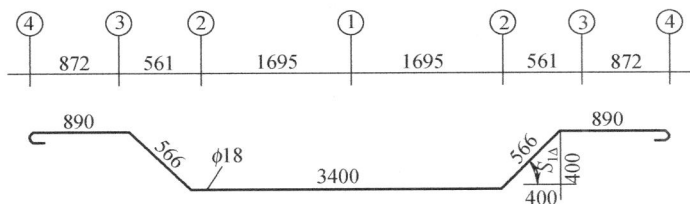

图 6-1　弯起钢筋计算例图

第一步，在钢筋的中心线上画第一道线。

第二步，取中段（3400）的 $1/2$ 减去 $0.25d_0$，即在 $1700 - 4.5 \approx 1695$mm 处画第二道线。

第三步，取斜段（566）减去 $0.25d_0$，即在 $566 - 4.5 \approx 561$mm 处画第三道线。

第四步，取直段（890）减去 d_0，即在 $890 - 18 = 872$mm 处画第四道线。

以上各线段即钢筋的弯曲点线，第一根钢筋成型后应与设计尺寸校对一遍，完全符合后再成批生产。弯曲角度须在工作台上放出大样。需说明的一点是画线时所减去的值应根据钢筋直径和弯折角度具体确定，此处所取值仅为便于说明。

弯制形状比较简单或同一形状根数较多的钢筋，可以不画线，而在工作台上按各段尺寸要求，固定若干标志，按标准操作。此法工效较高。

三、样件

弯曲钢筋画线后，即可试弯 1 根，以检查画线的结果是否符

合设计要求。如不符合，应对弯曲顺序、画线、弯曲标志、扳距
等进行调整，待调整合格后方可成批弯制。

四、人工弯曲成型

1. 人工弯曲成型步骤

为了保证钢筋弯曲形状正确，弯曲弧准确，操作时扳子部分
不碰扳柱，扳子与扳柱之间应保持一定的距离。一般扳子与扳柱
之间的距离，可参考表 6-4 所列的数值来确定。

扳子与扳柱之间的距离 表 6-4

弯曲角度	45°	90°	135°	180°
扳距	$(1.5\sim2)\,d_0$	$(2.5\sim3)\,d_0$	$(3\sim3.5)\,d_0$	$(3.5\sim4)\,d_0$

扳距、弯曲点线和扳柱的关系如图 6-2 所示。弯曲点线在扳
柱钢筋上的位置：弯 90°以内的角度时，弯曲点线可与扳柱外缘持
平；当弯 135°～180°时，弯曲点线距扳柱边缘的距离约为 d_0。

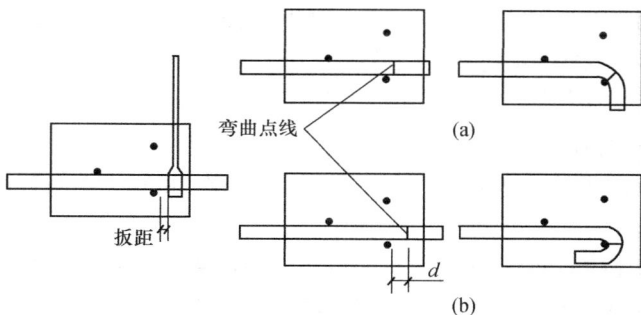

图 6-2　扳距、弯曲点线和扳柱的关系

2. 不同钢筋的弯曲方法

（1）箍筋的弯曲成型。箍筋弯曲成型步骤分为五步，如
图 6-3 所示。在操作前，首先要在手摇扳的左侧工作台上标出钢
筋 1/2 长、箍筋长边内侧长和短边内侧长（也可以标长边外侧长
和短边外侧长）三个标志。

第一步，在钢筋 1/2 长处弯折 90°；第二步，短边弯折 90°；

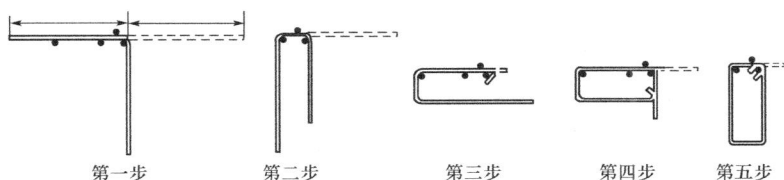

图 6-3　箍筋弯曲成型步骤

第三步，长边弯 135°弯钩；第四步，短边弯折 90°；第五步，短边弯 135°弯钩。

因为第三、第五步的弯钩角度大，所以要比第二、第四步操作时靠标志略远，预留一些长度，以免箍筋不方正。

（2）弯起钢筋的弯曲成型，如图 6-4 所示。一般弯起钢筋长度较大，故通常在工作台两端设置卡盘，分别在工作台两端同时完成成型工序。

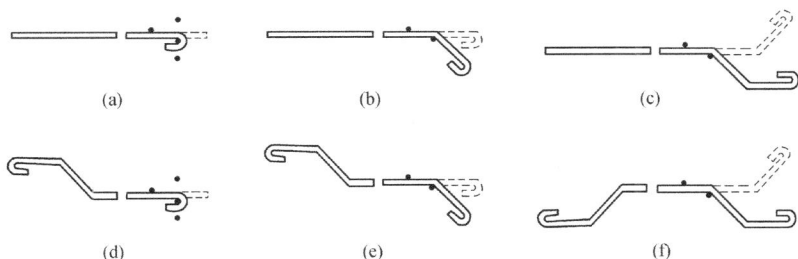

图 6-4　弯起钢筋弯曲成型步骤

当钢筋的弯曲形状比较复杂时，可预先放出实样，再用扒钉钉在工作台上，以控制各个弯转角（图 6-5）。首先在钢筋中段弯曲处钉两个扒钉，弯第一对 45°弯；第二步在钢筋上段弯曲处钉两个扒钉，弯第二对 45°弯；第三步在钢筋弯钩处钉两个扒钉，弯两对弯钩；最后起出扒钉。这种成型方法，形状较准确，平面平整。

各种不同钢筋弯折时，

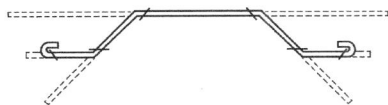

图 6-5　钢筋扒钉成型

常将端部弯钩作为最后一个弯折程序，这样可以将配料弯折过程中的误差留在弯钩内，不致影响钢筋的整体质量。

（3）人工弯曲操作要点

1）弯制钢筋时，扳子一定要托平，不能上下摆，以免弯出的钢筋产生翘曲。

2）操作电动机时注意放正弯曲点，搭好扳手，注意扳距，以保证弯制后的钢筋形状、尺寸准确。起弯时用力要慢，防止扳手脱落。结束时要平稳，掌握好弯曲位置，防止弯过头或弯不到位。

3）不允许在高空或脚手扳上弯制粗钢筋，避免因弯制钢筋脱扳而造成坠落事故。

4）在弯曲配筋密集的构件钢筋时，要严格控制钢筋各段尺寸及起弯角度，每种编号钢筋应试弯一个，安装合适后再成批生产。

五、机械弯曲成型

钢筋机械弯曲成型，是利用钢筋弯曲机工作盘的旋转，将已切断好的钢筋，按配筋图要求进行弯曲、弯钩、串箍、全箍等，以获得所需的形状和尺寸，满足钢筋混凝土结构中对各种钢筋形状的要求。

1. 使用前的准备工作

（1）钢筋弯曲机应在坚实的地面上放置平稳，铁轮应用三角木楔好，工作台面和弯曲机台面要保持水平和平整，送料辊转动灵活，工作盘稳固。当弯曲根数较多或较长的钢筋时，应设支架支撑，周围还要有足够的工作场地。

（2）作业前要做检查，做到机械零部件、附件应齐全完好，连接件无松动，电气线路正确、牢固，接地良好。

（3）准备各种作业附件

1）根据弯曲钢筋的直径选择相应的中心轴和成型轴。弯曲细钢筋时，中心轴换成细直径的，成型轴换成粗直径的；弯曲粗钢筋时，中心轴换成粗直径的，成型轴换成细直径的。一般中心轴直径应是钢筋直径的 2.5～3 倍，钢筋在中心轴和成型轴间的空隙不应超过 2mm。

2）为适应钢筋和中心轴直径的变化，应在成型轴上加一个偏心套，用以调节中心轴、钢筋和成型轴三者之间的间隙。

3）根据弯曲钢筋的直径更换配套齿轮，以调整工作盘（主轴）转速。当钢筋直径 $d<18mm$ 时，取高速；$d=18～32mm$ 时，取中速；$d>32mm$ 时，取低速。一般工作盘常设为慢速，以便弯曲在允许范围内所有直径的钢筋。

4）当弯曲钢筋直径在 20mm 以下时，应在插入座上放置挡料架，并配有轴套，以使被弯钢筋能正确成型。挡板要贴紧钢筋，以保证弯曲质量。

（4）作业前先进行空载试运转，应无卡滞、异响，各操纵按钮灵活可靠；再进行负载试验，先弯小直径钢筋，再弯大直径钢筋，确认正常后，方可投入使用。

（5）为了减少度量时间，可在台面上设置标尺，在弯曲前先量好弯曲点位置，并先试弯一根，经检查无误后再正式作业。

2. 操作要点

（1）操作时要集中精力，能熟练使用倒顺开关控制工作盘的旋转方向，钢筋放置要和工作盘旋转方向相匹配。在变换旋转方向时，要从正转→停车→倒转，不可直接从正转→倒转或从倒转→正转，而不在"停车"停留，更不可频繁交换工作盘旋转方向。

（2）钢筋弯曲机应设专人操作，弯曲较长钢筋时，应有专人扶持。严禁在弯曲钢筋的作业半径内和机身不设固定销的一侧站人。弯曲好的半成品应及时堆放整齐，弯头不可朝上。

（3）作业中不可更换中心轴、成型轴和挡铁轴，也不可在运转中进行维护和清理作业。

（4）表 6-5 所列的不同转速的钢筋弯曲根数仅适用于极限强度不超过 450MPa 的材料，如材料强度变更，则钢筋直径也相应变化，但不可超过机械对钢筋直径、根数及转速的有关规定的限制。

不同转速的钢筋弯曲根数

表 6-5

钢筋直径 (mm)	工作盘（主轴）转速（r/min）		
	3.7	7.2	14
	可弯曲钢筋根数		
6	—	—	6
8	—	—	5
10	—	—	5
12	—	5	—
14	—	4	—
19	3	—	不能弯曲
27	2	不能弯曲	不能弯曲
32～40	1	不能弯曲	不能弯曲

（5）挡铁轴的直径和强度不可小于被弯钢筋的直径和强度。未经调直的钢筋禁止在弯曲机上弯曲。作业时，应注意放入钢筋的位置、长度和旋转方向，以确保安全。

（6）为使新机械正常磨合，在开始使用的三个月内，一次最多弯曲钢筋的根数应比表 6-5 所列的数值少一根。最大弯曲钢筋的直径应不超过 25mm。

（7）作业完毕要先将倒顺开关扳到零位，切断电源，将加工后的钢筋堆放好。

六、弯曲成型钢筋的成品管理

对钢筋加工工序而言，弯曲成型后的钢筋就算是"成品"。

1. 成品质量

弯曲成型后的钢筋质量必须通过加工操作人员自检，进入成品仓库的钢筋要由专职质量检查人员复检。

钢筋加工的质量按照《混凝土结构工程施工质量验收规范》

GB 50204—2015 的规定控制。

2. 管理要点

弯曲成型的钢筋必须轻抬轻放，避免产生变形；经过验收检查合格后，成品应按编号拴上料牌，并应特别注意钢筋的料牌不能遗漏。

清点某一编号钢筋成品无误后，在指定的堆放地点，要按编号分隔整齐堆入，并标识所属工程名称。

钢筋成品应堆放在库房里，库房应防雨、防水，地面保持干燥，并做好支垫。与安装班组联系好，按工程名称、部位及钢筋编号、需用顺序堆放，防止先用的被压在下面及使用时因翻垛而造成钢筋变形。

第七章　钢筋机械连接操作技能

第一节　带肋钢筋套筒挤压连接

带肋钢筋套筒挤压连接钢筋的方法是将两根待连接钢筋插入钢套筒，用挤压连接设备沿径向挤压钢套筒，使之产生塑性变形，依靠变形后的钢套筒与被连接钢筋纵、横肋产生的机械咬合成为整体（图 7-1）。

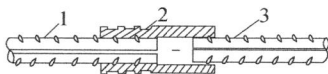

图 7-1　钢筋套筒挤压连接
1—已挤压的钢筋；2—钢套筒；3—未挤压的钢筋

这种接头质量稳定性好，可与母材等强，但操作工人工作强度大，有时会发生液压油污染钢筋，综合成本较高。钢筋套筒挤压连接要求钢筋最小中心间距为 90mm。

一、准备工作

（1）钢筋端头的锈、泥砂、油污等杂物应清理干净。

（2）钢筋与套筒应进行试套，如钢筋有马蹄、弯折或纵肋尺寸过大，应预先矫正或用砂轮打磨；对不同直径钢筋，套筒不得串用。

（3）钢筋端部应画出定位标记与检查标记。定位标记与钢筋端头的距离为钢套筒长度的一半，检查标记与定位标记的距离一般为 20mm。

（4）检查挤压设备情况，并进行试压，符合要求后方可作业。

二、挤压作业

钢筋挤压连接宜先在地面上挤压一端套筒，在施工作业区插入待接钢筋后再挤压另一端套筒。

压接钳就位时，应对正钢套筒压痕位置的标记，并使压模运动方向与钢筋两纵肋所在的平面相垂直，即保证最大压接面能在钢筋的横肋上。

压接钳施压由钢套筒中部顺次向端部进行。每次施压时，主要控制压痕深度。

三、挤压连接工艺参数

在选择合适的材质、钢套筒以及压接设备、压模后，接头性能主要取决于挤压变形量的工艺参数。挤压变形量的工艺参数包括压痕最小直径和压痕最小总宽度，见表 7-1 与表 7-2。

同规格钢筋连接时的参数选择　　　　　　　　　　　表 7-1

连接钢筋规格 ϕ	钢套筒型号	压模型号	压痕最小直径允许范围（mm）	压痕最小总宽度（mm）
40～40	G40	M40	60～63	≥80
36～36	G36	M36	54～57	≥70
32～32	G32	M32	48～51	≥60
28～28	G28	M28	41～44	≥55
25～25	G25	M25	37～39	≥50
22～22	G22	M22	32～34	≥45
20～20	G20	M20	29～31	≥45
18～18	G18	M18	27～29	≥40

不同规格钢筋连接时的参数选择　　　　　　　　　　表 7-2

连接钢筋规格 ϕ	钢套筒型号	压模型号	压痕最小直径允许范围（mm）	压痕最小总宽度（mm）
40～36	G40	ϕ40 端 M40	60～63	≥80
		ϕ36 端 M36	57～60	≥80
36～32	G36	ϕ36 端 M36	54～57	≥70
		ϕ32 端 M32	51～54	≥70

连接钢筋规格 ϕ	钢套筒型号	压模型号	压痕最小直径允许范围（mm）	压痕最小总宽度（mm）
32～28	G32	$\phi32$ 端 M32	48～51	≥60
		$\phi28$ 端 M28	45～48	≥60
28～25	G28	$\phi28$ 端 M28	41～44	≥55
		$\phi25$ 端 M25	38～41	≥55
25～22	G25	$\phi25$ 端 M25	37～39	≥50
		$\phi22$ 端 M22	35～37	≥50
25～20	G25	$\phi25$ 端 M25	37～39	≥50
		$\phi20$ 端 M20	33～35	≥50
22～20	G22	$\phi22$ 端 M22	32～34	≥45
		$\phi20$ 端 M20	31～33	≥45
22～18	G22	$\phi22$ 端 M22	32～34	≥45
		$\phi18$ 端 M18	29～31	≥45
20～18	G20	$\phi20$ 端 M20	29～31	≥45
		$\phi18$ 端 M18	28～30	≥45

压痕总宽度是指接头一侧每一道压痕底部平直部分宽度之和。该宽度应在表 7-1 和表 7-2 规定的范围内。小于这一宽度，接头的性能达不到要求；大于这一宽度，钢套筒的长度要增加。压痕总宽度一般由各生产厂家根据各自设备、压模刃口的尺寸和形状在钢套筒上喷上挤压道数标志或在出厂技术文件中标明。

在实际工程中，由现场操作者来控制的主要是压痕最小直径，它应在表 7-1 和表 7-2 规定的范围内。压痕最小直径大于这一范围，即变形太小，会使钢套筒与钢筋横肋咬合小，抱紧不够，接头受拉时，钢筋会从钢套筒中滑出或接头强度达不到要求；小于这一范围，钢套筒发生了过大的塑性变形，在压痕处就有可能引起破裂或由于硬化而变脆，也有可能会由于压痕处套筒太薄，拉伸时可能在此压痕处被拉断，还会加重设备的负荷。当钢筋横肋或钢套筒壁厚为负偏差时，压痕最小直径应取此范围的较小值；反之则应取较大值。

压痕最小直径一般是通过挤压机上的压力表读数来间接控制的。由于钢套筒的材质不同，造成其硬度、韧性等也不同，因此会造成挤压至所要求的压痕最小直径时所需要的压力也不同。实际挤压时，压力表读数一般为 60～70MPa，也有的在 54～80MPa，这就要求操作者在挤压不同批号钢套筒时必须进行试压，以确定挤压到标准所要求的压痕直径时所需的压力值。

四、异常现象及消除措施

在钢筋套筒挤压连接中，当出现异常现象或连接缺陷时，宜按表 7-3 查找原因，采取措施，及时消除。

钢筋套筒挤压连接异常现象及消除措施　　　　　表 7-3

项次	异常现象和缺陷	原因或消除措施
1	挤压机无挤压力	1. 高压油管连接位置不正确； 2. 油泵故障
2	钢套筒套不进钢筋	1. 钢筋弯折或纵肋超偏差； 2. 砂轮修磨纵肋
3	压痕分布不匀	压接时将压模与钢套筒的压接标志对正
4	接头弯折超过规定值	1. 压接时摆正钢筋； 2. 切除或调直钢筋弯头
5	压接程度不够	1. 泵压不足； 2. 钢套筒材料不符合要求
6	钢筋伸入套筒内长度不够	1. 未按钢筋伸入位置、标志挤压； 2. 钢套筒材料不符合要求
7	压痕明显不均	检查钢筋在套筒内伸入长度，是否有压空现象

五、套筒挤压接头质量检验

钢套筒进场，必须有原材料试验单与套筒出厂合格证，并由该技术提供单位提交有效的形式检验报告。钢筋套筒挤压连接开始前及施工过程中,应对每批进场钢筋进行挤压连接工艺检验,应符合下列要求。

(1) 每种规格钢筋的接头试件不应少于 3 个。

(2) 接头试件的钢筋母材应进行抗拉强度试验。

(3) 3 个接头试件强度均应符合现行行业标准《钢筋机械连接技术规程》JGJ 107—2016 中相应等级的强度要求。对于 A 级接头,试件抗拉强度尚应大于等于 0.9 倍的钢筋母材的实际抗拉强度(计算实际抗拉强度时,应采用钢筋的实际横截面面积)。

钢筋套筒挤压接头现场检验,一般只进行接头外观检查和单向拉伸试验。

1) 取样数量。同一验收批的材料、等级、形式、规格、施工条件相同。一个验收批的数量为 500 个接头,不足此数时也作为一个验收批。

对每一验收批,应随机抽取 10% 的挤压接头做外观检查;抽取 3 个试件做单向拉伸试验。

在现场检验合格的基础上,连续 10 个验收批单向拉伸试验合格率为 100% 时,可以扩大验收批所代表的接头数量一倍。

2) 外观检查。挤压接头的外观检查,应符合下列要求。

①挤压后套筒长度应为 1.10~1.15 倍的原套筒长度,或压痕处套筒的外径为 0.8~0.9 倍的原套筒的外径。

②挤压接头的压痕道数应符合形式检验确定的道数。

③接头处弯折角度不得大于 4°。

④挤压后的套筒不得有肉眼可见的裂缝。

如外观质量合格数大于等于抽检数的 90%,则该验收批为合格。如不合格数超过抽检数的 10%,则应逐个进行复验。在外观不合格的接头中抽取 6 个试件做单向拉伸试验再判别。

3) 单向拉伸试验。3 个接头试件的抗拉强度均应满足 A 级或 B 级抗拉强度的要求。如有一个试件的抗拉强度不符合要求,则加倍抽样复验。复验中如仍有一个试件检验结果不符合要求，则该验收批单向拉伸试验判为不合格。

第二节　钢筋镦粗直螺纹套筒连接

钢筋镦粗直螺纹套筒连接是指先利用冷镦机将钢筋端部镦粗，再用套丝机在钢筋端部的镦粗段上加工直螺纹，然后用连接套筒将两根钢筋对接。由于钢筋端部冷镦后，不仅截面加大，而且强度也有提高。加之，钢筋端部加工直螺纹后，其螺纹底部的最小直径不应小于钢筋母材的直径，因此，该接头可与钢筋母材等强。其工艺如图 7-2 所示。

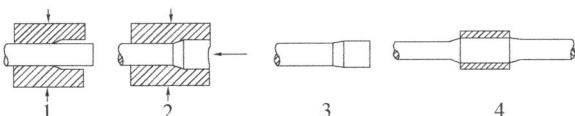

图 7-2　镦粗直螺纹套筒连接工艺
1—夹紧钢筋；2—冷镦扩粗；3—加工丝头；4—对接钢筋

镦粗直螺纹钢筋接头的特点：钢筋端部经冷镦后不仅直径增大，使套丝后丝扣底部横截面面积不小于钢筋原截面面积，而且由于冷镦后钢材强度提高，致使接头部位有很高的强度，达到 SA 级接头性能的要求，此处断裂均发生于母材。

一、钢筋加工与检验

（1）钢筋下料时，应采用砂轮切割机，切口的端面应与轴线垂直，不得有马蹄形或挠曲。

（2）钢筋下料后，在液压冷锻压床上将钢筋镦粗。不同直径的钢筋冷镦后的尺寸见表 7-4。根据钢筋直径、冷镦机性能及镦粗后的外形效果，通过试验确定适当的镦粗压力。操作中要保证镦粗头与钢筋轴线的倾斜度不得大于 4°，不得出现与钢筋轴线相垂直的横向表面裂缝。发现外观质量不符合要求时，应及时割除，重新镦粗。

不同钢筋冷镦后的尺寸   表 7-4

简 图	钢筋直径（mm）	镦粗直径 d（mm）	长度 L（mm）
	22	26	30
	25	29	33
	28	32	35
	32	36	40
	36	40	44
	40	44	50

（3）钢筋冷镦后，在钢筋套丝机上切削加工螺纹。钢筋端头螺纹规格应与连接套筒的型号匹配。钢筋螺纹加工质量应牙形饱满，无断牙、秃牙等缺陷。

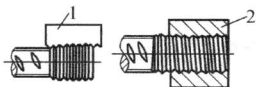

图 7-3 直螺纹接头量规
1—牙形规；2—直螺纹环规

（4）钢筋螺纹加工后，随即用配置的量规（图 7-3）逐根检测。合格后，再由专业质检员按一个工作班 10% 的比例抽样校验。如发现有不合格螺纹，应全部逐个检查，并切除所有不合格螺纹，重新镦粗和加工螺纹。

二、现场连接施工

（1）对于连接钢筋可自由转动的，先将套筒预先部分或全部拧入一个被连接钢筋的螺纹内，而后转动连接钢筋或反拧套筒到预定位置。最后用扳手转动连接钢筋，使其相互对顶锁定连接套筒。

（2）对于钢筋完全不能转动的，如弯折钢筋或还要调整钢筋内力的场合，如施工缝、后浇带，可将锁定螺母和连接套筒预先拧入加长的螺纹内，再反拧入另一根钢筋端头螺纹上，最后用锁定螺母锁定连接套筒；或配套应用带有正反螺纹的套筒，以便从一个方向上能松开或拧紧两根钢筋。

（3）直螺纹钢筋连接时，应采用扭力扳手，按表 7-5 规定的力矩值把钢筋接头拧紧。

直螺纹钢筋接头拧紧力矩值 表 7-5

钢筋直径（mm）	16～18	20～22	25	28	32	36～40
拧紧力矩（N·m）	100	200	250	280	320	350

三、接头质量检验

（1）钢筋连接开始前及施工过程中，应对每批进场钢筋进行接头连接工艺检验。每种规格钢筋的接头试件不应少于 3 个做单向拉伸试验。其抗拉强度应能发挥钢筋母材强度或大于 1.15 倍的钢筋抗拉强度标准值。

（2）接头的现场检验按验收批进行。同一施工条件下采用同一批材料的同等级别、同规格接头，以 500 个为 1 个验收批。对接头的每一个验收批，必须随机抽取 3 个试件做单向拉伸试验。当 3 个试件的抗拉强度都能发挥钢筋母材强度或大于 1.15 倍的钢筋抗拉强度标准值时，该验收批达到 SA 级强度指标。如有 1 个试件的抗拉强度不符合要求，应加倍取样复验。如 3 个试件的抗拉强度仅达到该钢筋的抗拉强度标准值，则该验收批降为 A 级强度指标。

在现场连续检验 10 个验收批，全部单向拉伸试件一次抽样均合格时，验收批所代表的接头数量可扩大一倍。

第三节 钢筋锥螺纹套筒连接

一、钢筋锥螺纹的加工与检验

（1）钢筋下料应采用砂轮切割机。其端头截面应与钢筋轴线垂直，并不得翘曲。

（2）钢筋锥螺纹 A 级接头，应对钢筋端头进行镦粗或径向顶压处理。

钢筋端头预压时采用的压力值应符合产品供应单位通过形式检验确定的技术参数要求，见表 7-6。

钢筋预压时压力值 　　　　　　　　　　　　　　　表 7-6

钢筋直径 ϕ（mm）	压力值范围（kN）	GK 型机油压值范围（N/mm²）
16	620～730	24～28
18	680～780	26～30
20	680～780	26～30
22	680～780	26～30
25	990～1090	38～42
28	1140～1250	44～48
32	1400～1510	54～58
36	1610～1710	62～66
40	1710～1820	66～70

注：若改变预压机机型，该表中压力值范围不变，但油压值范围要相应改变，具体数值由生产厂家提供。

预压操作时，钢筋端部完全插入预压机，直至前挡板处；钢筋摆放位置要求是对于一次预压成型（钢筋直径 16～20mm），钢筋纵肋沿竖向顺时针或逆时针旋转 20°～40°；对于两次预压成型（钢筋直径 22～40mm），第一次预压钢筋纵肋向上，第二次预压钢筋顺时针或逆时针旋转 90°。

预压后的钢筋端头应逐个进行自检。经自检合格的预压端头，质检人员应按要求在每种规格本次加工批中抽检 10%，如有一个端头不合格，则应对该加工批全数检查，不合格钢筋端头应二次预压或部分切除重新预压。预压钢筋端头检验标准应符合表 7-7 的规定。预压后的钢筋端头圆锥体小端直径大于 B 尺寸，并且小于 A 尺寸即为合格。

预压钢筋端头检验标准（单位：mm）　　　　表 7-7

检测规简图	钢筋直径	A	B
	16	17.0	14.5
	18	18.5	16.0
	20	19.0	17.5
	22	22.0	19.0
	25	25.0	22.0
	28	27.5	24.5
	32	31.5	28.0
	36	35.5	31.5
	40	39.5	35.0

（3）经检验合格的钢筋，方可在套丝机上加工锥螺纹。钢筋套丝所需的完整牙数见表 7-8。

钢筋套丝所需的完整牙数的规定值　　　　表 7-8

钢筋直径（mm）	16～18	20～22	25～28	32	36	40
完整牙数	5	7	8	10	11	12

钢筋锥螺纹丝头的锥度、牙形、螺距等必须与连接套筒的锥度、牙形、螺距一致，且经配套的量规检测合格。

加工钢筋锥螺纹时，应采用水溶性切削润滑液。对大直径钢筋宜分次车削到规定的尺寸，以保证丝扣精度，避免损坏梳刀。

（4）钢筋锥螺纹的检查：对已加工的丝扣端要用牙形规及卡规逐个进行自检，如图 7-4 所示。检查要求钢筋丝扣的牙形必须与牙形规吻合，小端直径不超过卡规的允许误差，丝扣完整牙数不得小于规定值。不合格的丝扣，要切掉后重新套丝，然后再由质检员按 10%的比例抽检，如有 1 根不合格，要加倍抽检。

钢筋锥螺纹检查合格后，一端拧上塑料保护帽，另一端拧上钢套筒与塑料封盖，并用扭矩扳手将套筒拧至规定的力矩，以利于保护与运输。

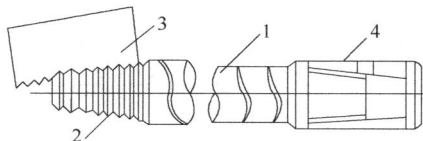

图 7-4 钢筋套丝的检查

1—钢筋；2—锥螺纹；3—牙形规；4—卡规

二、钢筋锥螺纹套筒连接施工

连接钢筋前，将下层钢筋上端的塑料保护帽拧下来露出丝扣，并将丝扣上的水泥浆等污物清理干净。

连接钢筋时，将已拧套筒的上层钢筋拧到被连接的钢筋上，并用扭力扳手按表 7-9 规定的力矩值把钢筋接头拧紧，直至扭力扳手在调定的力矩值发出响声，并随手画上油漆标记，以防有的钢筋接头漏拧。力矩扳手每半年应标定一次。常用接头连接方法有以下几种（图 7-5）。

锥螺纹钢筋接头拧紧力矩值　　　　　表 7-9

钢筋直径（mm）	16	18	20	22	25～28	32	36～40
扭紧力矩（N·m）	118	145	177	216	275	314	343

（1）同径或异径普通接头：分别用力矩扳手将①与②、②与④拧到规定的力矩值，如图 7-5（a）所示。

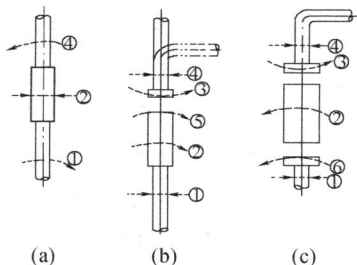

(a)　　　　　(b)　　　　　(c)

图 7-5 锥螺纹钢筋套筒连接方法

(a) 普通接头；(b) 单向可调接头；(c) 双向可调接头

①④—钢筋；②—连接套筒；③⑥—可调套筒；⑤—锁母

（2）单向可调接头：分别用力矩扳手将①与②、③与④拧到规定的力矩值，再把⑤与②拧紧，如图 7-5（b）所示。

（3）双向可调接头：分别用力矩扳手将①与⑥、③与④拧到规定的力矩值，且保持③、⑥的外露丝扣数相等，然后分别夹住③与⑥，把②拧紧，如图 7-5（c）所示。

三、钢筋锥螺纹接头质量检验

（1）连接钢筋时，应检查连接套筒出厂合格证、钢筋锥螺纹加工检验记录。

（2）钢筋连接工程开始前及施工过程中，应对每批进场钢筋和接头进行工艺检验。

1）每种规格钢筋母材应进行抗拉强度试验。

2）每种规格钢筋接头的试件数量不应少于 3 个。

3）接头试件应达到现行行业标准《钢筋机械连接技术规程》JGJ 107—2016 中相应等级的强度要求。

（3）随机抽取同规格接头数的 10% 进行外观检查。应满足钢筋的规格与连接套筒一致，接头丝扣无完整丝扣外露。

如发现有一个完整丝扣外露，即为连接不合格，则必须查明原因，责令工人重新拧紧或进行加固处理。

（4）用质检的力矩扳手，按表 7-9 规定的接头拧紧力矩值抽检接头的连接质量。

抽验数量：梁、柱构件按接头数的 15%，且每个构件的接头抽验数不得少于 1 个；基础、墙、板构件按各自接头数，每100 个接头作为一个验收批，不足 100 个也作为一个验收批，每批抽检 3 个接头。抽检的接头应全部合格，如有 1 个接头不合格，则该验收批接头应逐个检查，对查出的不合格接头应采用电弧贴角焊缝方法补强，焊缝高度不得小于 5mm。

（5）接头的现场检验按验收批进行。同一施工条件下的同一批材料的同等级、同规格接头，以 500 个为一个验收批进行检验与验收，不足 500 个也作为一个验收批。

（6）对接头的每一验收批，应随机抽取 3 个试件做单向拉伸试验，按设计要求的接头性能等级进行检验。

（7）在现场连续检验 10 个验收批，全部单向拉伸试件一次抽样均合格时，验收批所代表的接头数量可扩大一倍。

（8）当质检部门对钢筋接头的连接质量产生怀疑时，可以用非破损张拉设备做接头的非破损拉伸试验。

第四节　钢筋直接滚轧（压）直螺纹连接

一、操作工艺

钢筋直接滚轧（压）直螺纹连接操作工艺流程如图 7-6 所示。

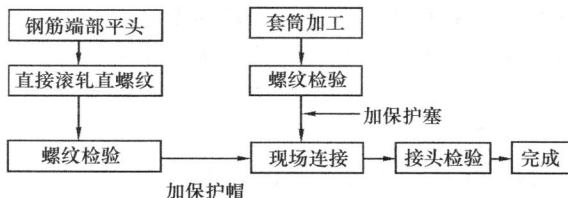

图 7-6　钢筋直接滚轧（压）直螺纹连接工艺流程

二、钢筋丝头、套筒加工工艺要求

（1）钢筋丝头加工

1）钢筋端部不得有弯曲，出现弯曲时应调直后再进行加工。

2）钢筋下料时宜用砂轮锯等机具切断，不得用电焊、气割等切断；钢筋端面宜平整，并与钢筋轴线垂直，不得呈马蹄形或扭曲状态。

3）钢筋规格应与滚丝器调整一致，螺纹滚轧的长度应满足设计要求。

4）钢筋直螺纹滚轧加工时，应使用水溶性切削润滑液，不得使用油性切削润滑液，也不得在没有切削润滑液的情况下进行加工。

5）钢筋丝头螺纹尺寸宜按《普通螺纹　基本尺寸》GB/T

196—2003 确定，中径公差应满足《普通螺纹　公差》GB/T
197—2018 中 6f 精度要求。

6）钢筋丝头加工自检完毕后，应立即套上保护帽，防止损
坏丝头。

（2）钢筋丝头加工参考数据

1）钢筋同径连接丝头加工参考数据，见表 7-10。

2）钢筋同径正反扣直螺纹丝头加工参考数据，见表 7-11。

3）直接滚轧直螺纹加工参考数据，见表 7-12。

钢筋同径连接丝头加工参考数据（单位：mm）　　　　表 7-10

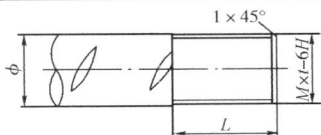

代号	A20R-J	A22R-J	A25R-J	A28R-J	A32R-J	A36R-J	A40R-J
ϕ	20	22	25	28	32	36	40
$M \times t$	19.6×3	21.6×3	24.6×3	27.6×3	31.6×3	35.6×3	39.6×3
L	30	32	35	38	42	46	50

钢筋同径正反扣直螺纹丝头加工参考数据（单位：mm）　　　　表 7-11

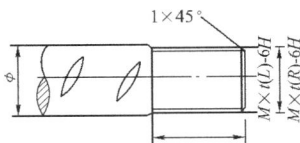

代号	ϕ	$M \times t$（左）	$M \times f$（右）	L
A20RLR-G	20	19.6×3	19.6×3	34
A22RLR-G	22	21.6×3	21.6×3	36
A25RLR-G	25	24.6×3	24.6×3	39
A28RLR-G	28	27.6×3	27.6×3	42
A32RLR-G	32	31.6×3	31.6×3	46
A36RLR-G	36	35.6×3	35.6×3	50
A40RLR-G	40	39.6×3	39.6×3	54

直接滚轧直螺纹加工参考数据（单位：mm） 表 7-12

简图							
直径	φ20	φ22	φ25	φ28	φ32	φ36	φ40
大径	19.6	21.6	24.6	27.6	31.6	35.6	39.6
中径	18.623	20.623	23.623	26.623	30.623	34.623	38.623
小径	17.2	19.2	22.2	25.2	29.2	33.2	37.2

（3）套筒加工参考数据

1）同径直螺纹套筒加工参考数据，见表 7-13。

同径直螺纹套筒加工参考数据（单位：mm） 表 7-13

简图							
代号	A20R-G	A22R-G	A25R-G	A28R-G	A32R-G	A36R-G	A40R-G
D	30±0.5	32±0.5	38±0.5	42±0.5	48±0.5	54±0.5	59±0.5
$M×t$	19.6×3	21.6×3	24.6×3	27.6×3	31.6×3	35.6×3	39.6×3
L	44	48	54	60	68	76	84

2）同径正反扣直螺纹套筒加工参考数据，见表 7-14。

同径正反扣直螺纹套筒加工参考数据表（单位：mm）　表 7-14

代　　号	D	d	$M \times t$（左、右）	L_1	L_2	L_3
A20RLR-G	32	21	19.6×3	49	20	9
A22RLR-G	35	23	21.6×3	53	22	9
A25RLR-G	41	26	24.6×3	59	25	9
A28RLR-G	45	29	27.6×3	65	28	9
A32RLR-G	51	33	31.6×3	73	32	9
A36RLR-G	57	37	35.6×3	81	36	9
A40RL4-G	62	41	39.6×3	89	40	9

（简图：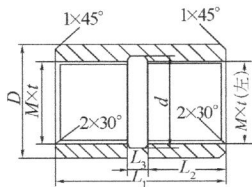）

三、钢筋连接

（1）进行钢筋连接时，钢筋丝头规格应与套筒规格一致，且丝扣完好无损、无污物。

（2）钢筋连接时，必须采用长度不小于 400mm 的管钳扳手拧紧，使两钢筋丝头在套筒中央位置相互顶紧或由锁母锁紧，并用油漆加以标记。

（3）标准型接头连接后，套筒两端外露完整丝扣不得超过 2扣，加长型丝头的外露丝扣不受限制。

四、外观质量要求

1. 钢筋丝头

（1）钢筋丝头的长度、中径、牙形角和有效丝扣数量等必须符合设计要求。

（2）丝头的大径低于螺纹中径的不完整丝扣的累计长度，不得超过两个螺纹周长。

（3）丝头有效螺纹中径的圆柱度不得超过 0.2mm。

（4）钢筋丝头表面不得有严重的锈蚀及破损。

2. 连接套筒

（1）套筒的长度、直径和内螺纹等必须符合设计要求。

（2）套筒的外观不得有裂纹，内螺纹及外表面不得有严重的锈蚀及破损。

第八章 钢筋焊接连接操作技能

第一节 钢筋闪光对焊连接

一、钢筋对焊工艺

根据钢筋品种、直径和所用焊机功率不同，闪光对焊可分为连续闪光焊、预热闪光焊和闪光-预热-闪光焊三种工艺。

（1）连续闪光焊。先闭合一次电路，使被焊的两根钢筋端面轻微接触，此时端面的间隙喷射出火花般熔化的金属微粒——闪光，接着徐徐移动钢筋使钢筋端面仍保持轻微接触，形成连续闪光。当端头加热到接近熔点时就以一定的压力进行顶锻，焊接接头即完成，表 8-1 为连续闪光焊钢筋的上限直径。

连续闪光焊钢筋的上限直径 　　　　　　　　表 8-1

焊机容量（kV·A）	钢筋牌号	钢筋直径（mm）
160 （150）	HPB300	20
	HRB335	22
	HRB400	20
	RRB400	20
100	HPB300	20
	HRB335	18
	HRB400	16
	RRB400	16
80 （75）	HPB300	16
	HRB335	14
	HRB400	12
	RRB400	12

（2）预热闪光焊。在连续闪光前增加一次预热过程，以扩大焊接热影响区。其工艺过程包括预热、闪光和顶锻。施焊时先闭合电源，然后使钢筋端面交替地接触、分开，这时钢筋端面的间隙发出断续的闪光而形成预热，达到预热温度后，进入闪光阶段，随后顶锻而成。预热闪光焊适宜焊接直径大于 25mm、端面较平整的钢筋。

（3）闪光-预热-闪光焊。在预热闪光焊前增加一次闪光过程。首先连续闪光，使钢筋端部闪平，随后过程同预热闪光焊。它适用于焊接直径较大，且钢筋等级较高的钢筋。

二、对焊参数

这些参数包括调伸长度、烧化留量、闪光速度、顶锻留量、顶锻速度、顶锻压力、变压器级次及预热留量、预热频率等。

（1）调伸长度，应随着钢筋牌号的提高和钢筋直径的加大而增长。这主要是为了减缓接头的温度梯度，防止在热影响区产生淬硬组织。当焊接 HRB400、HRB500 钢筋时，调伸长度宜为 40~60mm。

（2）烧化留量，应根据焊接工艺确定。当连续闪光焊接时，烧化过程应较长。烧化留量应等于两根钢筋在断料时切断机刀口严重压伤部分长度（包括端面的不平整部分长度）再加 8mm。

当闪光-预热-闪光焊时，应区分一次烧化留量和二次烧化留量。一次烧化留量等于两根钢筋在断料时切断机刀口严重压伤部分长度，二次烧化留量不应小于 10mm。预热闪光焊时的烧化留量不应小于 10mm。

（3）需要预热时，宜采用电阻预热法。预热留量应为 1~2mm，预热次数应为 1~4 次，每次预热时间应为 1.5~2s，间歇时间应为 3~4s。

（4）顶锻留量应为 4~10mm，并应随钢筋直径的增大和钢筋牌号的提高而增加。其中，有电顶锻留量约占 1/3，无电顶锻留量约占 2/3，焊接时必须控制得当。

焊接 HRB500 钢筋时，顶锻留量宜稍为增大，以确保焊接质量。

顶锻留量是重要的焊接参数。顶锻留量太大，会形成过大的镦粗头，容易产生应力集中；太小可能使焊缝结合不良，降低了强度。经验证明，顶锻留量以 4~10mm 为宜。

三、焊接接头质量检验

（1）取样数量。在同一台班内，由同一焊工，按同一焊接参数完成的 300 个同类型接头作为一个验收批。一周内连续焊接时，可以累计计算。一周内累计不足 300 个时，也按一个验收批计算。

钢筋闪光对焊接头的外观检查，每批抽查 10% 的接头，且不得少于 10 个。

钢筋闪光对焊接头的力学性能试验包括拉伸试验和弯曲试验，应从每批成品中切取 6 个试件，3 个进行拉伸试验，另外 3 个进行弯曲试验。

（2）外观检查结果应符合下列要求：

1）接头处不能有横向裂纹。

2）与电极接触处的钢筋表面不得有烧伤。

3）接头处的弯折角度不得大于 4°。

4）接头处的钢筋轴线偏移值不得大于 0.1 倍的钢筋直径，同时不得大于 2mm。

（3）拉力试验应符合下列要求：

1）三个试件的抗拉强度均不得低于该级别钢筋的标准抗拉强度。

2）试样应呈塑性断裂，并断于焊缝之外。

（4）冷弯试验。冷弯试验前应将试件金属毛刺和镦粗变形部分去除，与母材外表齐平。

焊缝应处于弯曲中心点，弯心直径要求如下：HPB300 级钢 $2d$、HRB335 级钢 $4d$、HRB400 级钢 $5d$、HRB500 级钢 $7d$；弯曲 90°，接头外侧不得出现宽度大于 0.15mm 的横向裂纹。

四、焊接缺陷及其消除措施

钢筋焊接异常现象、焊接缺陷及其清除措施见表 8-2。

钢筋焊接异常现象、焊接缺陷及其消除措施　　　　表 8-2

项次	异常现象和缺陷种类	消 除 措 施
1	烧化过分剧烈并产生强烈的爆炸声	1. 降低变压器级数； 2. 减慢烧化速度
2	闪光不稳定	1. 清除电极底部和表面的氧化物； 2. 提高变压器级数； 3. 加快烧化速度
3	接头有氧化膜、未焊透或夹渣	1. 增加预热程度； 2. 加快临近顶锻时的烧化速度； 3. 确保带电顶锻过程质量； 4. 加快顶锻速度； 5. 增大顶锻压力
4	接头中有缩孔	1. 降低变压器级数； 2. 避免烧化过程过分强烈； 3. 适当增大顶锻留量及顶锻压力
5	焊缝金属过烧或热影响区过热	1. 减小预热程度； 2. 加快烧化速度，缩短焊接时间； 3. 避免过多带电顶锻
6	接头区域有裂纹	1. 检验钢筋的碳、硫、磷含量，如不符合规定时，应更换钢筋； 2. 采取低频预热方法，增加预热程度
7	钢筋表面未熔及烧伤	1. 清除钢筋被夹紧部位的铁锈和油污； 2. 清除电极内表面的氧化物； 3. 改进电极槽口形状，增大接触面积； 4. 夹紧钢筋
8	接头弯折或轴线偏移	1. 正确调整电极位置； 2. 修整电极钳口或更换已变形的电极； 3. 切除或矫直钢筋的弯头

第二节　钢筋电弧焊连接

　　钢筋电弧焊是以焊条作为一极、钢筋作为另一极，利用焊接电流通过产生的电弧热进行焊接的一种熔焊方法。

钢筋电弧焊包括帮条焊、搭接焊、坡口焊和熔槽帮条焊等接头形式。焊接时应符合下列要求。

（1）应根据钢筋级别、直径、接头形式和焊接位置，选择焊条、焊接工艺和焊接参数。

（2）焊接时，引弧应在垫板、帮条或形成焊缝的部位进行，不得烧伤主筋。

（3）焊接地线与钢筋应接触紧密。

（4）焊接过程中应及时清渣，焊缝表面应光滑，焊缝余高应平缓过渡，弧坑应被填满。

一、帮条焊和搭接焊

帮条焊和搭接焊宜采用双面焊，当不能进行双面焊时，可采用单面焊。当帮条级别与主筋相同时，帮条直径可与主筋相同或小一个规格；当帮条直径与主筋相同时，帮条级别可与主筋相同或低一个级别。

（1）施焊前，钢筋的装配与定位，应符合下列要求。

1）采用帮条焊时，两根主筋端面之间的间隙应为 2～5mm。

2）采用搭接焊时，焊接端钢筋应预弯，并应使两根钢筋的轴线在同一直线上。

3）帮条和主筋之间应采用四点定位焊固定，如图 8-1（a）所示；搭接焊时，应采用两点定位焊固定，如图 8-1（b）所示；定位焊缝与帮条端部或搭接端部的距离应大于或等于 20mm。

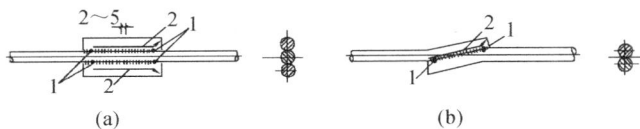

图 8-1　帮条焊与搭接焊的定位

（a）帮条焊；（b）搭接焊

1—定位焊缝；2—弧坑拉出方位

（2）施焊时，应在帮条焊或搭接焊形成焊缝时引弧；在端头收弧前应填满弧坑，并应使主焊缝与定位焊缝的始端和终端熔合。

（3）帮条焊或搭接焊的焊缝厚度 h 不应小于主筋直径的 0.3 倍，焊缝宽度 b 不应小于主筋直径的 0.7 倍（图 8-2）。

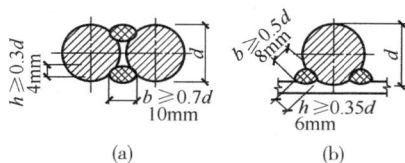

图 8-2　焊缝尺寸

（a）钢筋接头；（b）钢筋与钢板接头

（4）钢筋与钢板搭接焊时，HPB300 级钢筋的搭接长度为钢筋直径的 4 倍，HRB400、HRB500 级钢筋的搭接长度为钢筋直径的 5 倍。焊缝宽度不得小于钢筋直径的 0.5 倍，焊缝厚度不得小于钢筋直径的 0.35 倍。

二、预埋件电弧焊

预埋件 T 形接头电弧焊分为贴角焊和穿孔塞焊两种（图 8-3）。

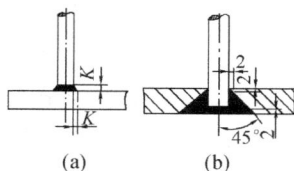

图 8-3　预埋件电弧焊 T 形接头

（a）贴角焊；（b）穿孔塞焊

采用贴角焊时，焊缝的焊脚 K：对于 HPB300 级钢筋，不得小于 $0.5d$；对于 HRB335 级钢筋，不得小于 $0.6d$（d 为钢筋直径）。

采用穿孔塞焊时，钢板的孔洞应做成喇叭口，其内口直径应比钢筋直径 d 大 4mm，倾斜角度为 45°，钢筋缩进 2mm。

施焊中，电流不宜过大，不得使钢筋咬边和烧伤。

三、坡口焊

（1）施焊前的准备工作，应符合下列要求：

1）钢筋坡口面应平顺，切口边缘不得有裂纹、钝边和缺棱。

2）钢筋坡口平焊时，V 形坡口角度宜为 55°～65°，如图 8-4（a）所示；坡口立焊时，坡口角度宜为 40°～55°，其中下钢筋为 0°～10°，上钢筋为 35°～45°，如图 8-4（b）所示。

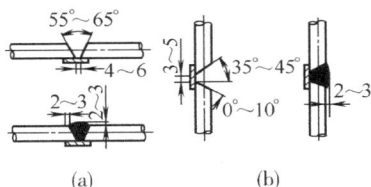

图 8-4　钢筋坡口接头
（a）坡口平焊；（b）坡口立焊

3）钢垫板的长度宜为 40～60mm，厚度宜为 4～6mm；坡口平焊时，垫板宽度应为钢筋直径加 10mm；立焊时，垫板宽度宜等于钢筋直径。

4）钢筋根部间隙，坡口平焊时，宜为 4～6mm；立焊时，宜为 3～5mm；其最大间隙均不宜超过 10mm。

（2）坡口焊工艺应符合下列要求。

1）焊缝根部、坡口端面以及钢筋与钢板之间均应熔合，焊接过程中应经常清渣，钢筋与钢垫板之间应加焊 2 层或 3 层侧面焊缝。

2）宜采用几个接头轮流施焊。

3）焊缝的宽应超出 V 形坡口的边缘 2～3mm，焊缝余高不得大于 3mm，并宜平缓过渡至钢筋表面。

4）当发现接头中有弧坑、气孔及咬边等缺陷时，应立即补焊；HRB400 级钢筋接头冷却后补焊时，应采用氧-乙炔焰预热。

四、熔槽帮条焊

焊接时应加角钢作垫板模，角钢的边长宜为 40～60mm，长度宜为 80～100mm。其焊接工艺应符合下列要求：

（1）钢筋端头应加工平整，两根钢筋端面的间隙应为 10～16mm。

（2）从接缝处垫板引弧后应连续施焊，并应使钢筋端头熔合，防止未焊透、有气孔或夹渣。

（3）焊接过程中应停焊清渣一次，焊平后再进行焊缝余高的焊接，其高度不得大于 3mm。

（4）钢筋与角钢垫板之间应加焊 1～3 层侧面焊缝，焊缝应饱满，表面应平整。

五、电弧焊接头质量检验

（1）取样数量。电弧焊接头外观检查，应在清渣后逐个进行目测或量测。当进行力学性能试验时，应按下列规定抽取试件。

1）以 300 个同一接头形式、同一钢筋级别的接头作为一验收批，从成品中每批随机切取 3 个接头进行拉伸试验。

2）在装配式结构中，可按生产条件制作模拟构件。

（2）外观检查。钢筋电弧焊接头外观检查结果，应符合下列要求。

1）焊缝表面应平整，不得有凹陷或焊瘤。

2）焊接接头区域不得有裂纹。

3）焊接接头尺寸的允许偏差及咬边深度、气孔、夹渣等缺陷允许值，应符合表 8-3 的规定。

钢筋电弧焊接头尺寸偏差及缺陷允许值　　　　　表 8-3

名　　称	单　位	接　头　形　式		
		帮条焊	搭接焊钢筋与钢板搭接焊	坡口焊、熔槽帮条焊
帮条沿接头中心线的纵向偏移	mm	$0.3d$	—	—

名　　称		单　位	接 头 形 式		
			帮条焊	搭接焊钢筋 与钢板搭接焊	坡口焊、 熔槽帮条焊
接头处弯折角		°	2	2	2
接头处钢筋轴线的偏移		mm	0.1d	0.1d	0.1d
			1	1	1
焊缝宽度		mm	+0.1d	+0.1d	—
焊缝长度		mm	−0.3d	−0.3d	—
横向咬边深度		mm	0.5	0.5	0.5
在长 2d 焊缝表面 上的气孔及夹渣	数量	个	2	2	—
	面积	mm²	6	6	—
在全部焊缝表面上 的气孔及夹渣	数量	个	—	—	2
	面积	mm²	—	—	6

注：d 为钢筋直径，单位为 mm。

4）坡口焊、熔槽帮条焊接头的焊缝余高不得大于 3mm。

5）预埋件 T 形接头的钢筋间距偏差不应大于 10mm，钢筋相对钢板的直角偏差不得大于 4°。

外观质量不合格的接头，经修整或补强后，可提交二次验收。

（3）拉伸试验。钢筋电弧焊接头拉伸试验结果，应符合下列要求。

1）3 个热轧钢筋接头试件的抗拉强度均不得小于该级别钢筋规定的抗拉强度。

2）3 个接头试件均应切断于焊缝之外，并应至少有 2 个试件呈延性断裂。

当试验结果中有 1 个试件的抗拉强度小于规定值，或有 1 个试件断于焊缝，或有 2 个试件发生脆性断裂时，应再取 6 个试件进行复验。复验结果中当有 1 个试件抗拉强度小于规定值，或有 1 个试件断于焊缝，或有 3 个试件呈脆性断裂时，应确认该批接头为不合格品。

模拟试件试验结果不符合要求时，复验试件应再从成品中切取，其数量和要求应与初始试验时相同。

第三节　电渣压力焊连接

电渣压力焊是利用电流通过渣池产生的电阻热将钢筋端部熔化，然后施加压力使钢筋焊合。

电渣压力焊容易掌握，且工效高、成本低、工作条件好。

一、电渣压力焊焊接工艺

电渣压力焊焊接工艺包括引弧、电弧、电渣和顶压过程，分为手动和自动两种形式。

（1）手动电渣压力焊。采用直接引弧法，先将上下钢筋接触，通电后，将上钢筋提升 2～4mm 引弧；然后继续缓缓提升几毫米，使电弧稳定燃烧；之后，随着钢筋的熔化，上钢筋逐渐插入渣池中，此时电弧熄灭，转入电渣过程。电流通过电渣池产生大量电阻热，使钢筋端部继续熔化，待熔化到一定程度，切断电源，同时迅速进行顶压。完成后应持续几秒方可松开操作杆，以免接头偏斜。

（2）自动电渣压力焊。宜采用钢丝圈引弧法，钢丝圈高 10～12mm。焊接的引弧、电弧、电渣与顶压过程由凸轮自动控制。

二、焊接参数

电渣压力焊的焊接参数主要包括焊接电压、焊接电流和焊接通电时间等，见表 8-4。

电渣压力焊的焊接参数 表 8-4

钢筋直径 (mm)	焊接电流 (A)	焊接电压（V）		焊接通电时间（s）	
		电弧过程 $U_{2.1}$	电渣过程 $U_{2.2}$	电弧过程 t_1	电渣过程 t_2
14	200～220			12	3
16	150～200			14	4
18	150～300			15	5
20	300～350			17	5
22	350～400	35～45	22～27	18	6
25	400～450			21	5
28	500～550			24	6
32	600～650			27	7
36	700～750			30	8
40	850～900			33	9

三、焊接质量检验和焊接缺陷及其消除措施

质量检验同闪光对焊。钢筋电渣压力焊接头焊接缺陷及其消除措施，见表 8-5。

钢筋电渣压力焊接头焊接缺陷及其消除措施 表 8-5

项次	焊接缺陷	消除措施
1	偏心	1. 把钢筋端矫直； 2. 上钢筋安放正直； 3. 顶压用力适当； 4. 及时修理夹具
2	弯折	1. 把钢筋端部矫直； 2. 钢筋安放正直； 3. 适当延迟松开机（夹）具的时间
3	咬边	1. 适当调小焊接电流； 2. 适当缩短焊接通电时间； 3. 及时停机； 4. 适当加大顶压量

项次	焊接缺陷	消除措施
4	未熔合	1. 提高钢筋下送速度； 2. 延迟断电时间； 3. 检查夹具，使上钢筋均匀下送； 4. 适当增大焊接电流
5	焊包不均	1. 钢筋端部切平； 2. 钢丝圈放置正中； 3. 适当加大熔化量
6	气孔	1. 按规定烘烤焊剂； 2. 把铁锈清除干净
7	烧伤	1. 将钢筋端部彻底除锈； 2. 把钢筋夹紧
8	焊包下流	塞好石棉布

第四节　钢筋气压焊连接

一、钢筋气压焊焊接工艺

（1）焊前对钢筋端部进行处理，钢筋下料时要用砂轮锯，端面用磨光机打磨见新，倒角，端面要平且与钢筋轴线垂直，清除端面附近铁锈、油污、水泥浆等杂物。

（2）焊接工艺

1）预压：钢筋卡好后，使端面紧贴，间隙不超过 3mm。

2）加热：端面间隙完全闭合前用强碳化焰加热，使钢筋内外温度均匀，防止钢筋端面氧化。待端面完全闭合后，改用中性焰加热，目的是提高温度，加快加热速度。

3）压接：当钢筋加热到所需温度时，对钢筋再次加压，接缝处膨鼓至其直径的 1.4～1.6 倍。膨鼓要平稳过渡，不能有明显的凸起和塌陷。

二、焊接参数

（1）加热温度宜在熔点下 100～200℃；对于低碳钢，加热温度可取 1300～1350℃。

（2）火焰功率与性质

1）火焰功率。只要接头不过烧、表面不熔化、火焰稳定，就可采用大功率火焰焊接。氧气的工作压力不大于 0.7N/mm²，乙炔的工作压力为 0.05～0.1N/mm²。

2）焊缝闭合前用强碳化焰，闭合后用中性焰。

（3）只要加热温度适宜，钢筋单位挤压力宜取 30N/mm²。

三、焊接质量检验

质量检验同闪光对焊。焊接缺陷及其消除措施，见表 8-6。

气压焊接头焊接缺陷及其消除措施　　　　表 8-6

项次	焊接缺陷	产生原因	消除措施
1	轴线偏移（偏心）	1. 焊接夹具变形，两夹头不同心，或夹头刚度不够； 2. 两钢筋安装不正； 3. 钢筋接合端面倾斜； 4. 钢筋未夹紧即进行焊接	1. 检查夹具，及时修理或更换； 2. 钢筋重新安装正直； 3. 切平钢筋端面； 4. 夹紧钢筋再焊
2	弯折	1. 焊接夹具变形，两夹头不同心； 2. 焊接夹具拆卸过早	1. 检查夹具，及时修理或更换； 2. 熄火后半分钟再拆
3	镦粗直径不够	1. 焊接夹具动夹头有效行程不够； 2. 顶压油缸有效行程不够； 3. 加热温度不够； 4. 压力不够	1. 检查夹具和顶压油缸，必要时更换； 2. 采用适宜的加热温度及压力
4	镦粗长度不够	1. 加热幅度不够大； 2. 顶压力过大，加压过急	1. 增大加热幅度； 2. 加压时应平稳

续表

项次	焊接缺陷	产 生 原 因	消 除 措 施
5	压焊面偏移	1. 焊缝两侧加热温度不均； 2. 焊缝两侧加热长度不等	1. 同径钢筋焊接时两侧加热温度和加热长度基本一致； 2. 异径钢筋焊接时，较大直径钢筋加热时间稍长
6	钢筋表面严重烧伤	1. 火焰功率过大； 2. 加热时间过长； 3. 加热器摆动不均	调整加热火焰，正确掌握操作方法
7	未焊合	1. 加热温度不够或热量分布不均； 2. 顶压力过小； 3. 接合端面不干净； 4. 端面氧化； 5. 中途灭火或火焰不当	合理选择焊接参数，正确掌握操作方法

第五节　钢筋电阻点焊连接

一、电阻点焊焊接工艺

点焊过程可分为预压、通电、锻压三个阶段，如图 8-5 所示。在通电开始后的一段时间内，接触点扩大，固态金属因加热膨胀，在焊接压力作用下，焊接处金属产生塑性变形，并挤向工件间隙缝中；继续加热后，开始出现熔化点，在逐渐扩大成所要求的核心尺寸时切断电流。

点焊的压入深度，应符合下列要求。

（1）热轧钢筋点焊时，压入深度为较细钢筋直径的 25% ~ 45%。

（2）冷拔光圆钢丝、冷轧带肋钢筋点焊时，压入深度应为较细钢筋直径的 25% ~ 40%。

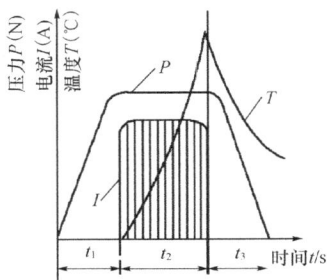

图 8-5　点焊过程示意图

t_1—预压时间；t_2—通电时间；t_3—锻压时间

二、电阻点焊参数

当焊接不同直径的钢筋时，焊接网的纵向钢筋与横向钢筋的直径应符合下式要求：

$$d_{\min} \geqslant 0.6 d_{\max}$$

电阻点焊应根据钢筋级别、直径及焊机性能等，合理选择变压器级数、焊接通电时间和电极压力。在焊接过程中应保持一定的预压时间和锻压时间。

采用 DN_3-75 型点焊机焊接 HPB300 级钢筋和冷拔光圆钢丝时，焊接通电时间和电极压力分别见表 8-7 和表 8-8。

采用 DN_3-75 型点焊机焊接通电时间（单位：s）　　表 8-7

变压器级数	HPB300 较小钢筋直径（mm）							
	3	4	5	6	8	10	12	14
1	0.08	0.10	0.12	—	—	—	—	—
2	0.05	0.06	0.07	—	—	—	—	—
3	—	—	—	0.22	0.70	1.50	—	—
4	—	—	—	0.20	0.60	1.25	2.50	4.00
5	—	—	—	—	0.50	1.00	2.00	3.50
6	—	—	—	—	0.40	0.75	1.50	3.00
7	—	—	—	—	—	0.50	1.20	2.50

注：点焊 HRB335 级钢筋或冷轧带肋钢筋时，焊接通电时间可延长 20%～25%。

采用 DN₃-75 型点焊机电极压力 表 8-8

较小钢筋直径 （mm）	点焊 HPB300 级钢筋、 冷拔光圆钢筋时的电极压力 （N）	点焊 HRB335 级钢筋、 冷轧带肋钢筋时的电极压力 （N）
3	980～1470	—
4	980～1470	1470～1960
5	1470～1960	1960～2450
6	1960～2450	2450～2940
8	2450～2940	2940～3430
10	2940～3920	3430～3920
12	3430～4410	4410～4900
14	3920～4900	4900～5880

钢筋点焊工艺根据焊接电流大小和通电时间长短，可分为强参数工艺和弱参数工艺。强参数工艺电流强度较大（120～360A/mm²），而通电时间很短（0.1～0.5s），这种工艺的经济效果好，但点焊机的功率要大。弱参数工艺的电流强度较小（80～160A/mm²），而通电时间较长（>0.5s）。点焊热轧钢筋时，除因钢筋直径较大而焊机功率不足需采用弱参数工艺外，一般都可采用强参数工艺，以提高点焊效率。点焊冷处理钢筋时，为了保证点焊质量，必须采用强参数工艺。

三、电阻点焊缺陷及其消除措施

钢筋点焊生产过程中，应随时检查制品的外观质量，当发现焊接缺陷时，应参照表 8-9 查找原因，并采取措施及时消除。

点焊焊接缺陷及其消除措施 表 8-9

项次	缺陷种类	产生原因	消除措施
1	焊点过烧	1. 变压器级数过高； 2. 通电时间太长； 3. 上下电极不对中心； 4. 继电器接触失灵	1. 降低变压器级数； 2. 缩短通电时间； 3. 切断电源、校正电极； 4. 调节间隙、清理触点

续表

项次	缺陷种类	产　生　原　因	消　除　措　施
2	焊点脱落	1. 电流过小； 2. 压力不够； 3. 压入深度不足； 4. 通电时间太短	1. 提高变压器级数； 2. 加大弹簧压力或调大气压； 3. 调整两电极间距离，使其符合压入度要求； 4. 延长通电时间
3	表面烧伤	1. 钢筋和电极接触表面太脏； 2. 焊接时没有预压过程或预压力过小； 3. 电流过大； 4. 电极变形	1. 清刷电极与钢筋表面的铁锈和油污； 2. 保证预压过程和适当的预压压力； 3. 降低变压器级数； 4. 修理或更换电极

第六节　钢筋埋弧压力焊连接

一、埋弧压力焊焊接工艺

施焊前，钢筋钢板应清洁，必要时除锈，以保证台面与钢板、钳口与钢筋接触良好，不致起弧。钢筋埋弧压力焊分为手工和自动两种形式。

（1）采用手工埋弧压力焊时，接通焊接电源后，立即将钢筋上提2.5～4.0mm，引燃电弧。随后根据钢筋直径大小，适当延时，或者继续缓慢提升3～4mm，再渐渐下送，使钢筋端部和钢板熔化，待达到一定时间后，迅速顶压。

（2）采用自动埋弧压力焊时，在引弧之后，根据钢筋直径大小，延续一定时间进行熔化，随后及时顶压。

二、焊接参数

埋弧压力焊的焊接参数包括引弧提升高度、电弧电压、焊接电流、焊接通电时间等。当采用500型焊接变压器时，焊接参数应符合表 8-10 的规定；当采用 1000 型焊接变压器时，也可选用大电流、短时间的强参数焊接法。

埋弧压力焊焊接参数 表 8-10

钢筋级别	钢筋直径（mm）	引弧提升高度（mm）	电弧电压（V）	焊接电流（A）	焊接通电时间（s）
HPB300	6	2.5	30~35	400~450	2
	8	2.5	30~35	500~600	3
HRB335	10	2.5	30~35	500~650	5
	12	3.0	30~35	500~650	8
	14	3.5	30~35	500~650	15
	16	3.5	30~40	500~650	22
	18	3.5	30~40	500~650	30
	20	3.5	30~40	500~650	33
	22	4.0	30~40	500~650	36
	25	4.0	30~40	500~650	40

三、焊接缺陷及其消除措施

当发现焊接缺陷时，宜按表 8-11 采取措施，及时消除。

预埋件钢筋埋弧压力焊接头焊接缺陷及其消除措施 表 8-11

项次	焊接缺陷	消除措施
1	钢筋咬边	1. 减小焊接电流或缩短焊接时间； 2. 增大压入量
2	气孔	1. 烘焙焊剂； 2. 消除钢板和钢筋上的铁锈、油污
3	夹渣	1. 消除焊剂中熔渣等杂物； 2. 避免过早切断焊接电流； 3. 加快顶压速度
4	未焊合	1. 增大焊接电流，增加焊接通电时间； 2. 适当加大顶压力

续表

项次	焊 接 缺 陷	消 除 措 施
5	焊包不均匀	1. 保证焊接地线接触良好； 2. 使焊接处对称导电
6	钢板焊穿	1. 减小焊接电流或减少焊接通电时间； 2. 避免钢板局部悬空
7	钢筋淬硬脆断	1. 减小焊接电流，延长焊接时间； 2. 检查钢筋化学成分
8	钢板凹陷	1. 减小焊接电流，延长焊接时间； 2. 减小顶压力，减小压入量

四、埋弧压力焊接头质量检验

（1）取样数量。预埋件钢筋 T 形接头的外观检查，应从同一台班内完成的同一类型预埋件中抽查 10%，且不得少于 10 件。

当进行力学性能试验时，应以 300 件同类型预埋件作为一个验收批。一周内连续焊接时，可累计计算。当不足 300 件时，也应按一个验收批计算。应从每批预埋件中随机切取 3 个试件进行拉伸试验。

图 8-6　预埋件 T 形接头拉伸试件
1—钢板；2—钢筋

试件的尺寸如图 8-6 所示。如果从成品中切取的试件尺寸过小，不能满足试验要求，可按生产条件制作模拟试件。

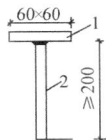

（2）外观检查。埋弧压力焊接头外观检查结果，应符合下列要求。

1）四周焊包凸出钢筋表面的高度不应小于 4mm。

2）钢筋咬边深度不得超过 0.5mm。

3）与钳口接触处钢筋表面应无明显烧伤。

4）钢板应无焊穿，根部应无凹陷现象。

5）钢筋相对钢板的直角偏差不得大于 4°。

6）钢筋间距偏差不应大于 10mm。

（3）拉伸试验。预埋件 T 形接头 3 个试件拉伸试验结果，其抗拉强度应符合下列要求。

1）HPB300 级钢筋接头，均不得小于 $350N/mm^2$。

2）HRB335 级钢筋接头，均不得小于 $490N/mm^2$。

当试验结果中有 1 个试件的抗拉强度小于规定值时，应再取 6 个试件进行复验。复验结果中，当仍有 1 个试件的抗拉强度小于规定值时，应确认该批接头为不合格品。对于不合格品进行补强焊接后，可提交二次验收。

第九章 钢筋绑扎安装操作技能

第一节 钢筋绑扎操作工艺要点

一、钢筋绑扎的准备工作

在混凝土工程中，模板安装、钢筋绑扎与混凝土浇筑是立体交叉作业的，为了保证质量、提高效率、缩短工期，必须在钢筋绑扎安装前认真做好以下准备工作。

1. 图纸、资料的准备

（1）熟悉施工图。施工图是钢筋绑扎安装的依据。熟悉施工图的目的是弄清各个编号钢筋形状、标高、细部尺寸、安装部位，钢筋的相互关系，确定各类结构钢筋正确合理的绑扎顺序。同时，若发现施工图有错漏或不明确的地方，应及时与有关部门联系解决。

（2）核对配料单及料牌。依据施工图，结合标准对接头位置、数量、间距的要求，核对配料单及料牌是否正确，校核已加工好的钢筋的品种、规格、形状、尺寸及数量是否合乎配料单的规定，有无错配、漏配。

（3）确定施工方法。根据施工组织设计中对钢筋安装时间和进度的要求，研究确定相应的施工方法。

2. 工具、材料的准备

（1）工具准备。备好扳手、钢丝、小撬棍、马架、钢筋钩、画线尺、垫块或塑料定位卡、撑铁（骨架绑扎架见图 9-1）等常用工具。

（2）了解现场施工条件，包括运输路线是否畅通，材料堆放地点是否安排得合理等。

（3）检查钢筋的锈蚀情况，确定是否除锈和采用哪种除锈方

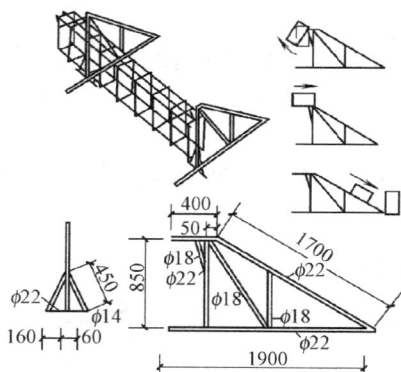

图 9-1　坡式骨架绑扎架

法等。

3. 现场施工的准备

（1）施工图放样。按施工图的钢筋安装部位绘出若干样图，样图经校核无误后，才可作为钢筋绑扎的依据。

（2）钢筋位置放线。若梁、板、柱类型较多，为避免出现混乱和差错，还应在模板上标示各种型号构件的钢筋规格、形状和数量。为使钢筋绑扎正确，一般先在结构模板上用粉笔按施工图标明的间距画线，作为摆料的依据。通常平板或墙板钢筋在模板上画线，柱箍筋在两根对角线主筋上标点，梁箍筋在架立钢筋上标点，基础的钢筋则在固定架上画线或在两向各取的一根钢筋上标点。钢筋接头按位置、数量的要求在模板上画出。

（3）做好自检、互检及交接检工作。在钢筋绑扎安装前，应会同施工人员及木工、水电安装工等有关人员，共同检查模板尺寸、标高，确定管线、水电设备等的预埋和预留工作。

4. 混凝土施工过程中的注意事项

（1）在混凝土浇筑过程中，混凝土的运输应有自己独立的通道。运输混凝土不能损坏成品钢筋骨架，应在混凝土浇筑时派钢筋工现场值班，及时修整移动的钢筋或扎好松动的绑扎点。

（2）混凝土施工缝不应随意留置，其位置应事先在施工技术方案中确定，应尽可能留置在受剪力较小的部位，并且要便于施工。钢筋工应在混凝土再次浇筑前，认真调整混凝土施工缝部位的钢筋。

二、钢筋绑扎操作方法和工艺要点

1. 钢筋绑扎的操作方法

钢筋绑扎是借助钢筋钩用钢丝把各种单根钢筋绑扎成整体网片或骨架。

（1）一面顺扣绑扎法。这是最常用的方法，具体操作如图 9-2 所示。绑扎时先将钢丝扣穿套钢筋交叉点，接着用钢筋钩钩住钢丝弯成圆圈的一端，旋转钢筋钩，一般旋 1.5～2.5 转即可。扣要短，才能少转快扎。这种方法操作简便，绑点牢靠，适用于钢筋网、钢筋骨架各个部位的绑扎。

图 9-2　钢筋一面顺扣绑扎法

（2）其他操作法。钢筋绑扎除一面顺扣绑扎法之外，还有十字花扣、反十字花扣、兜扣、缠扣、兜扣加缠、套扣等方法。这些方法主要根据绑扎部位的实际需要进行选择，其形式如图 9-3 所示。

十字花扣、兜扣适用于平板钢筋网和箍筋的绑扎；缠扣主要用于墙钢筋和柱箍筋的绑扎；反十字花扣、兜扣加缠适用于梁骨架箍筋与主筋的绑扎；套扣适用于梁的架立钢筋和箍筋的绑扎。

（3）钢筋绑扎用的钢丝。钢筋绑扎用的钢丝主要规格为20～22 号的镀锌钢丝或火烧丝。22 号钢丝宜用于绑扎直径 12mm 以下的钢筋；绑扎直径 12～25mm 钢筋时，宜用 20 号钢丝。

2. 钢筋现场模内绑扎顺序

钢筋现场模内绑扎的一般顺序为画线→摆筋→穿筋→绑扎→

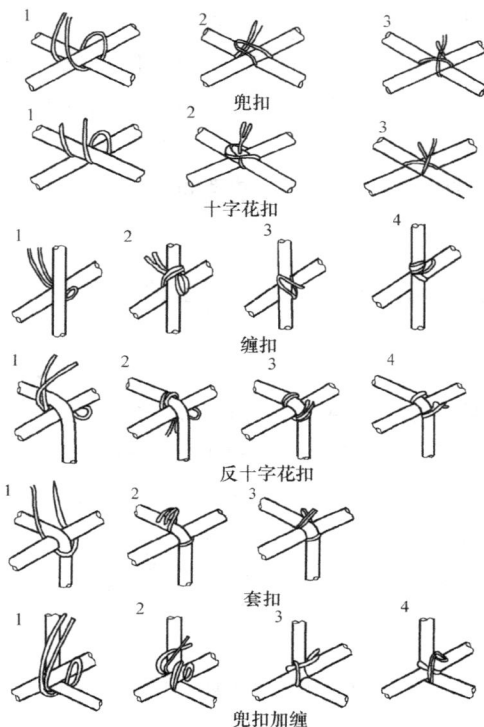

兜扣

十字花扣

缠扣

反十字花扣

套扣

兜扣加缠

图 9-3　钢筋绑扎方法

安放垫块等。

3. 钢筋绑扎的操作要点

（1）画线时应画出主筋的间距及数量，并标明箍筋的加密位置。

（2）板类钢筋应先排主筋后排连系钢筋，梁类钢筋一般先摆纵筋然后摆横筋。摆筋时应注意按规定将受力钢筋的接头错开。

（3）受力钢筋接头在连接区段（$35d$，d 为钢筋直径且不小于 500mm）内，有接头的受力钢筋截面面积占受力钢筋总截面面积的百分率应符合相关规范的规定。

（4）箍筋的转角与其他钢筋的交叉点均应绑扎，但箍筋的平直部分与钢筋的交叉点可呈梅花式交错绑扎。箍筋的弯钩叠合处应错开绑扎，应交错绑扎在不同的钢筋上。

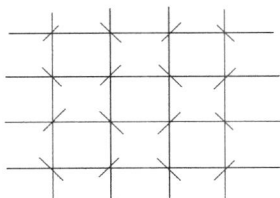

图 9-4　绑扎钢筋网片

（5）绑扎钢筋网片（图 9-4）采用一面顺扣绑扎法。相邻两个绑点应呈八字形，不要互相平行，以防骨架歪斜变形。

（6）预制钢筋骨架绑扎时，要注意保持外形尺寸正确，避免入模安装困难。

（7）在保证质量、提高工效、减轻劳动强度的原则下，研究加工方案，方案应分清预制部分和模内绑扎部分，以及两者相互的衔接，避免后续工序施工困难，甚至造成返工。

4. 钢筋绑扎检查

钢筋绑扎安装完毕，应按以下内容进行检查。

（1）对照设计图纸检查钢筋的规格、直径、根数、间距、位置是否正确，应特别注意钢筋的位置。

（2）检查钢筋的接头位置和搭接长度是否符合相关规范的规定。

（3）检查混凝土保护层的厚度是否符合相关规范的规定。

（4）检查钢筋是否绑扎牢固，有无松动变形现象。

（5）钢筋表面是否有油渍、漆污和片状铁锈。

（6）安装钢筋的允许偏差是否符合质量验收规范的要求。

第二节　基础钢筋绑扎操作

一、独立柱基础钢筋绑扎

独立柱基础钢筋绑扎（图 9-5）顺序：①基础钢筋网片→②插筋→③柱受力钢筋→④柱箍筋。

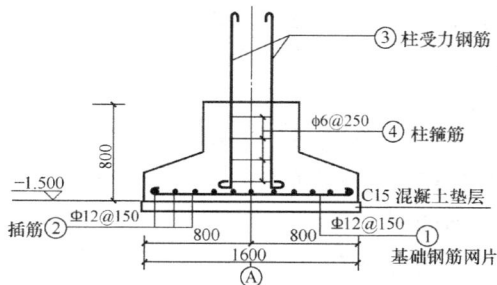

图 9-5　现浇独立柱基础钢筋绑扎

（1）独立柱基础钢筋为双向弯曲钢筋，其底面短向与长向钢筋的布置，应按设计图纸要求进行。

（2）钢筋网片绑扎时，要将钢筋的弯钩朝上，不要倒向一边。绑扎时，应先绑扎底面钢筋的两端，以便固定底面钢筋的位置。

（3）在柱钢筋与插筋绑扎接头时，绑扣要向里，便于箍筋向上移动。

（4）在绑扎柱钢筋时，其纵向筋应使弯钩朝向柱中心。

（5）箍筋弯钩叠合处需错开。

（6）插筋需用木条井字架固定在外模板上。

（7）现浇柱与基础连接用的插筋应比柱的箍筋缩小一个柱主筋直径，以便连接。

二、条形基础钢筋绑扎

条形基础钢筋绑扎顺序：绑扎底板钢筋网片→绑扎条形基础钢筋骨架。

（1）条形基础钢筋一般在支模前进行就地绑扎，借助绑扎架支起上下纵筋和弯起钢筋。

（2）套入箍筋后，放下部纵筋。

（3）箍筋按画线标记的间距就位。

（4）将上下纵筋及弯起钢筋排列均匀，进行绑扎。

（5）绑扎成型后抽出绑扎架，将骨架放在底板钢筋上并进行绑扎。

三、箱形基础（地下室）钢筋绑扎

绑扎箱形基础（地下室）钢筋前，应将检查核对好的成型钢筋运至地下底板上，应分部位、按规格型号堆放。

箱形基础（地下室）钢筋绑扎顺序：运钢筋→绑扎基础梁钢筋→绑扎底板钢筋→绑扎墙钢筋→绑扎顶板钢筋。

1. 基础梁钢筋绑扎

基础梁钢筋绑扎顺序：将梁架立筋两端架在骨架绑扎架上→画箍筋间距→绑扎箍筋→穿梁下层纵向受力主筋→下层主筋与箍筋绑牢→抽出骨架绑扎架，骨架落在梁位置线上→安放垫块。

（1）箍筋弯钩的叠合处应交错绑扎。

（2）如果纵向钢筋采用双排，两排钢筋之间应垫以直径25mm的短钢筋。

2. 地下室底板钢筋绑扎

底板钢筋绑扎顺序：画底板钢筋间距→摆放下层钢筋→绑扎下层钢筋→摆放钢筋马凳（钢筋支架）→绑扎上层纵横两个方向定位钢筋→画其余钢筋间距→穿设钢筋→绑扎→安放垫块。

（1）按图纸标明的钢筋间距，算出底板实际需用的钢筋根数，一般让靠近底板模板边的那根钢筋离模板边为50mm，在底板上弹出钢筋位置线（包括基础梁钢筋位置线）和墙、柱插筋位置线。

（2）先铺底板下层钢筋。根据设计和规范要求，决定下层钢筋哪个方向的钢筋放在下面，一般情况下先铺短向钢筋，再铺长向钢筋。如果底板有集水坑、设备基坑，在铺底板下层钢筋前，先铺集水坑、设备基坑的下层钢筋。

（3）钢筋绑扎时，单向板靠近外围两行的相交点每点都绑扎，中间部分的相交点可相隔交错绑扎，双向受力的钢筋必须将钢筋交叉点全部绑扎。如采用一面顺扣绑扎法，应交错变换方向，也可采用八字扣，但必须保证钢筋不产生位移。

（4）检查底板下层钢筋施工合格后，放置底板混凝土保护层用砂浆垫块，垫块厚度等于保护层厚度，按每 1m 左右距离呈梅花形摆放。如基础底板较厚或基础梁及底板用钢量较大，摆放距离可缩小。

（5）底板如有基础梁，可事先预制或现场就地绑扎，对于短的基础梁、门洞口下地梁，可采用事先预制，施工时吊装就位即可。对于长的、大的基础梁，则采用现场绑扎。

（6）基础底板采用双层钢筋时，绑完下层钢筋后，搭设钢管支撑架（绑基础梁），摆放钢筋马凳（以间距 1m 左右一个为宜），在马凳上摆放纵横两个方向定位钢筋，钢筋上下次序及绑扣方法同底板下层钢筋。

（7）底板钢筋如有绑扎接头，钢筋搭接长度及搭接位置应错开，钢筋搭接处应用钢丝在中心及两端扎牢。如采用焊接接头或机械连接接头，除应按焊接或机械连接规程规定抽取试样外，接头位置和错开要求也应按设计及规范要求施工。

（8）由于基础底板及基础梁受力的特殊性，上下层钢筋断筋位置应符合设计和规范要求。

（9）根据在防水保护层上弹好的墙、柱插筋位置线和底板上网固定的定位框，将墙、柱伸入基础的插筋绑扎牢固，并在主筋上（底板上约 500mm）绑一道固定筋，墙插筋两边距暗柱50mm，插入基础深度要符合设计和规范锚固长度的要求，甩出长度和甩头错开百分比及错开长度应按设计及规范要求施工。其上端应采取措施保证甩筋垂直，不歪斜、倾倒、变位，同时要考虑搭接长度、相邻钢筋错开距离。

3. 地下室墙筋绑扎

（1）在底板混凝土上弹出钢筋位置线、模板控制线、墙身及门窗洞口位置线，再次校正甩槎立筋，如有较大位移，按设计洽商要求认真处理。

（2）钢筋绑扎时如有暗柱，先绑扎暗柱（可以设暗柱皮数杆绑扎箍筋）和门口过梁钢筋，再安装预制的竖向梯子筋（梯子筋如代替墙体竖向钢筋，应大于墙体竖向钢筋一个规格，梯子筋上、中、下三道控制墙厚度的横档钢筋的长度比墙厚小 2mm，端头用无齿锯锯平后刷防锈漆，根据不同墙厚画出梯子筋一览表），一道墙一般设置 2 个或 3 个为宜，在顶部再绑水平梯子筋（根据不同墙厚度画出一览表），然后绑扎墙体竖向钢筋。第一根水平筋距地面 50mm。

（3）墙筋为双向受力钢筋，所有钢筋交叉点应逐点绑扎，其搭接长度及位置要符合设计及规范要求。

（4）双排钢筋之间应按间距绑扎支撑或拉筋，以固定双排钢筋的骨架间距。支撑可用 $\phi10\sim\phi14$ 钢筋制作，拉筋可用 $\phi6$ 或 $\phi8$ 钢筋制作，间距为 1m 左右，呈梅花形布置。

（5）在墙筋外侧应绑上带有钢丝的砂浆垫块或塑料卡，以保证保护层的厚度。注意：钢筋保护层垫块不要绑在钢筋十字交叉点上。

（6）为保证门窗洞口标高位置正确，在洞口竖筋上画出标高线。门窗洞口要按设计和规范要求绑扎过梁钢筋，锚入墙内的长度要符合设计及规范要求。过梁箍筋两端各进入暗柱一个，第一个过梁箍筋距暗柱边 50mm，顶层时过梁入支座全部锚固长度范围内均要加设箍筋，间距为 150mm。

（7）各连接点的抗震构造钢筋及其锚固长度，均应按设计要求进行绑扎，如首层柱的纵向受力筋伸入地下室墙体的深度，墙端部、内外墙交接处的受力筋锚固长度等，要特别注意设计图纸要求。

（8）配合其他工种安装预埋管件、预留洞等，其位置、标高均应符合设计要求。

4. 地下室顶板钢筋绑扎

（1）根据图纸设计的间距，在顶板模板上弹出钢筋位置线，一般让靠近模板边的那根钢筋距离板边 50mm。

（2）按画好的间距，先摆受力主筋，再放分布筋。预埋件、电线管、预留孔等及时配合安装。

（3）安置马凳和垫块，绑扎顶板负弯矩钢筋。

（4）安放水平定距框，调整墙、柱预留钢筋的位置。

（5）如果顶板为双层钢筋，下层钢筋绑扎完成后，放置马凳垫块，铺设上层下部钢筋，再铺设上层上部钢筋，绑扎上层钢筋，最后安放水平定距框，以调整墙、柱预留钢筋的位置。

（6）钢筋搭接长度、位置应符合规范要求。

（7）除外围两根筋的交叉点需全部绑扎外，其余各点可交错绑扎（双向板相交点须全部绑扎）。如板为双层钢筋，两层钢筋之间须加钢筋马凳，以确保上部钢筋的位置正确。

（8）绑扎负弯矩钢筋时，每个扣均要绑扎。

四、钢筋混凝土桩钢筋笼的制作

（1）钢筋笼结构。一般情况下，钢筋笼由主筋、箍筋和螺旋筋组成，主筋高出最上面一道箍筋，以便锚入承台，如图 9-6 所示。

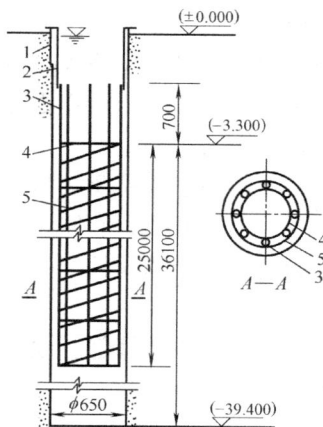

图 9-6 桩身钢筋笼配筋图

1—护筒；2—吊筋；3—主筋；4—箍筋；5—螺旋筋

（2）钢筋笼制作要求

1）钢筋笼所用钢筋的规格、材质、尺寸应符合设计要求，钢筋笼的制作偏差应符合规范规定。

2）钢筋笼的直径除应符合设计要求外，还应符合下列规定。

① 用导管灌注水下混凝土的桩，其钢筋笼内径应比导管连接处的钢筋笼外径大 100mm 以上，钢筋笼的外径应比钻孔直径小 100mm 左右。

② 沉管灌注桩，其钢筋笼外径应比钢管内径小 60～80mm。

3）分段制作的钢筋笼，其长度以小于 10m 为宜。

（3）钢筋笼制作方法

1）在钢筋圈制作台上制作钢筋圈（箍筋）并按要求焊接。

2）钢筋笼成型可用三种方法。

① 木卡板成型法。用 2～3cm 厚木板制成两块半圆卡板。按主筋位置，在卡板边缘凿出支托主钢筋的凹槽，槽深等于主筋直径的一半。制作钢筋笼时，每隔 3m 左右放一螺旋筋或箍筋套入，并用钢丝将其与主筋绑扎牢固。然后，松开卡板与主筋的绑绳，卸去卡板，随即将主筋同螺旋筋或箍筋点焊，一般螺旋筋与主筋之间要求每一螺距内的焊点数不少于一个，相邻两焊点平面投影圆心角尽量接近 90°，以保证钢筋笼的刚度，卡板构造如图 9-7 所示。

② 板架成型法。支架分为固定部分和活动部分，如图 9-8 所示。

图 9-7　卡板

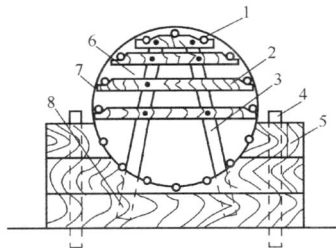

图 9-8　木支架

1—主筋；2—横木条；3—斜木条；4—支柱；
5—固定支架；6—铁钉；7—箍筋；8—螺栓

上下两个半圆支架连在一起，构成一个圆形支架，按钢筋笼长度，每隔 2m 设置一个支架，各支架应互相平行，圆心位于同一水平线上。

制作时，把主筋逐根放入凹槽，然后将箍筋按设计位置放于骨架主筋外围，与主筋点焊连接后，将活动支架和固定支架之间的连接螺栓拆除，从钢筋笼两端抽出活动支架，即可取下整个钢筋笼，然后再绕焊螺旋筋。

③ 钢管支架成型法如图 9-9 所示。

a. 根据箍筋间隔和位置将钢筋支架和平杆放正、放平、放稳，在每圈箍筋上标出与主筋的焊接位置。

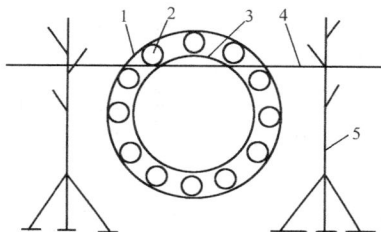

图 9-9 钢管支架成型法示意图
1—箍筋；2—主筋；3—螺旋筋；
4—平杆；5—钢管支架

b. 按设计间距在平杆上放置两根主筋。

c. 按设计间距绑焊箍筋，并注意与主筋垂直。

d. 按箍筋上的标记点焊接固定其余主筋。

e. 按规定螺距套入螺旋筋，绑焊牢固。

（4）钢筋笼保护层。钢筋笼的保护层厚度以设计为准，设计未做规定，可定为 50~70mm。

下放钢筋笼时，需确保钢筋笼中心与成孔中心重合，使钢筋笼四周保护层均匀一致，钢筋笼保护层的设置方法有以下几种。

1）绑扎混凝土预制垫块。混凝土预制垫块尺寸为 15cm×20cm×8cm，垫块内应埋设钢丝，如图 9-10 所示。

2）焊接钢筋混凝土预制垫块，形状同图 9-10，不同的是在十字槽底部埋设一根直径 6～8mm 的钢筋，以便能焊接在主筋或箍筋上。

3）焊接钢筋"耳朵"（图 9-11）。钢筋"耳朵"用直径不小于 10mm 的钢筋弯制而成，长度不小于 15cm，高度不小于 8cm，焊接在钢筋笼主筋外侧。

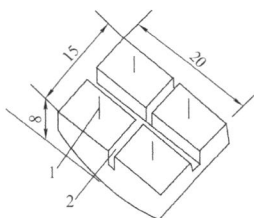

图 9-10　混凝土预制垫块
1—预埋钢丝；2—纵槽

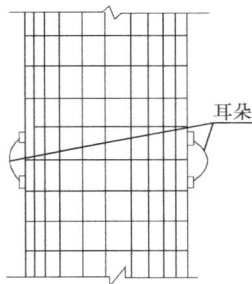

图 9-11　钢筋"耳朵"

第三节　现浇框架结构钢筋绑扎操作

一、柱子钢筋绑扎

（1）套柱箍筋。按图纸要求间距，计算好每根柱子箍筋数量（注意抗震加密和绑扎接头加密），先将箍筋套在下层伸出的搭接筋上，然后立柱子钢筋，在搭接长度内，绑扣不少于 3 个，绑扣要朝向柱中心。如果柱子主筋采用光圆钢筋搭接，角部弯钩应与模板呈 45°角，中间钢筋的弯钩应与模板呈 90°角。

（2）搭接绑扎竖向受力筋。柱子主筋立起之后，绑扎接头的搭接长度应符合规范要求。

（3）画箍筋间距线。在立好的柱子竖向钢筋上，按图纸要求用粉笔画箍筋间距线（或使用皮数杆控制箍筋间距）；并注意抗震加密、接头加密、机械连接时尽量避开连接套筒。

（4）柱箍筋绑扎。按已画好的箍筋位置线，将已套好的箍筋往上移动，由上而下绑扎，宜采用缠扣绑扎，如图 9-12 所示。

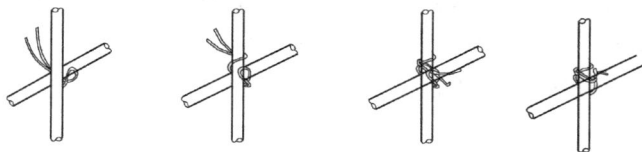

图 9-12　箍筋缠扣绑扎

箍筋与主筋要垂直和密贴，箍筋转角处与主筋的相交点均要绑扎，主筋与箍筋非转角部分的相交点呈梅花形交错绑扎。

箍筋的弯钩叠合处应沿柱子竖筋交错布置，并绑扎牢固，如图 9-13 所示。

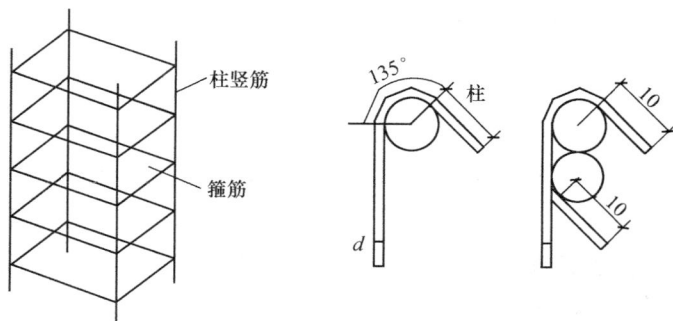

图 9-13　箍筋的弯钩叠合处应沿柱子竖筋交错布置

有抗震要求的地区，柱箍筋端头弯成 $135°$，平直部分长度不小于 $10d$（d 为箍筋直径）。如箍筋采用 $90°$ 搭接，搭接处应焊接，单面焊缝长度不小于 $10d$。

柱基、柱顶和核心区（梁、柱交接处）箍筋应加密，加密区长度及加密区内箍筋间距应符合设计图纸和抗震规范的要求。如设计要求箍筋设拉筋，拉筋应钩住箍筋，如图 9-14 所示。

凡绑扎接头，接头长度内箍筋应按 $5d$；不大于 100mm（受

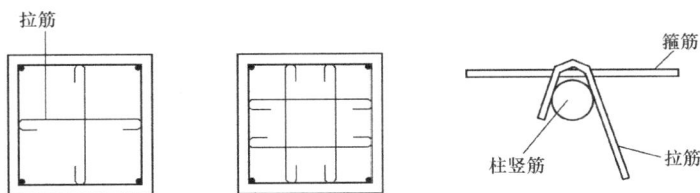

图 9-14 拉筋钩住箍筋连接

拉），10d；不大于 200mm（受压），加密。当受压钢筋直径大于 25mm 时，应在搭接接头外 100mm 范围内各绑扎两道箍筋。

柱子钢筋保护层厚度应符合设计及规范要求，主筋外保护层厚度一般为 25mm，箍筋外保护层厚度一般为 15mm，垫块应绑扎在柱筋外皮上（或用塑料卡卡在外竖筋上），注意避开十字交叉处，间距一般为 1000mm，以保证主筋保护层厚度的准确。当柱子截面尺寸变化时，柱子钢筋应在板内弯曲或在下层搭接错位，弯后的尺寸要符合设计和规范的要求。

为控制柱子竖向主筋的位置，一般在柱子的中部、上部以及预留筋的上口设置三个定位箍筋（定位箍筋用高于柱子箍筋一个级别的钢筋焊制，呈井字形，顶在模板内，比柱断面小 2mm）。

（5）下层柱的钢筋露出楼面部分，宜用工具式柱箍将其收进一个柱筋直径，以利于上层柱的钢筋搭接。当柱截面有变化时，其下层柱钢筋的露出部分，必须在绑扎梁的钢筋之前，先行收缩准确。

（6）框架梁、牛腿及柱帽等钢筋，应放在柱的纵向钢筋内侧。

（7）柱钢筋的绑扎，应在模板安装前进行。

二、钢筋混凝土过梁钢筋绑扎

图 9-15 为钢筋混凝土过梁配筋图，绑扎顺序为支设绑扎架→画钢筋间距点→绑扎成型。

（1）在梁侧模板上画出箍筋间距，摆放箍筋。

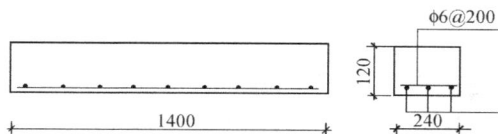

图 9-15　过梁配筋图

（2）先穿主梁的下部纵向受力钢筋及弯起钢筋，将箍筋按已画好的间距逐个分开；穿次梁的下部纵向受力钢筋及弯起钢筋，并套好箍筋；放主、次梁的架立筋；隔一定间距将架立筋与箍筋绑扎牢固；调整箍筋间距，使间距符合设计和规范的要求，绑扎架立筋，再绑扎主筋，主、次梁同时配合进行。

（3）框架梁上部纵向钢筋应贯穿中间节点，梁下部纵向钢筋伸入中间节点锚固长度及伸过中心线的长度要符合设计和规范的要求。

（4）绑扎梁上部纵向钢筋的箍筋，宜用套扣法，如图 9-16 所示。

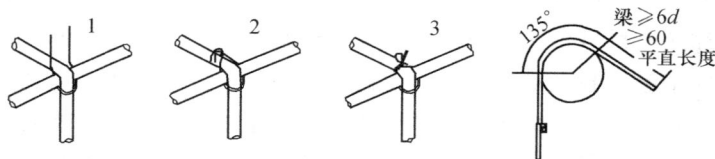

图 9-16　套扣绑扎

（5）箍筋在叠合处的弯钩，在梁中应交错绑扎，箍筋弯钩为 135°，平直部分长度为 $10d$，如做成封闭箍，单面焊缝长度为 $10d$。

（6）梁端第一个箍筋应设置在距离柱节点边缘 50mm 处。梁端与柱交接处箍筋应加密，其间距与加密区长度均要符合设计及规范的要求。

（7）主、次梁所有接头末端与钢筋弯折处的距离，不得小于钢筋直径的 10 倍。接头不宜位于构件最大弯矩处，受拉区域内

HPB300 钢筋绑扎接头的末端应做弯钩（HPB335 钢筋可不做弯钩），搭接处应在中心和两端扎牢。接头位置应相互错开，当采用绑扎搭接接头时，接头长度、错开百分比、错开长度按设计及规范要求确定。在规定搭接长度的任一区段内有接头的受力钢筋截面面积占受力钢筋总截面面积的百分率，受拉区不大于 25%。

（8）过梁钢筋在马凳式绑扎架上进行，两个绑扎架组成工作架时，应互相平行，如图 9-17 所示。

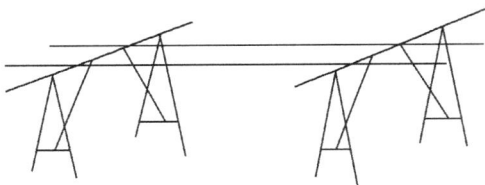

图 9-17　马凳式钢筋绑扎架

三、板钢筋绑扎

现浇板钢筋绑扎顺序：清理模板→模板上画线→绑扎下层钢筋→绑扎上层（负弯矩）钢筋。

（1）清理模板上面的杂物，用粉笔在模板上画好主筋、分布筋间距。

（2）按画好的间距，先摆放受力主筋，后放分布筋。预埋件、电线管、预留孔等及时配合安装。

（3）在现浇板中有板带梁时，应先绑扎板带梁钢筋，再摆放其他钢筋。

（4）绑扎板钢筋时一般用顺扣（图 9-18）或八字扣，除外围两根钢筋的相交点应全部绑扎外，其余各点交错绑扎（双向板相交点需全部绑扎）。如板为双层钢筋，两层钢筋之间必须加钢筋马凳，以确保上层钢筋的位置。负弯矩钢筋每个相交点均要绑扎。

（5）在钢筋的下面垫好砂浆垫块，间距为 1000mm。垫块厚

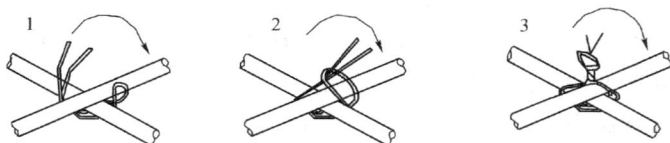

图 9-18　顺扣

度等于保护层厚度，应满足设计及规范的要求，如设计无要求，板的保护层厚度应为 15mm。钢筋搭接长度与搭接位置的要求与前面所述梁相同。

四、梁柱节点钢筋绑扎

（1）梁纵向受力钢筋采用双层排列时，两排钢筋之间应垫以直径不小于 25mm 的短钢筋，以保持其设计距离。

应注意板上部的负筋，要防止被踩下；特别是雨篷、挑檐、阳台等悬臂板，要严格控制负筋位置，以免拆模后断裂。

（2）板、次梁与主梁交叉处，板的钢筋在上，次梁的钢筋居中，主梁的钢筋在下（图 9-19）；当有圈梁或垫梁时，主梁的钢筋在上（图 9-20）。

（3）框架节点处钢筋穿插十分稠密时，应特别注意梁顶面主筋间的净距要有 30mm，以利于浇筑混凝土。

（4）钢筋绑扎时应防止水电管线将钢筋顶起或压下。

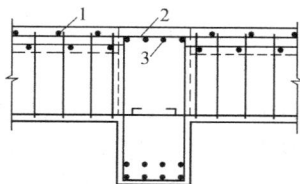
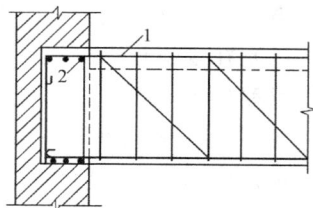

图 9-19　板、次梁与主梁交叉处钢筋
1—板的钢筋；2—次梁钢筋；3—主梁钢筋

图 9-20　主梁与垫梁交叉处钢筋
1—主梁钢筋；2—垫梁钢筋

（5）梁柱节点钢筋绑扎的顺序。支设模板→立下柱钢筋→绑扎下柱箍筋→上下柱钢筋一并绑扎→绑扎上柱箍筋→从柱主筋内侧穿梁的上部钢筋和弯起钢筋→套梁箍筋→穿入梁底部钢筋→绑扎牢固→检查。

（6）施工要点。

1）柱的纵向钢筋弯钩应朝向柱中心。

2）箍筋的接头应交错布置在柱四个角的纵向钢筋上。

3）箍筋转角与纵向钢筋的交叉点均应绑扎牢固。

4）梁的钢筋应放在柱的纵向钢筋的内侧。

5）柱、梁箍筋在弯钩叠合处错开。

五、现浇钢筋混凝土楼梯钢筋绑扎

现浇钢筋混凝土楼梯钢筋骨架采用模内安装绑扎的方法，即现场绑扎。在绑扎前须仔细研究绑扎的顺序，也就是在绑扎前详细、具体地将穿筋顺序、绑扎次序做好安排（图 9-21）。

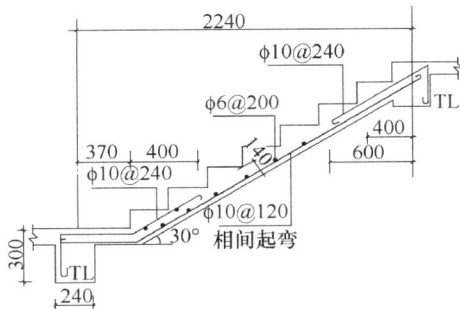

图 9-21　现浇钢筋混凝土楼梯

（1）楼梯钢筋骨架的绑扎顺序。模板上画线→钢筋入模→绑扎受力钢筋和分布筋→检查→成品保护。

（2）在楼梯模板上画主筋和分布筋的位置线。

（3）根据设计图纸中主筋、分布筋的方向，先绑扎主筋后绑扎分布筋，每个交点均应绑扎。如有楼梯梁时，先绑扎梁钢筋后绑扎板钢筋。板钢筋要锚固到梁内。

（4）底板钢筋绑扎完，待踏步模板吊绑支好后，再绑扎踏步钢筋。主筋接头数量和位置均要符合施工质量验收规范的规定。

（5）施工注意事项。

1）钢筋的弯钩应全部向内。

2）钢筋的间距及弯起位置应画在模板上。

3）不准踩在钢筋骨架上进行绑扎。

4）作业开始前，必须检查模板及支撑是否牢固。

六、肋形楼盖钢筋绑扎

肋形楼盖钢筋绑扎顺序为绑扎主梁筋→绑扎次梁筋→绑扎板钢筋。

（1）处理好主梁、次梁、板三者的关系。

（2）纵向受力钢筋采用双排布置时，两排钢筋之间宜垫以直径不小于 25mm 的短钢筋，以保持其距离。

（3）箍筋的接头应交错布置在两根架立钢筋上。

（4）板上的负弯矩钢筋，要严格控制其位置，防止被踩下。

（5）板、次梁与主梁的交叉处，板的钢筋在上，次梁的钢筋居中，主梁的钢筋在下，如图 9-19 所示。当有圈梁或垫梁时，主梁的钢筋在上，如图 9-20 所示。

第四节　现浇剪力墙钢筋绑扎操作

一、现浇剪力墙模内钢筋绑扎

1. 施工前的准备

在进行钢筋绑扎前，首先要整理好预留的搭接钢筋，把变形的钢筋调直，若下层预留的伸出钢筋位置偏差较大，应经设计单位签证同意，进行弯折调整。同时，应将松动的混凝土清除。

2. 墙体钢筋绑扎

（1）先安装预制的竖向和水平梯子筋（梯子筋如代替墙体竖

向钢筋，应高于墙体竖向钢筋一个级别，梯子筋中控制墙厚度的横档钢筋的长度比墙厚小 2mm，端头用无齿锯锯平后刷防锈漆），并注意吊垂直，再绑扎暗柱和门口过梁钢筋，一道墙一般设置 2 个或 3 个竖向梯子筋为宜，然后绑扎墙体水平钢筋。第一根水平钢筋距地面 50mm。

（2）墙体钢筋为双向受力钢筋时，所有钢筋交叉点应逐点绑扎牢固，绑扎时相邻绑扎点的铁螺纹呈八字形，以免钢筋网歪斜变形。钢筋锚固长度、搭接长度及错开要求要符合设计及规范的要求。

（3）双排钢筋之间应绑间距支撑或拉筋，以固定双排钢筋的骨架间距。支撑可用 $\phi10 \sim \phi14$ 钢筋制作，支撑如顶模板，要按墙厚度减 2mm，用无齿锯锯平并刷防锈漆。拉筋可用 $\phi6$ 或 $\phi8$ 钢筋制作，加工要准确，不要顶模露筋，尽量满足 10mm 保护层厚度的要求，间距 1m 左右，呈梅花形布置。

（4）在墙筋外侧应绑上带有钢丝的砂浆垫块或塑料卡，以保证保护层的厚度。注意：钢筋保护层垫块不要绑在钢筋十字交叉点上。

（5）为保证门窗洞口标高位置正确，在洞口竖筋上画出标高线。门窗洞口要按设计和规范要求绑扎过梁钢筋，锚入墙内长度要符合设计要求，过梁箍筋两端各进入暗柱一个，第一个过梁箍筋距暗柱边 50mm，顶层时过梁入支座全部锚固长度范围内均要加设箍筋，间距为 150mm。

（6）各连接点的抗震箍筋的加密范围和间距，弯钩和直钩要求及锚固长度，均应按设计及抗震规范要求确定。如首层柱的纵向受力钢筋伸入地下室墙体的深度，墙端部、内外墙交接处受力钢筋锚固长度等，绑扎时应注意。

（7）配合其他工种安装预埋管件、预留洞等，其位置、标高均应符合设计要求。

3. 剪力墙钢筋搭接

水平钢筋和竖向钢筋的搭接要相互错开。搭接要符合设计要求，如设计无明确要求，须按规范规定进行。

4. 剪力墙钢筋的锚固

（1）剪力墙的水平钢筋在端部应按设计和规范要求施工，做成暗柱或加 U 形钢筋，如图 9-22（a）、（b）所示。

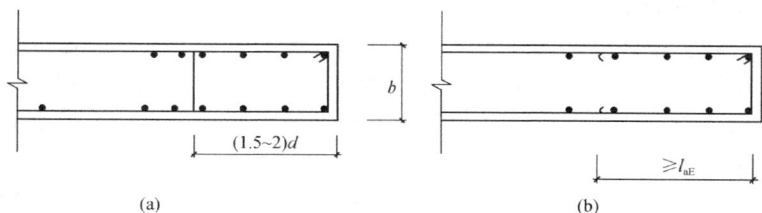

图 9-22　剪力墙的水平钢筋的端部收头
b—截面宽度；l_{aE}—抗震锚固长度

（2）剪力墙的水平钢筋在丁字形节点及转角节点的绑扎锚固，如图 9-23、图 9-24 所示。

（3）剪力墙的连梁上、下水平钢筋伸入墙内长度 e' 不能小于工程锚固长度要求，如图 9-25 所示。

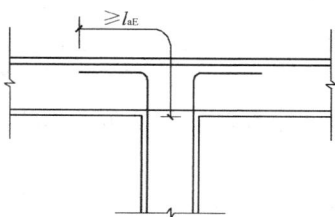

图 9-23　丁字形节点

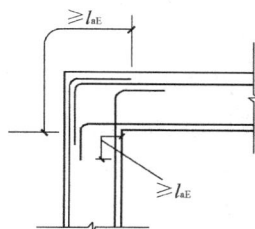

图 9-24　转角节点

（4）剪力墙的连梁沿梁全长的箍筋构造要符合设计和规范的要求，在建筑物的顶层连梁伸入墙体的全部锚固长度范围内，应设置间距不小于 150mm 的构造箍筋，如图 9-26 所示。

（5）剪力墙洞口周围应绑扎补强钢筋，其锚固长度要符合设计及规范要求。补强钢筋尽量不做成斜筋，而做成十字形加强钢筋。

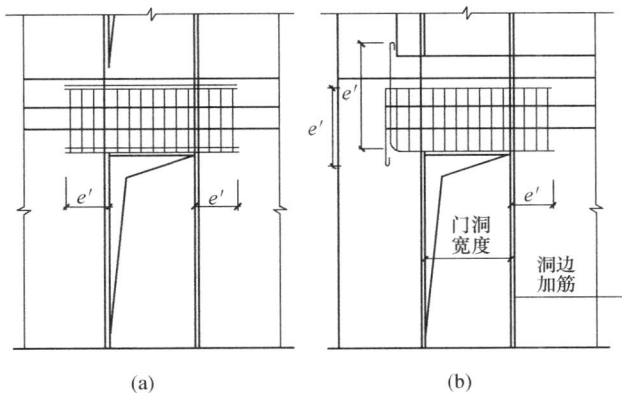

图 9-25 剪力墙的连梁上、下水平钢筋伸入墙内长度 e'

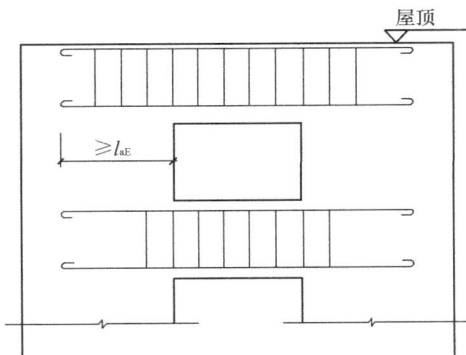

图 9-26 剪力墙的连梁沿梁全长的箍筋构造

可不增加钢筋层数，有利于洞口抗裂且墙内下插混凝土振捣棒。

5. 预制点焊网片绑扎搭接

网片立起后应用木方临时支撑，然后逐根绑扎根部搭接钢筋，搭接长度要符合规范要求。在钢筋搭接部分的中心和两端共绑 3 个扣。门窗洞口加固筋需同时绑扎，门口两侧钢筋位置应准确。

6. 剪力墙钢筋与预制外墙板连接

外墙板安装就位后，将本层剪力墙边柱竖筋插入预制外墙板侧面钢筋套环内，竖筋插入外墙板套环内不得少于3个，并绑扎牢固。

7. 剪力墙钢筋与外砖墙连接

剪力墙钢筋与外砖墙连接：先砌外墙，绑扎内墙钢筋时，先将外墙预留的φ6拉结筋理顺，然后再与内墙钢筋搭接、绑牢，如图9-27所示。

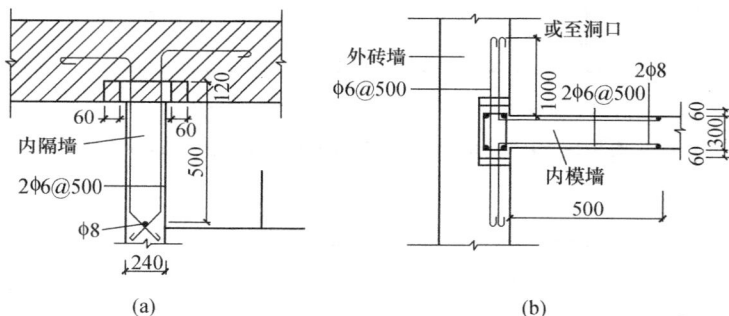

图 9-27　剪力墙钢筋与外砖墙连接

8. 全现浇内外墙钢筋连接绑扎构造

全现浇内外墙钢筋连接绑扎构造，如图9-28所示。

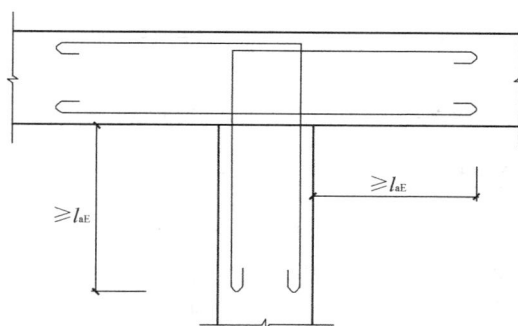

图 9-28　全现浇内外墙钢筋连接绑扎构造

9. 修整

大模板合模之后，对伸出的墙体钢筋进行修整，并在距混凝土顶面约 150mm 处设置水平梯子筋，固定伸出筋的间距（甩筋的间距），同时在模板上口加扁铁与水平梯子筋一起控制墙体竖向钢筋的保护层。墙体浇筑混凝土时，派专人看管钢筋，混凝土浇筑完后，立即对伸出的钢筋（甩筋）再进行整理。

二、墙板（双层网片）钢筋绑扎

1. 绑扎顺序

立外模并画线→绑扎外侧钢筋网片→绑扎内侧钢筋网片→绑扎拉筋→安放保护层垫块→设置撑铁→检查→立内模。

2. 施工要点

（1）垂直钢筋每段长度不宜超过 4m。

（2）水平钢筋每段长度不宜超过 8m。

（3）钢筋的弯钩应朝向混凝土。

（4）采用双层钢筋网时，必须设置直径 6～12cm 的钢筋撑铁，间距为 80～100cm，相互错开排列。

三、滑动模板（滑模）工艺中的钢筋绑扎

滑动模板（简称滑模）装置由模板系统、操作系统和滑升系统三部分组成。

滑模适用于现场浇筑高耸的钢筋混凝土结构，如筒仓、烟囱、双曲线冷却塔及高层建筑中的剪力墙等。

1. 钢筋加工

（1）钢筋加工的长度，应根据结构尺寸及滑模工艺要求计算得出。

（2）竖向钢筋的长度，以楼层高度为依据确定，并且其钢筋顶端需高出停滑时模板上口停置高度，还应加上钢筋搭接长度。一般钢筋上端不宜加弯钩。

（3）水平钢筋长度，一般以一个轴线间距为一个水平配筋单元，环形钢筋长度以 6～7m 为宜。

（4）大直径受拉钢筋，一般采用焊接连接。

2．钢筋的绑扎

（1）应在模板组装前提前绑扎首段钢筋。

（2）钢筋绑扎的施工速度根据浇筑混凝土的速度确定，合理划分区段，定人定岗。

（3）为确保钢筋位置准确，应采取以下措施。

1）对竖向钢筋，可利用提升架横梁上的通长槽钢定位。

2）对于墙体双排钢筋，可在一定距离焊上短筋。

3）柱子钢筋可在一定高度绑上临时定位箍筋。

4）梁的钢筋边滑边绑扎。

（4）应保持混凝土表面比模板上口低 100～150mm，同时还应使最上一道水平钢筋留在混凝土外，作为绑扎上一道钢筋的标志。

（5）如果支承杆作为结构受力钢筋，其接头的焊接质量应满足钢筋焊接规范的要求。

第五节　其他混凝土构件钢筋绑扎操作

一、牛腿柱钢筋骨架的绑扎

图 9-29 为牛腿柱配筋图，柱内钢筋说明如下：①、②号钢筋为柱外侧钢筋，沿柱通长布置；③、④号钢筋为上柱内侧钢筋，长度从牛腿底部到柱顶；⑤、⑥号钢筋为下柱内侧钢筋，长度从柱底到牛腿顶；⑦号钢筋是上柱的箍筋，其间距为 200mm；⑧号钢筋是下柱的箍筋，其间距为 200mm；⑨号钢筋是牛腿部分的箍筋，其间距为 100mm，牛腿斜线处箍筋为变截面；⑪号钢筋是下柱的两根腰筋，放在下部截面长边的中部，长度从下柱底到牛腿底；⑩号钢筋放在牛腿两边最外侧；⑫、⑬号钢筋位置见图；⑭号钢筋是固定⑩号腰筋和上柱插到牛腿中③号钢筋的拉

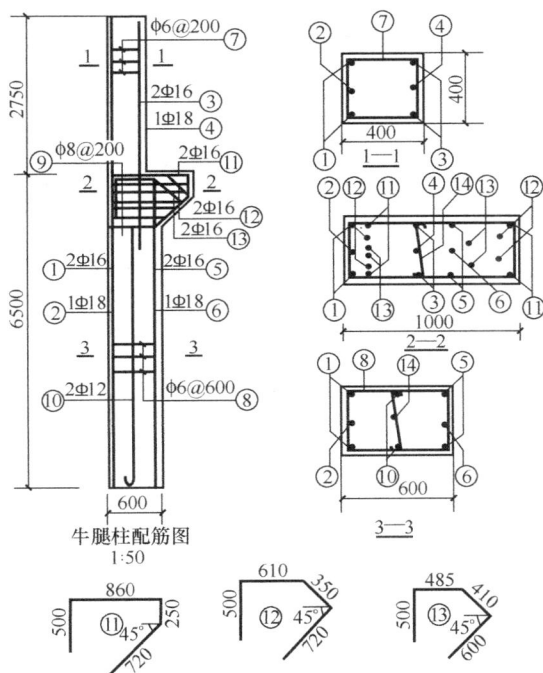

图 9-29　牛腿柱配筋图

筋，在 6500mm 长度内配置，其间距为 200mm。绑扎要点如下。

（1）钢筋绑扎顺序为绑扎下柱钢筋→绑扎牛腿钢筋→绑扎上柱钢筋。

（2）操作要点。

1）在搭接长度内，绑扣要朝向柱内，便于箍筋向上移动。

2）柱子主筋若有弯钩，弯钩应朝向柱中心。

3）绑扎接头的搭接长度，应符合设计要求和规范规定。

4）牛腿部位的⑨号箍筋，应按变截面计算加工尺寸。

5）当结构为多层时，下层柱的钢筋露出楼面部分，宜用工具式柱箍将其收进一个柱主筋直径，以便上、下层钢筋的连接。

6) 牛腿钢筋应放在柱纵向钢筋的内侧。

二、现浇悬挑雨篷钢筋绑扎

雨篷板为悬挑式构件，为防止板倾覆，雨篷板与雨篷梁必须一次整浇。雨篷板的上部受拉，下部受压，雨篷板的受力筋配置在构件断面的上部，并将受力筋伸进雨篷梁内，如图 9-30 所示。

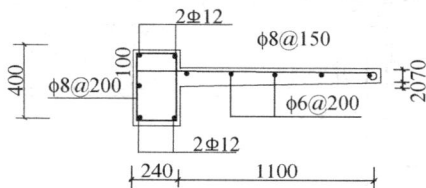

图 9-30 雨篷配筋图

施工要点如下。

（1）主、副筋摆放位置应正确，不可放错。

（2）雨篷梁与板的钢筋应保证锚固尺寸。

（3）雨篷钢筋骨架在模板内绑扎时，不准踩在钢筋骨架上进行绑扎。

（4）钢筋的弯钩应全部向内。

（5）雨篷板的上部受拉，故 $\phi 8$ 钢筋在上，$\phi 6$ 钢筋在下，切勿颠倒。

（6）雨篷板双向钢筋的交叉点均应绑扎，钢丝方向呈八字形。

（7）应垫放足够数量的马凳，确保钢筋位置的准确。

（8）高空作业时要注意安全。

第十章　预应力筋施工操作

第一节　先张法预应力筋施工操作

一、台座制作

先张法预应力空心板梁的预制，采用钢筋混凝土传力墙张拉台座，传力墙按偏心受压构件设计，截面尺寸为 40cm×60cm，埋置深度为 40cm。台座采用钢筋混凝土进行硬化并进行水磨处理，形成水磨石作底模。底模隔离剂采用石蜡。

二、钢绞线检验及安装

在钢绞线进场以后，应分批进行检验。检验时从每批钢绞线中任选 3 盘，从每盘中截取一根进行表面质量、直径偏差、力学性能试验。在钢绞线试验合格后，根据每槽张拉台座的长度（包括横梁宽度）、张拉伸长值、外露长度以及张拉时所需要的长度等因素确定钢绞线的下料长度；制作钢绞线下料时，使用砂轮切割机切割，切割口的两侧各 5cm 处用钢丝绑扎。铺设预应力钢绞线时，预应力筋的失效长度采用硬塑料管将其套住，在张拉完成之后，按照设计要求的失效长度和位置重新固定塑料管的位置，并用钢丝将两头绑扎牢固，避免混凝土浆进入管内，使预应力筋与混凝土不产生握裹作用，达到设计要求的失效效果。

钢绞线的安装：将下好料的钢绞线运到台座一端，钢绞线穿过端模及塑料套管后在其前端安装引导装置，以利于钢绞线沿直线前进。引导工具利用钢管加工而成，前端做成圆锥形状。穿束前各孔眼应统一编号，对号入座，防止穿错孔眼。

三、预应力筋制作与安装

钢筋的表面应洁净，使用前应将表面油渍、漆皮、鳞锈等清除。钢筋的制作严格按照设计施工图纸施工，同时要符合规范要求；对于Ⅱ级钢筋连接采用焊接，其余采用搭接，搭接和焊接长度符合设计及规范要求。钢筋制作完成之后，按照设计图纸进行钢筋安装；在张拉台座底模隔离剂完成之后，先进行底板钢筋安装，然后进行钢绞线的安装；钢绞线安装完成之后，再进行其余钢筋的安装。

为使张拉锚固标准化、规格化，预应力筋间距均为 5cm 的倍数。钢筋的绑扎工作应在张拉结束 8h 后进行。

钢筋骨架的绑扎须符合图纸和规范的要求。

① 所有钢筋在加工之前须进行清污、除锈和调直处理。钢筋应在钢筋棚进行配料、下料、对接、弯制、编号、堆码。钢筋下料前应核对图纸，无误后方准下料。

② 钢筋弯制前应对预应力槽口处做钢筋模型，以确定钢筋与锚头有无干扰，以便事前采取措施，使钢筋避免开槽口。绑扎钢筋前先在底模板表面上用粉笔按图画好箍筋间距，用定位钢筋固定箍筋后，主筋穿过箍筋，按图纸要求的间距逐个分开，先绑扎纵向主筋，后绑扎横向钢筋。纵向主筋（通长筋）接长采用帮条焊工艺，单面焊，焊缝长不小于 10d（d 为钢筋直径）；焊接时应先由中间到两边，对称向两端进行，并应先焊下部后焊上部，每条焊缝一次成型，相邻的焊缝应分区对称跳焊，不可顺方向连续施焊；接头错开布置，两接头间距大于 1.3 倍的搭接长度，搭接长度区段内接头面积百分率不大于 50%。其余钢筋采用绑扎接头，搭接长度一律为 35d（d 为钢筋直径）。所有接头位置应互相错开，接头长度区内受力钢筋接头面积不超过该接头断面面积的 25%。绑扎板梁顶面负弯矩钢筋时，每个节点均要绑扎。所有主筋（纵向方向）下面和腹模、翼缘侧面均应放置砂浆垫块，混凝土垫层的厚度及强度应满足要求。

③ 骨架的焊接采用分片方式，在专用的焊接台座上施焊，然后运至现场装配成型。骨架的主筋在对焊或搭接焊时应适当配料，使之在成型焊接时其接头能按规范要求错开设置。

钢筋骨架在现场采用吊车起吊或龙门起重机安装，其装配程序是安装梁底支座上垫板→在底模上准确地标出各段钢筋网片的定位线→分段安装底板部分及腹板钢筋（安装内模板）→绑扎顶板钢筋（安装外模板和堵头模板）。

在安装堵头模板前，要检查梁底预埋钢板位置是否准确，梁端有伸缩缝位置的开槽及预埋钢筋是否与图纸中所要求的一致；边梁翼板上要注意预埋防撞墙钢筋和通信设备的预埋铁件等，同时要注意板端腹束封锚段混凝土与伸缩缝混凝土同时浇筑。一切检查合格后，方可浇筑混凝土。

四、钢绞线的张拉

先张法施工预应力梁板采用"整拉整放"的施工工艺，"双控法"控制，即"以应力控制，伸长量校核"。

1. 准备工作

（1）施工现场必须具备批准的张拉程序和现场施工说明书。

（2）施工现场有具备预应力施工知识和能正确操作的施工技术人员。

（3）检查锚具是否安装正确。

（4）施工现场必须具备确保全体操作人员和设备安全的必要的预防措施。

（5）检查张拉千斤顶的张拉力作用线与预应力筋的轴线是否重合一致。

（6）检查钢绞线是否被污染，若被污染，应采取一定措施进行处理，使之满足要求。

（7）详细检查台座、横梁及各项张拉设备是否符合要求，符合要求后方可进行操作。

（8）根据现场的钢绞线长度以及设计规定的钢绞线的有关数据，按照下列公式计算预应力钢绞线的理论伸长值 Δl_P（mm）。

$$\Delta l_P = \frac{F_{PM} l_P}{A_P E_P}$$

式中　F_{PM}——预应力钢绞线的平均张拉力（N）；

l_P——预应力钢绞线的长度（mm）；

A_P——预应力钢绞线的截面面积（mm^2）；

E_P——预应力钢绞线的弹性模量（N/mm^2）。

在以上的准备工作检查完成之后，进行预应力的张拉。首先应调整每根钢绞线的应力（初应力 $\sigma_0 = 10\% \sigma_{con} \sim 15\% \sigma_{con}$），使每根钢绞线之间应力一致，并推算在初应力下的伸长量 Δl_2，同时在预应力筋上选定适当的位置刻以标记，作为量测延伸值的基点。

预应力钢绞线张拉的实际伸长值 Δl（mm）按下式计算：

$$\Delta l = \Delta l_1 + \Delta l_2$$

式中　　Δl_1——从初应力至最大张拉应力之间的实测伸长值（mm）；

　　　　Δl_2——初应力下的推算伸长值（mm）。

张拉过程中，应使活动横梁与固定横梁始终保持平行，并抽查预应力钢绞线的预应力值，其偏差的绝对值不得超过一个构件全部预应力筋预应力总值的 5%。

张拉预应力筋时，两台千斤顶必须同步顶进，保持横梁平行移动，预应力筋均匀受力，分级加载拉至超张拉应力，并锚固。最后根据设计要求对钢绞线进行失效处理，即根据设计的钢绞线失效长度固定塑料管的位置。

预应力筋张拉或放松时，均应填写施工记录。

2. 张拉顺序

张拉顺序为 0 → 初应力 → 105% σ_k（持荷 5min）→ 0 → σ_k（锚固）。

3. 操作程序

（1）调整预应力筋长度，使每根预应力筋受力均匀。

（2）初始张拉：施加 10% 的张拉力，将预应力筋拉直，锚固端和连接器处拉紧，在预应力筋上选定适当的位置刻划标记，作为测量延伸量的基点。

（3）正式张拉：采用一端固定一端张拉的张拉方式，张拉顺序由中间向两侧对称进行，单根预应力筋张拉吨位不可一次拉至张拉应力。

（4）持荷：预应力筋张拉完成后，按规范要求持荷 5min，以减少钢丝锚固后的应力损失。

（5）锚固：补足或放松预应力筋的拉力至控制应力。测量、记录预应力筋的延伸量，并核对实测值与理论计算值，其误差应在 ±6% 范围内，如不符合规定，则应找出原因及时处理。张拉满足要求后，锚固预应力筋，千斤顶回油至零。

（6）先张法预应力筋制作安装实测项目，见表 10-1。

先张法预应力筋制作安装实测项目　　　　　　　表 10-1

项　　目		规定值或允许偏差
镦头钢丝同束 长度相对差	$l > 20m$	$L/5000$ 及 5mm
	$6m \leqslant l \leqslant 20m$	$L/3000$
	$l < 6m$	2mm
张拉应力值		符合设计要求
张拉伸长率		符合设计规定， 设计未规定时为 ±6%
同一构件内断丝根数不超过钢丝总数的百分数		1%

五、预应力筋放张和切断

在梁板混凝土强度不低于设计强度的 90% 时，方可分批放松预应力钢绞线。预应力钢绞线放张采用千斤顶整体进行，放张时应对称、均匀、分次完成，不得骤然放松。钢绞线放张完成之后要用砂轮切割机切割，严禁用电焊烧切。切割时先切长束，以此类推，对称切割。

1. 预应力筋放张要求

预应力筋放张时，混凝土的强度应符合设计要求；如设计无规定，不应低于强度等级的 75%。放张前，应拆除侧模，使放张时构件能自由收缩，否则将损坏模板或造成构件开裂。对有横肋的构件（如大型屋面板），其横肋断面应有合适的斜度，或采用活动模板，以免放张钢筋时构件端肋开裂。

2. 预应力筋放张方法

配筋不多的中小型钢筋混凝土构件，钢丝可用砂轮锯或切断机切断等方法放张。配筋多的钢筋混凝土构件，钢丝应同时放张。如果逐根放张，最后几根钢丝将由于承受过大的拉力而突然断裂，易使构件端部开裂。放张后预应力筋的切断顺序一般由放张端开始，逐一切向另一端。

对热处理钢筋及冷拉 500MPa 级钢筋，不得用电弧切割，宜用砂轮锯或切断机切断。断量较多时应同时放张，可采用油压千斤顶、砂箱、楔块等装置，如图 10-1 所示。

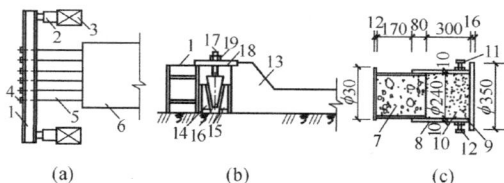

图 10-1 预应力筋放张装置

（a）千斤顶放张装置；（b）砂箱放张装置；（c）楔块放张装置

1—横梁；2—千斤顶；3—承力架；4—夹具；

5—钢丝；6—构件；7—活塞；8—套箱；

9—套箱底板；10—砂；11—进砂口（ϕ25 螺栓）；

12—出砂口（ϕ16 螺栓）；13—台座；14、15—钢固定楔块；

16—钢滑动楔块；17—螺杆；18—承力板；19—螺母

3. 放张顺序

对轴心受压构件，所有预应力筋应同时放松。对偏心受压构件，应先同时放松预应力较小区域的预应力筋。如不能满足上述要求，应分阶段、对称、相互交错进行放松，以防止在放松过程中，构件产生弯曲、裂纹以及预应力筋断裂等现象。

第二节　后张法无粘结预应力筋施工操作

一、预应力筋的孔道留设

预应力筋的孔道形状有直线、曲线和折线三种。孔道直径取决于预应力筋和锚具。对于粗钢筋，孔道直径应比预应力筋外径、钢筋对焊接头外径大 10～15mm；对于钢丝或钢绞线，孔道直径应比预应力束外径或锚具外径大 5～10mm，且孔道面积大于预应力筋面积的两倍。凡需要起拱的构件，预留孔道宜随构件同时起拱。

对孔道成型的基本要求是孔道的尺寸与位置应正确，孔道应平顺，端部预埋件钢板应垂直孔道中心线等。孔道成型的质量对孔道摩擦阻力损失的影响较大。预应力筋的孔道可采用钢管抽心、胶管抽心和预埋管等方法成型。

1. 钢管抽心法

钢管抽心法适用于直线孔道。钢管必须平直光滑，预埋前应除锈、刷油。如用弯曲的钢管，转动时会沿孔道方向产生裂缝，甚至塌陷。钢管在构件中用钢筋井字架固定位置，井字架间距为 1.0～1.5m，与钢筋骨架扎牢。每根钢管长度最好不超过 15m，较长构件表面要与钢管外表面紧密结合，以防漏浆堵塞孔道。钢管一端钻深 16mm 的小孔，以备插入钢筋棒转动钢管。抽管前每隔 10～15min 应转动钢管一次。如发现表面混凝土产生裂纹，用铁抹子压实抹平。

抽管时间与水泥品种、气温和养护条件有关。抽管宜在混凝土初凝之后、终凝之前进行，以用手指按压混凝土表面不显指纹为宜。抽管过早，会造成塌孔事故；抽管太晚，混凝土与钢管粘结牢固，抽管困难，甚至抽不出来。常温下抽管时间在混凝土浇筑后的 3～5h。

抽管宜先上后下地进行。抽管可用人工抽管或卷扬机抽管，抽管时必须速度均匀，边抽边转，并与孔道保持在一直线上。抽管后，应及时检查孔道情况，并做好孔道清理工作，以防止以后穿筋困难。

2. 胶管抽心法

留孔用胶管一般采用有 5～7 层帆布夹层，壁厚 6～7mm 的普通橡胶管。此种胶管可用于直线、曲线或折线孔道。使用前把胶管一头密封，勿使漏水、漏气。密封的方法是将胶管一端外表面削去 1～3 层胶皮及帆布，然后将外表面带有粗丝扣的钢管（钢管一端用铁板焊牢密封）插入胶管端头孔内，再用 20 号钢丝与胶管外表面密缠牢固，钢丝头用锡焊牢。胶管另一端接上阀门，其方法与密封端基本相同。

短构件留孔，可用一根胶管对弯后穿入两个平行孔道。长构件留孔，必要时可将两根胶管用铁皮套管接长，套管长度以 400～500mm 为宜，内径应比胶管外径大 2～3mm。固定胶管位置用的钢筋井字架，此时不宜大于 0.5m，并与钢筋骨架扎牢。然后充水（或充气）加压到 0.5～0.8N/mm，此时胶管直径可增大约 3mm。浇筑混凝土时，振动棒不要碰胶管，并应经常检查水压表的压力是否下降，如有变化必须补充。

抽管前，先放水（或气）降压，待胶管断面缩小并与混凝土自行脱离即可抽管。抽管顺序一般为先上后下、先曲后直。

3. 预埋管法

预埋管可采用薄钢管、镀锌钢管与金属波纹管等。以下仅介绍金属波纹管。

金属波纹管具有质量轻、刚度大、弯折方便、连接容易、与混凝土粘结良好等优点，可做成各种形状的预应力筋孔道，是目前后张法预应力筋孔道成型用的理想材料。镀锌钢管仅用于施工周期长的超高竖向孔道或有特殊要求的部位。

金属波纹管的安装应事先按设计图中预应力的曲线坐标在侧模或箍筋上定出曲线位置，再将钢筋支托焊在箍筋上，箍筋底部垫实，钢筋支托间距为 600mm 左右。金属波纹管与钢筋支托应用钢丝扎牢，以防止浇筑混凝土时螺旋管上浮。相邻金属波纹管如需连接，应采用大一号同类型管，接头管长度为 200～300mm，其两端用密封胶带或塑料热缩管封裹。

安装过程中应尽量避免反复弯曲，以防止管壁开裂，同时还应防止电焊火花烧伤管壁。安装后，应检查其位置、曲线形状是否符合设计要求，金属波纹管的固定是否牢固，有无破损，如有破损应及时用粘胶带修补。在构件两端及跨中处应设置灌浆孔，其孔距不宜大于 12m。灌浆孔与排气孔也可设在锚具或铸铁喇叭管处。曲线孔道的曲线波峰部位宜设排气孔。

二、无粘结预应力筋的加工制作

（1）无粘结预应力筋的切断以书面下料单上规定的长度和数量为依据，应用砂轮锯切断，不得采用电弧切割。

（2）下料场地应平整、通直，预应力筋下垫钢管或方木，上铺编织布。不得将预应力筋生拉硬拽，防止磨损保护套。下料过程中要随时检查预应力筋保护套有无破损，如发现轻微破损，可采用外包防水聚乙烯胶带进行修补。每圈胶带搭接宽度不应小于胶带宽度的 1/2，缠绕层数不少于 2 层，缠绕长度应超过破损长度 30mm，严重破损的切除不用。切割完的预应力筋按使用部位逐一编码，贴上标签，注明长度及代码并码放整齐。下料宜与工程进度相协调，数量不宜太多。

（3）预应力筋不允许有死弯，见死弯必须切断。成型中每根钢绞线应为通长。

（4）挤压锚的制作。剥去预应力筋的保护套，套上弹簧圈，其端头与预应力筋齐平，套上挤压套，预应力筋外露 10mm 左右，利用挤压机挤压成型。挤压时，预应力筋、挤压模与活塞杆应在同一中心线上，以免挤压套被卡住。挤压后预应力筋外端应露出挤压套筒 1～5mm。每次挤压后清理挤压模并涂抹石墨油膏。挤压模直径磨损 0.3mm 时应更换。

（5）预紧垫板连体式固定端夹片锚具的制作。先用专用紧楔器以 0.75 倍预应力筋张拉力的顶紧力使夹片预紧，之后在夹片及无粘结预应力筋端头外露部分涂专用防腐油脂或环氧树脂，并安装带螺母外盖。

三、布设无粘结预应力筋

（1）无粘结预应力筋铺放之前，应及时检查其规格、尺寸和数量，逐根检查并确认其端部组装配件可靠无误后，方可在工程中使用。

（2）预应力筋定位。梁结构可用支撑钢筋定位，板结构可用钢筋焊成马凳定位。无粘结筋与定位筋之间用钢丝绑扎牢固。

（3）定位支撑。用于支撑平板中单根无粘结预应力筋的支撑钢筋，其间距不宜大于 2.0m；对于 2～4 根无粘结预应力筋集束，支撑钢筋直径不宜小于 10mm，间距不宜大于 1.0m；对于 5 根或更多的预应力筋集束，支撑钢筋直径不宜小于 12mm，支撑钢筋间距也不宜大于 1.0m。支撑钢筋可采用 HPB 235 级钢筋或 HRB 335 级钢筋。预应力筋竖向、环向或螺旋形铺放时所设定位筋的直径及间距可按上述条件设置，并由定位支架控制位置。

（4）双向无粘结筋布置，可按矢高关系编制布束交叉点平面图，比较各交叉点的矢高，对各交叉点标高较低的无粘结预应力筋应先进行铺放，标高较高的次之，应避免两个方向的无粘结预应力筋相互穿插。

（5）集束配置多根无粘结预应力筋时，各根钢筋应保持平行走向，防止相互扭绞；集束之间的水平净间距不宜小于 50mm，集束至构件边缘的净间距不宜小于 40mm。

（6）当采用多根无粘结预应力筋平行带状布束时，每束不宜超过 5 根无粘结预应力筋，并应采取可靠的支撑固定措施，保证同束中各根无粘结预应力筋具有相同的矢高；带状束在固定端平顺地张开。

（7）铺设的各种管线及非预应力筋应避让预应力筋，不应将预应力筋的垂直位置抬高或压低。

（8）平板结构的开洞避让。板内无粘结预应力筋可分两侧绕开开洞处铺放，无粘结预应力筋距洞口不宜小于 150mm，水平偏移的曲率半径不小于 6.5m。

（9）预应力筋穿束完成后，应对保护套进行检查，如有破损应进行修补。

四、张拉端和固定端安装固定

（1）夹片锚具系统张拉端的安装固定

① 张拉端端模留孔：在端模外侧按施工图中规定的无粘结预应力筋的位置编号和钻孔。

② 夹片锚具凸出混凝土表面时，锚具下的承压板应用钉子或螺栓固定在端部模板上；夹片锚具凹进混凝土表面时，采用"穴模"构造，承压板与端模间安放塑料穴模，穴模高度宜为锚具高度加 60mm（圆套筒式夹片锚具），承压板、穴模、端模三者必须紧贴，应保证张拉油缸与承压板相互垂直。浇筑混凝土前，在锚垫板内侧位置将预应力筋保护套割断，张拉时再将其抽出。

③ 张拉端单根预应力筋的间距不小于图纸规定的间距，且需满足千斤顶施工空间要求。

④ 无粘结预应力曲线筋或折线筋末端的切线应与承压板相垂直，曲线段的起始点至张拉锚固点应有不小于 300mm 的直线段；单根无粘结预应力筋要求的最小曲率半径对 $\phi^s 12.7mm$ 和 $\phi^s 15.2mm$ 钢绞线分别不宜小于 1.5m 和 2.0m。

⑤ 张拉端应按设计要求设置锚下螺旋筋或网片筋，以增加混凝土局部抗压强度。

（2）夹片锚具系统固定端的安装固定

① 将组装好的固定端锚具按设计要求的位置绑扎牢固，内埋式固定端垫板不得重叠，锚具与垫板应紧贴。

② 固定端锚具布置宜前后纵向错开，其错开间距不小于 100mm，以降低混凝土局部压应力。

③ 固定端按设计要求设置锚下螺旋筋，并绑扎牢固。

五、预应力体系检查

无粘结预应力筋铺放、安装完毕后，施工单位会同监理单位进行隐蔽工程验收，合格后方可浇筑混凝土。

六、预应力筋张拉

1. 张拉准备

（1）张拉前应将板端面清理干净，剥去外露钢绞线的外包塑料保护套，对锚具逐个进行检查，严禁使用锈蚀锚具。高空张拉预应力筋时，应搭设可靠的操作平台，并装有防护栏杆。当张拉操作面受限制时，可采用变角张拉装置进行变角张拉。

（2）检查预应力筋轴线，轴线应与承压板垂直。承压板外表面应无积灰，并检查承压板后混凝土质量。

（3）检查设备油路、电路，并进行设备试运转。

（4）核查实用千斤顶和配套油压表编号应与计量标定报告相符，无计量失效情况，并给出正确的张拉油表读数。

（5）锚具安装时，对于夹片锚应注意工作锚环或锚板对中，夹片均匀打紧并外露一致。

（6）对直线的无粘结预应力筋，应使张拉力的作用线与无粘结预应力筋中心线重合；对曲线的无粘结预应力筋，应使张拉力的作用线与无粘结预应力筋中心线末端的切线重合。做到预应力中心线、锚具中心、千斤顶轴心"三心一线"。

（7）工具锚的夹片应注意保持清洁和良好的润滑状态。新的工具锚夹片第一次使用前，应在夹片背面涂上润滑剂，以后每使用 5～10 次，应将工具锚上的挡板连同夹片一同卸下，在锚板的锥形孔中重新涂上一层润滑剂，以防夹片在退楔时卡住。

2. 张拉操作及要求

（1）无粘结预应力筋的张拉顺序应符合设计要求，如设计无要求，采用分批、分阶段对称张拉或依次张拉。

（2）为减少后张预应力筋松弛损失，可采用超张拉法，但最大张拉应力不得超过预应力筋抗拉强度的 80%。

（3）预应力筋的张拉操作程序，应按设计规定进行，当设计无具体要求时，可采取以下方法：0→初始张拉力 N_0（测量记录预应力筋拉出长度 Δl_0）→100％张拉控制力（测量记录预应力筋拉出长度 Δl_1）→103％张拉控制力（测量记录预应力筋拉出长度 Δl_2）→锚固（核对伸长值）。

（4）预应力筋规定为两端张拉时，宜在两端同时张拉，也可一端先张拉并锚固后，再在另一端张拉锚固。补拉时应先观察工作夹片是否张开，没有张开说明补拉无效。

（5）设计规定多跨超长预应力筋需分段张拉时，可使用开口式双缸千斤顶张拉，或用连接器分段张拉。

（6）无粘结预应力筋张拉过程中，当有个别钢丝发生滑脱或断裂时，可相应降低张拉力。

（7）在张拉过程中，随时注意是否有千斤顶漏油、油压表无压时指针不归零等异常情况，如有即认为计量失效。多束相对伸长超限或预应力筋出现缩颈、破坏时，也应考虑计量失效的可能性。

（8）预应力筋的锚固。当采用夹片锚锚固时，宜对夹片施加张拉力及 10％～20％的顶压力，预应力筋回缩值不得大于 5mm。若采用夹片限位板，可不对夹片顶压，但预应力筋回缩值不得大于 6mm。

（9）预应力筋锚固后的检查。夹片外露应基本平齐。

（10）张拉时认真填写张拉记录。

（11）预应力筋张拉完毕，伸长值符合规范要求，经检验合格后，切除锚具外多余预应力筋。预应力筋切断后，其露出锚具夹片外的预应力筋长度不宜小于 30mm，宜用砂轮锯或液压剪切断，不宜采用氧炔切割，严禁采用电弧切割。

七、封锚防护

预应力筋张拉完毕后，要及时对锚固区进行保护。

（1）当锚具凹进混凝土表面布置时，夹片及无粘结预应力筋端头外露部分应涂专用防腐油脂或环氧树脂，并罩帽盖进行封闭，该防护帽与锚具应可靠连接；然后应采用后浇微膨胀混凝土或专用密封砂浆进行封闭。

（2）锚固区也可用后浇的外包钢筋混凝土圈梁进行封闭，但外包圈梁不宜凸出外墙面以外。当锚具凸出混凝土表面布置时，锚具的混凝土保护层厚度不应小于 50mm。外露预应力筋的混凝土保护层厚度要求：处于一类室内正常环境时，不应小于 30mm；处于二类、三类易受腐蚀环境时，不应小于 50mm。

对不能使用混凝土或砂浆包裹层的部位，应对无粘结预应力筋的锚具全部涂以与无粘结预应力筋涂料层相同的防腐油脂，并用具有可靠防腐和防火性能的保护罩将锚具全部密封。

（3）对处于二、三类环境条件下的无粘结预应力锚固系统，应采用连续封闭的防腐蚀体系，并符合下列规定。

1）锚固端应为预应力钢材提供全封闭防水设计。

2）无粘结预应力筋与锚具部件的连接及其他部件的连接，应采用封闭装置或采取封闭措施，使无粘结预应力锚固系统处于全封闭状态。

3）连接部位在 10kPa 静水压力（约 1.0m 水头）下应保持不透水。

4）如设计对无粘结预应力筋与锚具系统有电绝缘防腐蚀要求，可采用塑料等绝缘材料对锚具系统进行表面处理，以形成整体电绝缘。

第三节　后张法有粘结预应力筋施工操作

一、金属螺旋管铺设固定

（1）金属螺旋管应根据设计要求的线形固定，采用 500～1000mm 间距的井字形钢筋托架或吊架定位，该托架或吊架均应与构件的非预应力筋固定牢靠。

（2）连续结构中的多波曲线束高差较大时，应分别在曲线的每个峰顶和峰谷处设置排气孔；对于较长的直线孔道，应每隔

12～15m 设置排气孔。

（3）金属螺旋管的连接可采用大一号的同型金属螺旋管，管径为 $\phi40\sim\phi65$ 时，接头管的长度取 200mm；管径为 $\phi70\sim\phi85$ 时，取 250mm；管径为 $\phi90\sim\phi100$ 时，取 300mm。接口区两端用密封胶带封口。

（4）张拉端喇叭管应按设计要求与构件的非预应力筋固定或与模板固定。

（5）金属螺旋管与张拉端喇叭管的连接有两种做法：一种是将金属螺旋管伸入张拉端喇叭管孔道内，可以伸到喇叭管张拉端面，用密封胶带将金属螺旋管和喇叭管之间的间隙缠绕密封；另一种是金属螺旋管不伸入喇叭管孔道内，将金属螺旋管套入喇叭管末端，然后用密封胶带将金属螺旋管和喇叭管之间的间隙缠绕密封。

（6）金属螺旋管铺设，可自一端穿入依次连接，也可从两端穿入中间连接，穿入过程中应尽量避免反复弯曲，以防管壁开裂，同时还应防止电焊火花烧伤管壁。

二、预应力筋下料加工

1. 钢丝下料与编束

（1）下料场地宜垫方木或铺设编织布，场地不得有积水和油污等。

（2）钢丝下料时应用圆盘砂轮切割锯切割，不得采用电弧切割；切口应平整。

（3）钢丝下料可用钢管限位法或用牵引机在拉紧状态下进行。

（4）钢丝束两端钢丝的排列顺序一致，每束钢丝都必须进行编号、编束。编束方法按所用锚具形式具体确定。

2. 钢丝镦头

（1）ϕ^P5 钢丝镦头，采用 LD10 型钢丝冷镦器；ϕ^P7 钢丝镦头，采用 LD20 型钢丝冷镦器。

（2）钢丝镦头在使用前应先进行试镦，待镦头外观外形稳定良好后抽取 6 个镦头试件做强度试验，合格后再进行批量生产。

（3）镦头外形要求头形圆整、不偏歪。镦头检测过程中目测镦头外形不良者，应随时切除重镦。

（4）镦头不允许出现纵向贯通延伸至母材的镦头裂缝，或将镦头分为两半或水平裂缝；也不允许出现因镦头夹片造成的钢丝显著刻痕。

3. 钢绞线下料与编束

（1）钢绞线下料场地与钢丝下料场地要求相同，不得在混凝土地面上生拉硬拽。

（2）钢绞线下料时，应将钢绞线盘卷装在放线架内，宜从盘卷中央逐步抽出。

（3）钢绞线下料宜用圆盘砂轮切割机切割，不得采用电弧切割。

（4）钢绞线的编束应先将钢绞线理顺，再用 20 号钢丝绑扎，间距为1～1.5m，并尽量使各根钢绞线松紧一致。

（5）如钢绞线单根穿入孔道，则可不进行编束，但应在每根钢筋上贴注标签，表明长度和编号。

4. P 型锚固定端制作

（1）将弹簧圈套在钢绞线上，然后推入挤压模，将挤压套套入钢绞线，端部钢绞线外露 10mm。

（2）启动挤压机油泵，使挤压机挤顶杆顶压挤压套，强力使之通过挤压模缩径成型。

（3）每次挤压后都应将顶杆内槽和挤压模内腔清理一次，并在挤压模内腔涂以黄油或石墨油膏。

（4）当挤压成型后的挤压锚外径比由新装挤压模挤成的挤压锚的外径大 0.3mm，或挤压成型的挤压锚出现肉眼可见的弯曲时，应更换新的挤压模。

（5）当挤压成型的挤压锚不满足要求时，应将其切断废弃并重新挤压。

5. H 形锚固定端制作

（1）将钢绞线伸入压花机，端头顶入压花机顶杆内槽。

（2）将压花机的夹具夹紧钢绞线，使钢绞线前后固定。

（3）启动压花机油泵，使压花机挤压顶杆并强力顶推钢绞线。

（4）将压花机顶杆顶推到位并将钢绞线端头压成梨形散花头。

三、预应力筋穿束

预应力筋穿束一般分为先穿束法和后穿束法。

（1）先穿束法是在浇筑混凝土之前穿束。穿束前金属螺旋管应铺设固定完毕，穿束时，应注意不得随意移动金属螺旋管的位置；如有移动，穿束完成后应及时恢复。

（2）先穿钢绞线，宜采取防止锈蚀的措施。

（3）后穿束法是在浇筑混凝土之后穿束。穿束前应检查预留孔道是否通畅，如孔道有杂物、积水、积冰等应彻底清除；同时，应检查预应力筋的规格、长度、编号是否与孔道对应。

（4）钢丝束应整束穿，钢绞线宜采用整束穿，也可用单根穿。穿束工作可由人工、卷扬机和穿束机进行。整束穿时，束的前端应装有特制牵引头或穿束网套；单根穿时，钢绞线前头套上一个子弹头形的帽壳。

（5）预应力筋穿束完成后，应对金属螺旋管进行检查，如有破损应进行修补。

四、排气孔（兼泌水孔）设置

在金属螺旋管上开洞，然后将带嘴塑料弧形压盖板用钢丝同管子绑在一起，再用塑料管插在嘴上，将其引出构件顶面，并应高出混凝土顶面不小于 300mm。压盖板与金属螺旋管之间垫海绵垫片，压盖板的周边宜用密封胶带缠绕封严。对于曲线形孔道，宜在每个波峰设置排气孔（兼泌水孔）。

五、灌浆孔设置

当预埋孔道长度超过 30m 时，除张拉端喇叭口已有的灌浆孔外，还应在孔道中间设置灌浆孔，灌浆孔的间距不宜超过 30m，对于曲线形孔道，宜在波谷设置灌浆孔。灌浆孔的设置方法同排气孔。

六、预应力筋张拉

（1）张拉设备及机具应配套使用，张拉前应对各种张拉设备、机具及仪表进行校核和标定，并给出正确的张拉油表读数。

（2）安装张拉设备及机具时，对直线预应力筋，应使张拉力的作用线与孔道中心线重合；对曲线预应力筋，应使张拉力的作用线与孔道中心线末端的切线重合，做到孔道、锚环与千斤顶三对中。

（3）高空张拉预应力筋时，应搭设可靠的操作平台。张拉操作台应能承受操作人员与张拉设备的重量，并装有防护栏杆。为了减轻操作平台的负荷，张拉设备应尽量移至靠近的楼板上，无关人员不得停留在操作平台上。当张拉操作面受限制时，可采用变角张拉装置进行变角张拉。

（4）对安装锚具的要求，应根据预应力筋张拉锚固体系的不同分别确定。

1）钢丝束镦头锚具体系。由于穿束关系，其中一端锚具要后装并进行镦头。配套的工具式拉杆与连接套筒应事先准备好。此外，还应检查千斤顶的撑脚是否适用。

2）钢绞线束夹片锚固体系。安装锚具时应注意工作锚环或锚板对中，夹片均匀打紧并外露一致；千斤顶上的工具锚孔位与构件端部工作锚的孔位排列要一致，以防钢绞线在千斤顶穿心孔内交叉。张拉端锚固体系构造如图 10-2 所示。

（5）工具锚的夹片应注意保持清洁和良好的润滑状态。新的工具锚夹片第一次使用前，应在夹片背面涂上润滑剂，以后每使用 5~10 次，应将工具锚上的挡板连同夹片一同卸下，在锚板的

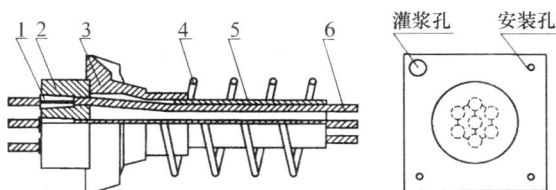

图 10-2 张拉端锚固体系构造图

1—夹片；2—锚板；3—锚垫板；4—螺旋筋；5—波纹管；6—钢绞线

锥形孔中重新涂上一层润滑剂。

（6）张拉要求。

1）按照设计单位提供的张拉控制应力、张拉方法和张拉顺序进行张拉。当设计无具体要求时，可采取分批、分阶段对称张拉，同时还应考虑尽量减少张拉设备的移动次数。

2）采用超张拉法时，张拉最大应力不得大于预应力筋抗拉强度的 80%。

3）张拉操作程序，应按设计规定进行，当设计无具体要求时可采取以下方法：0→初始张拉力 N_0→103% σ_{con}→锚固（对低松弛预应力钢绞线）或 0→初始张拉力 N_0→105% σ_{con}，持荷 2min→σ_{con}→锚固（对普通松弛预应力钢绞线）。

N_0 为测量伸长值起点，取值可为（10%～20%）σ_{con}，张拉要分级加载，每级加载均应量测伸长值，并绘制应力和伸长值的关系曲线，确定伸长值的起始点及实际伸长值。

4）钢绞线束夹片锚固体系遇到个别钢绞线滑移，可更换夹片，用小型千斤顶单根张拉。

5）实际伸长值超出允许偏差范围时，应暂停张拉，采取措施予以调整后，方可继续张拉。

（7）张拉时应填写张拉现场记录。

（8）锚具端头封堵。预应力筋张拉完成并经检验合格后，可对外露锚头多余的预应力筋进行切割，外留长度不宜小于预应力筋直径的 1.5 倍，且不应小于 30mm，然后用水泥浆封堵锚头。

七、孔道灌浆

（1）灌浆前，首先要进行机具准备和试车。对孔道应冲洗洁净、湿润，如有积水应用气泵排除。

（2）灌浆顺序：宜先灌注下层孔道，后灌注上层孔道。灌浆工作应缓慢、均匀地进行，不得中断，并应排气通顺。

（3）灌浆压力可取 0.4～1.0MPa。孔道较长或输浆管较长时，压力宜大些，反之，可小些。

（4）灌浆进行到排气孔冒出浓浆时，即可堵塞此处的排气孔，再继续加压至 0.5～0.6MPa，保持 1～2min 后封闭灌浆孔。

（5）灌浆时，对比较集中和邻近的孔道，宜尽量连续灌浆，以免蹿到邻孔的水泥浆凝固、堵塞孔道。不能连续灌浆时，后灌浆的孔道应在灌浆前用压力水冲洗通畅。

（6）灌浆后应从排气孔抽查灌浆的密实情况，如有不实，应及时处理。灌浆时，每一工作班应留取不少于一组的边长为 70.7mm 的立方体试件，标准养护 28d，检验其抗压强度，作为水泥浆质量的评定依据。

（7）孔道灌浆应填写施工记录。

八、封锚

灌浆完成后，及时对锚具进行防护处理或浇筑封锚混凝土，封锚混凝土应加强养护。

第十一章 装配式建筑钢筋套筒灌浆连接

第一节 钢筋套筒灌浆连接原理

钢筋套筒灌浆是通过空气压缩机，将空气由气管输送至灌有搅拌充分的钢筋连接用高性能灌浆料的灌浆压力罐，致使灌浆压力罐压力增大。在压力的作用下，将罐内的灌浆料拌合物压出，通过导管从灌浆孔进入封堵严密的预制墙板灌浆仓内，从而完成灌浆。

硬化后的灌浆料分别与钢筋和灌浆套筒产生握裹作用，这握裹力可将一根钢筋中的力传递至另一根钢筋，是实现钢筋连续可靠传力的连接构造。

第二节 灌浆材料及工器具

一、灌浆套筒

钢筋连接用灌浆套筒是采用铸造工艺或机械加工工艺制造。用于钢筋套筒灌浆连接的金属套筒，简称灌浆套筒。灌浆套筒设置有灌浆孔和出浆孔。灌浆孔是用于加注灌浆料的入料口，出浆孔是用于加注灌浆料时通气，并将注满后的多余灌浆料溢出的排料口。灌浆套筒两端均采用灌浆方式连接钢筋的接头，称之为全灌浆套筒。一端螺纹连接，一端灌浆连接的接头，称之为半灌浆套筒。

二、灌浆料

钢筋连接用套筒灌浆料是以水泥为基本材料，并配以细骨料、外加剂及其他材料混合而成的，用于钢筋套筒灌浆连接的干混料，简称灌浆料。灌浆料按规定比例加水搅拌后，具有规定流动性、早强、高强及硬化后微膨胀等性能的浆体为灌浆料拌合物。

三、灌浆设备、工器具

套筒灌浆使用的主要设备及工器具有滚筒式搅拌机、空气压缩机、电子台秤、灌浆桶、钢丝软管、橡胶塞等。

第三节　灌浆施工

一、灌浆分仓、封仓

预制墙板吊装就位,调校完成后,进行坐浆砂浆分仓、封仓等工序施工。分仓必须按照《钢筋套筒灌浆连接施工技术规程》T/CCIAT 0004—2019 的规定施工。当采用连通腔灌浆方式时,每个连通灌浆区域不宜超过 1500mm。有套筒群部位,则整个套筒群可独立作为一个灌浆仓,灌浆施工前对每块预制墙板分仓进行编号。

分仓施工时,严格按照施工方案确定的分仓位置进行。首先将专用工具塞入预制墙板下方 20mm 缝隙中。将坐浆砂浆放置于托板上,用另一专用工具塞填砂浆,分仓砂浆带宽度为 30~50mm,分仓完成后进行封仓施工。

首先将封仓专用工具深入 20mm 缝隙中,作为抹封仓砂浆的挡板,深入墙体深度控制在 5~10mm,以保证套筒插进的保护层厚度满足规范要求,然后用搅拌好的坐浆砂浆进行封仓施工。

二、灌浆料搅拌

采用专业公司生产的连接用高性能灌浆料时,应严格按照规定配合比及拌合工艺拌制灌浆材料,干料和搅拌水的用量比为 1:0.12(重量比),即 2 袋(25kg/包)灌浆料加入 6kg 水。

首先在搅拌设备中加入部分水,再倒入两袋灌浆料,最后添加剩余的水量,搅拌时间约 10min,待搅拌至 10min,会出现均匀一致的浆体，浆体须静置消泡后方可使用。静置时间 2min，浆体随用随搅拌，搅拌完成的浆体必须在 30min 内用完，搅拌完成后不得再次加水，每工作班应检查灌浆料，拌合物初始流动度不少于 1 次，初始流动度大于等于 300mm。

三、灌浆试块、试件制作

每工作班灌浆施工过程中，灌浆料拌合物现场制作 40mm×40mm×160mm 的试块 3 组，1d、3d、28d 各一组。

在标准养护条件下养护，灌浆过程中，每一工作班同一规格的每 500 个灌浆套筒连接接头为一个验收批。制作 3 个相同灌浆工艺的平行试件进行抗拉强度检验，检验结果应符合《钢筋机械连接技术规程》JGJ 107—2016 的要求。

四、灌浆

首先将搅拌好的灌浆料倒入灌浆桶，盖严拧紧灌浆桶封盖，连接灌浆桶与空压机通气管，灌浆管插入灌浆孔，空压机开始增压，调节进气阀门，采用低压力灌浆工艺，通过控制灌浆筒内压力来控制灌浆过程浆体流速，灌浆料拌合物在灌浆筒采用增压，通过导管经注浆孔流入腔体和套管内。当灌浆料拌合物从构件其他灌浆孔出浆孔流出且无气泡后，及时用橡胶塞封堵。同一块预制墙板有多个灌浆仓，当存在无灌浆套筒的灌浆仓时，首先灌注无套筒的灌浆仓。

当有套筒的灌浆仓注浆时，选择靠近无套筒的灌浆仓一侧的注浆孔，如果离无套筒的灌浆仓最近的注浆孔不便封堵，则可向相反方向顺延一个灌浆孔。

五、灌浆仓保压

所有灌浆套筒的出浆孔均排出箱体，并封堵后，调低灌浆设备的压力，开始保压（0.1MPa），保压 1min。

保压期间随机拔掉少数出浆孔橡胶塞，观察到灌浆料从出浆孔喷涌出时，要迅速再次封堵，经保压后拔出灌浆管，拔出灌浆管到封堵橡胶塞的时间间隔不得超过 1s，避免灌浆仓内经过保压的浆体溢出灌浆仓，造成灌浆不实。

六、填写《灌浆施工检查记录表》

灌浆施工必须由专职质检人员及监理人员全过程旁站监督，每块预制墙板均要填写《灌浆施工检查记录表》，并留存照片和视频资料。《灌浆施工检查记录表》由灌浆作业人员、施工专职质检人员及监理人员共同签字确认。

七、作业面清理

施工完成后，及时清理作业面。对于不可循环使用的建筑垃圾，应收集到现场封闭式垃圾站，做到工完场清，以便后续工序施工。散落的灌浆料拌合物不得二次使用，剩余的拌合物不得再次添加灌浆料、水后混合使用。

第四节 漏浆、无法出浆的处理

灌浆施工时，若出现漏浆现象，则停止灌浆并处理漏浆部位，漏浆严重则提起预制墙板重新封仓。

当灌浆完成后发现渗漏，必须进行二次补浆。二次补浆压力应比注浆时压力稍低，补浆时需打开靠近漏浆部位的出浆孔。选择距离漏浆部位最近的灌浆孔进行注浆，待浆体流出且无气泡后，用橡胶塞封堵，然后打开最近的出浆孔，在浆体流出且无气泡后，用橡胶塞封堵，依次进行。

当灌浆施工发生无法出浆的情况时，在灌浆料加水拌合30min内，应首选在灌浆孔补灌，当灌浆料拌合物已无法流动时，可从出浆孔补灌，并应采用手动设备，结合细管压力灌浆。

第五节 后续工序施工

灌浆料同条件养护试件抗压强度达到 $35N/mm^2$ 后，方可进行对预制墙板有扰动的后续施工。

　　钢筋套筒灌浆连接是装配式混凝土结构建造中常用的一种钢筋连接方式，是施工中的一项关键工序，必须由经过专业培训，具有一定操作技能的专业技术工人来施工完成。在施工过程中，灌浆施工操作人员必须严格按照施工方案、技术交底进行施工，保证灌浆施工的质量，从而提升装配式混凝土建筑整体施工质量，促进装配式建筑的全面发展。

参考文献

［1］ 中华人民共和国住房和城乡建设部. 钢筋机械连接技术规程 JGJ 107—2016[S]. 北京：中国建筑工业出版社，2016.

［2］ 建设部干部学院. 钢筋工[M]. 武汉：华中科技大学出版社，2009.

［3］ 建筑工人职业技能培训教材编委会. 钢筋工[M]. 2版. 北京：中国建筑工业出版社，2015.

［4］ 中华人民共和国住房和城乡建设部. 混凝土结构工程施工质量验收规范 GB 50204—2015[S]. 北京：中国建筑工业出版社，2015.

［5］ 中华人民共和国住房和城乡建设部. 大体积混凝土施工标准 GB 50496—2018[S]. 北京：中国建筑工业出版社，2018.

［6］ 中华人民共和国住房和城乡建设部. 混凝土结构工程施工规范 GB 50666—2011[S]. 北京：中国建筑工业出版社，2011.

［7］ 中华人民共和国住房和城乡建设部. 建筑施工安全技术统一规范 GB 50870—2013[S]. 北京：中国建筑工业出版社，2014.

［8］ 建设部人事教育司. 钢筋工[M]. 北京：中国建筑工业出版社，2002.